JUNG

Blucher

JUNG
O homem criativo

Luiz Paulo Grinberg

Jung: o homem criativo
© 2017 Luiz Paulo Grinberg
Editora Edgard Blücher Ltda.

Imagem da capa: iStockPhoto

[Nota: o autor optou por referenciar as citações de C. G. Jung por sua localização conforme o parágrafo, e não conforme a página, da versão inglesa das *Obras Completas*.]

Blucher

Rua Pedroso Alvarenga, 1245, 4º andar
04531-934 – São Paulo – SP – Brasil
Tel.: 55 11 3078-5366
contato@blucher.com.br
www.blucher.com.br

Segundo o Novo Acordo Ortográfico, conforme 5. ed. do Vocabulário Ortográfico da Língua Portuguesa, Academia Brasileira de Letras, março de 2009.

É proibida a reprodução total ou parcial por quaisquer meios sem autorização escrita da editora.

Todos os direitos reservados pela Editora Edgard Blücher Ltda.

DADOS INTERNACIONAIS DE
CATALOGAÇÃO NA PUBLICAÇÃO (CIP)
Angélica Ilacqua CRB-8/7057

Grinberg, Luiz Paulo

Jung: o homem criativo / Luiz Paulo Grinberg. – São Paulo: Blucher, 2017.

304 p.: il.

ISBN 978-85-212-1051-1

1. Psicologia junguiana 2. Jung, C. G. (Carl Gustav), 1875-1961 – Biografia 3. Psicanálise I. Título.

16-0211   CDD-150.1954

Índices para catálogo sistemático:
1. Psicologia junguiana

Aos meus pais
(in memoriam)

Prefácio

As primeiras tentativas de compreender e decifrar a alma humana marcaram o início do século XX. Explorador das profundezas da alma, Carl Gustav Jung, junto com Sigmund Freud, firmou as bases de um conhecimento científico da psique.

O trabalho de investigação da psique feito por Jung foi muito pessoal. Não se realizou somente por meio da exploração e da compreensão dos conteúdos inconscientes de seus pacientes, como psiquiatra e psicanalista. Jung procurou também se analisar, ensejando durante um período de sua vida uma verdadeira "viagem" ao seu próprio mundo interior. Atento a seus sonhos, fantasias e imagens, Jung desenvolveu e, de certa forma, ampliou a concepção de inconsciente. Com o estudo dos mitos, das religiões e de diferentes culturas, pôde adentrar conteúdos universais da psique humana.

Foi da totalidade da experiência, do estudo e da intuição criativa que Jung construiu sua vasta obra. Nela, ele procurou descrever a psique em seus mais diversos aspectos, sem deixar, contudo, de manifestar sempre uma atitude de profundo respeito para com o "mistério" da alma humana.

Procurar descrever as ideias de Jung e sua concepção original da psique constituiu-se sempre tarefa das mais árduas e difíceis. Embora fosse, de maneira geral, simpático às tentativas feitas por outros de organizar suas ideias,

Jung costumava se sentir pouco satisfeito com os resultados. Para ele, o caráter fugidio de seu pensamento refletiria o fugidio da própria psique.

Inúmeros livros de introdução às ideias de Jung foram e vêm sendo escritos. Entre nós, a doutora Nise da Silveira, com *Jung: vida e obra*, realizou trabalho pioneiro. Inúmeras gerações de psiquiatras, psicólogos, assistentes sociais, terapeutas ocupacionais e estudiosos conheceram um pouco da psicologia analítica e da vida do grande psiquiatra suíço por meio do livro da doutora Nise.

Com *Jung: o homem criativo*, Luiz Paulo Grinberg realiza um trabalho primoroso, original e renovador no âmbito dos textos de introdução e apresentação à psicologia de Jung. Seu livro é mais que uma simples introdução aos conceitos da psicologia analítica. Dizendo-se "preocupado com o Jung na prática", o autor procura tornar os conceitos mais aplicáveis ao nosso dia a dia. De maneira criativa e com rara sensibilidade, busca uma forma de aproximação entre Jung e o leitor.

Convidado a registrar suas lembranças, emoções e imagens enquanto lê, o leitor, seja ele um estudante que está começando ou não, tem plena interatividade com o texto, muito bem ilustrado. No final de cada capítulo, o autor propõe atividades, na sua quase totalidade vivenciais, que possibilitam a assimilação e a integração do conhecimento "na prática" dos conceitos estudados.

Luiz Paulo Grinberg, médico psiquiatra pela Escola Paulista de Medicina (Unifesp) e analista pela Sociedade Brasileira de Psicologia Analítica (SBPA), realizou trabalho notável e único com seu *Jung: o homem criativo*.

Carlos Roberto Lacaz
Psiquiatra, analista e membro fundador da
Sociedade Brasileira de Psicologia Analítica (SBPA)

Conteúdo

Introdução	11
1. Caminhando com a própria luz	15
2. A descida ao inconsciente	51
3. A Terra da Psique	79
4. A dança da energia	113
5. Sonhos e complexos	141
6. Arquétipos e inconsciente coletivo	167
7. Elaboração simbólica: o *opus* e a individuação	215
8. Um homem criativo	257
Glossário	275
Referências	289
Jung e seu tempo	295

Introdução

Sempre me preocupei com o Jung *na prática*. Para que tanta teoria, tantos conceitos? Só poderiam servir a um propósito: a vida. Procurei neste livro tornar tais conceitos um pouco mais aplicáveis ao nosso cotidiano, aos nossos probleminhas e relacionamentos. Para isso, pincei alguns – fundamentais a meu ver – da volumosa produção que constitui a obra de C. G. Jung. Conhecê-la pode se tornar uma aventura, um convite para viajar pela vida e seus mistérios. Espero que o leitor faça uso da teoria na prática.

Os textos de Jung são povoados de imagens, fantasias e sonhos, a maior parte dos quais experienciados e vividos por ele. Seus escritos expressam sua própria vida. Os livros nasceram de experiências interiores e, como ele próprio afirmou, representam a elaboração de um período profundo e criativo da crise psicológica em que esteve mergulhado dos 37 aos 42 anos de idade.

Uma boa maneira de se aproximar de Jung é imaginar-se diante de uma pintura ou escultura. O olhar passeia pelas linhas, cores e formas, construindo uma perspectiva geral. Você sente e percebe muitas coisas, mas não forma um único conceito lógico. Movimentando-se, adiantando-se ou recuando diante de suas ideias e reflexões, como diante de um quadro repleto de imagens, você é convidado a participar das sensações e emoções do artista. Você pode, também, apenas contemplar a obra sem interagir com ela. Pode visitar um museu ou uma exposição de artes plásticas, decorar os nomes de alguns pintores, reconhecer a escola a que pertencem e qual seu estilo. Mas isso talvez não acrescente muito à sua vida.

Com a história e os conceitos que iremos abordar, procure envolver-se com o texto, perceber as imagens que ele suscita em você, que lembranças desperta. Se algo não ficou claro ou não provocou nenhuma emoção, você pode voltar atrás. Tentar novamente. Ou, então, aguardar. É bem provável que mais adiante estabeleça alguma nova relação com aquilo que ficou para trás.

Aproveite para registrar suas emoções e lembranças enquanto estiver estudando. Se associar algum sonho, memória ou reflexão ao capítulo que está lendo, escreva a lápis, nas margens. Faça marcas ao lado dos parágrafos: "concordo", "não tem nada a ver comigo", "tenho dúvidas", "não entendi nada". Desenhe, rabisque, interaja!

No final de cada capítulo, você encontrará algumas propostas de atividades, quase todas práticas e vivenciais. Aproveite suas anotações pessoais para desenvolvê-las.

No Capítulo 1, você conhecerá um pouco da vida de Jung, a fase de formação das bases de sua personalidade, como se deu sua opção pela psiquiatria, o encontro e a ruptura com Freud e um pouco do clima cultural e científico da virada e do início do século XX.

No Capítulo 2, encontraremos Jung na crise da meia-idade, sua descida ao inconsciente, em uma viagem a partir da qual ele descobriu e desenvolveu a maior parte de seus conceitos. E um pouco de cultura geral: que tal conhecer algo a respeito de alquimia, religiões e mistérios, saber quem foram alguns dos pensadores que, de certa maneira, influenciaram as ideias de Jung?

A partir do Capítulo 3, começaremos a adentrar a Terra da Psique, para visitar algumas de suas belezas naturais e alguns de seus pontos turísticos. Imagine-se caminhando por uma trilha: você depara com a vegetação fechada de bosques e florestas, campos para desbravar, atravessa rios, entra em grutas, mergulha em cachoeiras, há escarpas para escalar, desfiladeiros para cruzar e albergues aconchegantes para recarregar as energias e descansar. Você poderá perceber a presença de algum animal de grande porte, ouvir ruídos estranhos, enxergar bichos e, quem sabe, travar contato com seres do mundo da fantasia.

Mandala, Sombra, Persona, *Anima, Animus,* Herói, *Unus Mundus* e Si--Mesmo são palavras escolhidas por Jung para nomear as formas geográficas que compõem as paisagens na imensidão da Terra da Psique. Conceitos como *símbolo, complexo, imago, arquétipo, inconsciente coletivo, função transcendente, extroversão, introversão, energia psíquica, sincronicidade* e *individuação* são desenvolvidos na tentativa de descrever e mapear as relações e os processos que ocorrem dentro da dimensão psíquica.

No Capítulo 4, "A dança da energia", nos aprofundaremos um pouco na maneira como se dão a interação e as trocas de energia entre os sistemas consciente e inconsciente e estudaremos os movimentos da energia psíquica e a importância dos símbolos na transformação da personalidade.

Chegaremos, finalmente, ao mundo dos sonhos (Capítulo 5). No capítulo seguinte, desceremos um pouco mais às camadas mais profundas do inconsciente coletivo, onde "habitam" os arquétipos. Então, você vai conhecer, entre outros, o arquétipo do Herói, que se configura na psique principalmente na adolescência, durante a passagem ao mundo adulto, mas também em todas as idades, quando estamos diante de novos desafios.

No Capítulo 7, teremos um pouco da visão de Jung sobre o desenvolvimento psíquico, os estágios da vida e o processo de individuação. Depois, uma descrição das fases de uma psicoterapia junguiana e de sua diferenciação relativamente a outras formas de abordagem do inconsciente.

No Capítulo 8 – e ao longo de todo o texto –, você perceberá que vários aspectos do pensamento de Jung apresentam paralelos com ideias encontradas, por exemplo, na física atômica, na filosofia, na religião e na mitologia. Nesse capítulo, apresentaremos também as principais ideias nas quais ele se baseou para desenvolver seus conceitos.

Ao final, você encontrará um glossário com os principais termos e conceitos utilizados na psicologia analítica de Jung. Utilize-o como uma espécie de guia de viagem. Caberá a você desenhar seu próprio roteiro, concebido ao longo do texto. O glossário também servirá como referência caso você queira se aprofundar em algum dos temas propostos e ler a obra de Jung.

Então, mochila às costas, cantil, canivete, bússola, alimentos, caderno de anotações, diário de bordo, cordas, máquina fotográfica, equipamento de primeiros socorros à mão e um bom par de tênis: vamos iniciar a viagem!

1. Caminhando com a própria luz

> *Minha vida é a quintessência do que escrevi e não o contrário. O que sou e o que escrevo são uma só coisa. Todas as minhas ideias e todos os meus esforços, eis o que sou.*
>
> Jung

Infância: o segredo da criatividade

Muito mais que de fatos e acontecimentos externos, a biografia de Jung está permeada de descidas e viagens ao **inconsciente** (ver glossário): são imagens de sonhos, fantasias e reflexões interiores que ele foi, cuidadosamente, registrando e buscando compreender.

Como ele próprio afirma no início de suas *Memórias*, a lembrança da maioria dos fatos externos de sua vida esfumou-se em seu espírito ou, então, desapareceu. No entanto, os encontros com a realidade do inconsciente, onde sempre há abundância e riqueza, impregnaram profundamente sua memória.

Carl Gustav Jung (Figura 1.1) nasceu em 26 de julho de 1875, em Kesswil, uma cidade às margens do lago Constance, na Suíça. Logo após seu nascimento, a família mudou-se para o vilarejo de Klein-Hünningen, passando a viver no presbitério do castelo de Laufen, onde seu pai, Johann Paul Achilles Jung (1842-96), exercia as funções de pastor protestante da Igreja Reformada Suíça. Além de ter-se preparado para o sacerdócio, o velho pastor Paul havia feito doutorado em filologia e linguística.

Figura 1.1 *Carl Gustav Jung.*

Sua mãe, Emilie Preiswerk Jung (1848-1923), era a filha caçula de um pastor da Basileia, Samuel Preiswerk, erudito e inclinado à poesia, que exercia a função de livre-docente em língua e literatura hebraicas.

Os pais de Jung tiveram três filhos: Paul, que morreu com poucos dias de vida; Carl, que nasceu dois anos depois; e Gertrudes, nascida quando o segundo filho estava com nove anos.

O primeiro sonho do qual Jung se recorda aconteceu quando ele tinha mais ou menos três anos de idade. Extremamente significativo, esse sonho marcou toda a sua vida.

> *Desço por uma cova escura com uma escada de pedra e chego a um salão onde há um trono real dourado sobre o qual está apoiado uma espécie de fálus ou pênis gigante com um olho no topo da cabeça: [...] havia algo em pé sobre o trono, como um tronco de árvore de uns três metros de altura e quase meio metro de diâmetro [...] feito de couro e de carne, com uma cabeça arredondada, sem rosto nem cabelos. No alto, havia um único olho imóvel, voltado para o alto, sobre o qual pairava uma aura luminosa. O fálus estava imóvel mas, a qualquer momento, poderia rastejar como um verme em minha direção. Isso me apavorou e, naquele instante, ouvi a voz de minha mãe dizendo que "aquilo era o antropófago".* (JUNG, 1978, p. 25-26).

Muitos anos depois, Jung compreendeu que aquele enorme pênis significava um *fálus ritual*, uma imagem da criatividade. Como uma espécie de divindade, o *fálus* representava a primeira descida corajosa ao mundo do inconsciente e o contato com sua criatividade. Foi uma espécie de **iniciação** (ver glossário) do menino Jung no reino das trevas e nos mistérios da Terra da Psique (JUNG, 1975, p. 28), momento fundamental em sua vida, quando então principiava, no nível inconsciente, como ele mesmo afirmou, sua vida espiritual. Anos mais tarde, Jung afirmou que esse primeiro sonho ocorrera "para que a mais intensa luz possível se produzisse na escuridão". Era o princípio de uma busca e do contato com o mundo da fantasia e do mistério que perdurou por toda a sua vida.

Introvertido e sensível, Jung teve muitos momentos de intensa solidão. Passava horas brincando sozinho, construindo torres com cubos de madeira, desenhando quadros de batalhas ou enchendo um caderno com borrões de tinta para os quais criava interpretações fantásticas.

A pedra e o fogo

Aos 6 anos, o pai começou a ensinar-lhe latim, enquanto a mãe lhe contava histórias sobre religiões exóticas, particularmente da Índia, impressas em um livro ilustrado para crianças, o *Orbis pictus* (*Imagens do Universo*), do século XVII. Em sua obra, encontramos muito do fascínio que tinha por aquelas imagens do Oriente, particularmente em *Símbolos da transformação*.

Dos sete aos nove anos, uma de suas brincadeiras preferidas era manter uma pequena fogueira acesa dentro do buraco de um velho muro no jardim de sua casa. O fogo deveria estar sempre aceso. Outras crianças ajudavam a recolher a madeira, mas somente ele podia ter contato e cuidar diretamente do fogo.

Em frente a esse muro, havia uma pedra, a *sua* pedra, sobre a qual Jung sentava-se durante horas, mergulhado em pensamentos do tipo "estou sentado sobre ela...; mas a pedra também pode pensar 'ele é que está sentado sobre mim...'; então, sou aquele que está sentado sobre a pedra, ou sou a pedra na qual *ele* está sentado?". Acompanhado de um sentimento de obscuridade e fascínio, Jung perguntava-se quem seria o quê, ali, naquela estranha relação.

Por volta dos dez anos, esculpiu um pequeno homem de uns seis centímetros de altura, pintou-o de preto, preparou-lhe um casaquinho de lã e fez-lhe uma caminha dentro de um estojo de lápis. Ao lado do homenzinho colocou um seixo de rio, alongado e polido, que pintou de várias cores. Como Jung tinha a sua pedra, o homenzinho também deveria possuir a dele. Depois, escondeu dentro de uma viga do sótão o estojo com a figura esculpida e carregou por muito tempo a pedra no bolso.

Esse ritual serviu para compensar sua insegurança e sensação de divisão interior. Muito criativamente, quando as coisas se tornavam difíceis, o menino Jung subia a seu esconderijo, contemplava o homenzinho e colocava junto dele um rolinho de papel escrito em uma caligrafia secreta que ele mesmo inventara. Cada ato de entrega de um novo rolinho tinha um caráter solene e sagrado. Os rolinhos formavam uma espécie de biblioteca do homúnculo. Tais rituais duraram um ano e marcaram o apogeu de sua infância.

O homenzinho e sua pedra foram uma primeira tentativa de dar forma ao *segredo* – traço essencial da juventude. Cerca de vinte e cinco anos depois, ao ler sobre as *churingas*, as pedras em que os aborígines australianos costumam gravar seus relatos míticos, Jung encontrou uma referência que dava um sentido especial a seus rituais de infância.

As *churingas* eram esfregadas sobre o corpo para curar doenças, sendo utilizadas nos rituais de iniciação por meio dos quais o novo adepto recebia os ensinamentos e a força vital de seus ancestrais.

> *No fundo, esse homenzinho representava um cabiro, uma divindade relacionada com a origem da vida e a criatividade, embrulhado em seu manto, oculto na* kista *(caixinha), munido de uma provisão de força vital, a pedra oblonga e escura.* (JUNG, 1978, p. 34-5).

Quando, anos depois, Jung tornou-se psiquiatra, graças às suas próprias experiências foi capaz de perceber que os pacientes também possuem um segredo, uma história que não é contada e que, em geral, ninguém conhece. Esse segredo que cada um possui foi fundamental na abordagem psicológica das pessoas que o procuravam em seu consultório.

> *Para mim, a verdadeira terapia começa somente após examinarmos a história do paciente. Esta representa o segredo que o desesperou, ao mesmo tempo que encerra a chave de seu tratamento. É indispensável que o médico possa descobri-la, propondo perguntas que digam respeito ao homem em sua totalidade e não limitar-se apenas aos sintomas.* (JUNG, 1978, p. 110).

Adolescência: iniciação e passagem para a vida adulta

Aos onze anos, Jung entrou para o ginásio da Basileia, sendo arrancado do convívio com seus amigos camponeses. Em contato com crianças mais bem vestidas do que ele, que passavam férias nos Alpes e já haviam estado na praia, filhos de pessoas poderosas, Jung compreendeu que era pobre. Assistia às aulas de sapatos furados e meias molhadas.

Seu pai não passava de um simples pastor protestante de aldeia. Enfrentar o sentimento de pena que começou a ter por ele, a inveja que sentia dos garotos, os professores, as aulas de religião, os fracassos nas aulas de desenho e de matemática, que detestava, foi difícil e tudo começou a se tornar insuportável.

Então aconteceu um episódio do qual tirou enorme proveito. Certo dia, enquanto esperava um colega com quem costumava voltar a pé para a vila onde morava, tomou um soco de um garoto, bateu com a cabeça no chão e ficou zonzo durante quase meia hora. Naquele momento, ainda caído no chão, ocorreu-lhe uma ideia luminosa: por causa daquela pancada, não precisaria mais ir à escola!

A partir de então, sempre que tinha de voltar ao colégio ou seus pais o obrigavam a fazer a lição de casa, Jung inventava um desmaio. Os pais, muito preocupados, consultaram vários médicos, mas nenhum conseguia descobrir a causa dos desmaios. Enquanto isso, o menino passava o dia fazendo o que mais adorava: sonhar, desenhar ou pintar – mergulhar no mundo dos mistérios da natureza. Mas, no fundo, ele tinha a impressão de estar fugindo de si mesmo. Uma vozinha, uma espécie de "grilo falante" lhe dizia que aquilo tudo não passava de uma farsa que ele próprio havia criado.

Um dia, quando o pai conversava com um amigo no jardim da casa, ouviu-o dizer que estava muito preocupado, pois temia tratar-se de uma doença incurável e que não sabia o que seria do filho, caso não pudesse ganhar a vida como simples pastor, uma vez que, levando o pequeno Carl aos médicos, havia perdido o pouco dinheiro que tinha. Ao ouvir o pai, o menino deu-se conta do que estava fazendo e decidiu vencer aquele estado que, de certo modo, ele mesmo havia criado. Foi ao escritório do pai, sentou-se à escrivaninha e tentou concentrar-se na gramática. Após dez minutos de esforço, desmaiou. Assim que recobrou os sentidos, tentou concentrar-se novamente nos cadernos dizendo a si mesmo: "Com todos os diabos! Não vou mais desmaiar!". Mas tornou a cair após quinze minutos. Esforçou-se, e, depois de meia hora, veio a terceira crise. Não desistiu, e trabalhou mais uma hora. Os acessos não voltaram.

> *Subitamente senti-me bem melhor do que nos meses anteriores... Foi assim que fiquei sabendo como se instala uma neurose... Pouco a pouco, a lembrança de tudo o que ocorrera se avivou e compreendi nitidamente que eu mesmo montara toda essa história vergonhosa... isto seria o marco do meu destino.* (JUNG, 1975, p. 41).

Com efeito, as crises não se repetiram mais e Jung conseguiu voltar ao colégio após algumas semanas. A partir de então, ele possuía um novo segredo e passou a ser mais responsável e firme consigo. Nessa época, com doze anos, teve conscientemente, pela primeira vez, a noção de ser ele mesmo. Entrou, pela primeira vez, em contato com sua identidade profunda. Passou a sentir-se bastante orgulhoso de si, percebendo sua importância e autoridade. Todas essas descobertas tinham alguma relação com seu tesouro escondido no sótão: o homúnculo e sua pedra.

Um novo segredo: a "dupla personalidade"

Ao mesmo tempo, surgia um conflito: "Como posso sentir tanta autoridade dentro de mim, se não passo de um garoto solitário, que não sabe matemática nem gosta de ginástica, cheio de fracassos e com colegas que desconfiam de mim?". Um velho sentimento de divisão interior, já conhecido mas que ainda não havia tomado forma, finalmente emergiu: a sensação de se perceber como duas pessoas ao mesmo tempo. Uma experiência bastante frequente na vida de muitas pessoas.

Jung descobriu que, no fundo, havia nele duas personalidades. Uma, que ele denominou *personalidade n. 1*, era o garoto que frequentava a escola e era menos inteligente, menos aplicado, menos decente e menos asseado que os demais; a outra, a *personalidade n. 2*, era seu homem interior: um velho desconfiado e distante do mundo dos homens, que vivia em contato com a natureza e com o mundo dos sonhos e da fantasia.

Como normalmente ocorre com a maioria dos adolescentes, a partir de sua autodescoberta, Jung passou a ver os pais de maneira diferente. Em sua mãe, que morreu quando ele tinha 48 anos, desde pequeno Jung também reconhecia dois lados: uma mulher convencional, a esposa do pastor que partilhava as opiniões tradicionais, que exigia dele boas maneiras e era uma mãe amorosa; e outra mulher, mais misteriosa e ligada à natureza animal, que se manifestava sempre de maneira inesperada e que, muitas vezes, principalmente à noite, lhe causava medo.

Com relação ao pai, que tinha explosões de **afeto** (ver glossário) e mania de doenças, Jung sentia pena e a ele fazia várias restrições. Enxergava-o como um homem estagnado, que não havia conseguido se desenvolver como pessoa. Um homem que não enfrentava suas próprias dúvidas religiosas, principalmente as relativas a Deus.

As respostas dadas ao filho sobre as questões teológicas eram sem vida, meras racionalizações destituídas da vivência religiosa. Jung percebia a incapacidade do pai em reconhecer a própria falta de fé. Sempre que era questionado, o pastor defendia-se dizendo que as pessoas deviam "acreditar, e não raciocinar". O filho, então, cobrava a tal fé, mas o pai desistia do confronto e recuava.

A busca da verdade

Jung não se conformava. Ele havia tido uma fantasia muito forte, na época de sua primeira comunhão, na qual visualizava a imagem do próprio Deus "defecando sobre uma igreja, demolindo-a". Eis sua interpretação: era como se, dentro dele, a postura do pai, dogmatizada e distante da verdadeira experiência religiosa, tivesse desmoronado. Como se o próprio Deus o obrigasse a enxergar seu outro lado: um lado temível, acima das tradições. Jung estava, outra vez, de posse de mais um segredo!

> *Então, era isso! Senti um grande alívio e uma libertação indescritível... chorei lágrimas de felicidade e gratidão... fora como uma iluminação. Fizera a experiência que meu pai não tinha tentado*

> *– cumprira a vontade de Deus. Quando põe à prova a coragem do homem, Deus não se prende a tradições... [como] Adão e Eva... [que] foram obrigados a pensar o que não queriam.* (JUNG, 1975, p. 47).

Apesar das divergências, o velho pastor Paul sempre esteve presente na vida do filho e o apoiou enquanto viveu. Mas quem ajudou Jung a elaborar suas questões a respeito de Deus, da fé e do conhecimento, foi a mãe, ou melhor, a personalidade n. 2 dela.

Depois da primeira comunhão e daquela terrível visão que o havia atormentado a ponto de a mãe achar que estivesse doente, Jung leu, estimulado por ela, o *Fausto,* do escritor alemão Johann Wolfgang von Goethe.

Fausto era uma espécie de filósofo que aprendera a se abrir para a verdade. Inspirado pelo personagem, que funcionou como um bálsamo para sua **alma** (ver glossário), inundada de emoções e abarrotada de tantos segredos, Jung começou a se aprofundar nas questões conscientes que o afligiam, mergulhando na leitura dos clássicos da literatura alemã e da filosofia.

Em *Fausto*, Jung encontrou uma tentativa de reconciliar na personalidade humana as tendências opostas do Bem e do Mal que o afligiam. Muitos de seus pressentimentos em relação ao problema de Deus, do espírito, da fé, ao conflito entre ciência e religião e a todas aquelas questões não respondidas por seu pai tinham raízes e antecedentes históricos.

Uma vez que se interessava por vários campos de estudo, Jung não teve muita facilidade para fazer sua escolha profissional. Sentia-se dividido: de um lado, seu interesse voltava-se para as ciências naturais, a zoologia, a paleontologia e a geologia. De outro, gostava da história comparada das religiões ou ciências do espírito, além da arqueologia dos povos da Antiguidade e da Pré-História. Havia também certa pressão familiar: seis tios maternos, além do pai e do avô materno, eram pastores. Mas, curiosamente, o pai não o queria teólogo.

O avô paterno, de quem herdou o nome, nascera em Mannheim, na Alemanha, estudara ciências e medicina em Heidelberg e, como Samuel, o pai de sua mãe, também mostrava inclinações poéticas. Por uma série de acontecimentos singulares, que não cabe mencionar aqui, Carl Jung, o avô, acabou se mudando para Basileia, na Suíça, a fim de ensinar na universidade.

Em meio a essa tensão, inspirado pela memória do avô e guiado por sua tremenda vocação, ocorreu a Jung a ideia de estudar medicina. Assim, aos vinte anos, ingressou na Universidade de Basileia, com uma bolsa de estudos que o pai lhe conseguira.

O tesouro da consciência e sua sombra

Muitos anos depois, trabalhando em sua árvore genealógica, Jung compreendeu que havia uma estranha e forte ligação entre as questões que ele levantava e as de seus antepassados, como se tivesse que dar solução ao que ficara incompleto ou sem resposta por parte de seus pais e avós. Quase como se houvesse um carma impessoal, transmitido por seus antepassados. Era como se as perguntas que fazia a si mesmo a respeito da natureza e do espírito não lhe pertencessem, mas sim à própria cultura na qual ele vivia.

Em meio às questões relativas à sua escolha profissional, Jung teve um sonho bastante significativo.

> *Avançava, à noite, em meio a uma tempestade e a uma densa neblina, protegendo uma pequena chama que segurava em uma das mãos. A luz ameaçava extinguir-se a qualquer momento e era preciso mantê-la acesa a qualquer custo, pois tudo dependia dela. De repente, tive a sensação de que estava sendo seguido e, ao olhar para trás, percebi uma sombra gigantesca que me acompanhava. Isso fez com que lutasse com tudo para salvar a luzinha.* (JUNG, 1975, p. 86).

Quando despertou, interpretou a chama como sua própria **consciência** (ver glossário). O conhecimento de si mesmo era o único e o maior tesouro que possuía e, apesar de muito mais frágil que aquela enorme sombra, sua única luz. Percebeu que era a personalidade n. 1 quem levava a luzinha e que, portanto, sua tarefa era continuar na tempestade: progredir nos estudos e ganhar o pão de cada dia, em meio a todas as complicações e frustrações e acompanhado pela personalidade n. 2, que o seguiria como uma sombra. Assim, investiu muito nos estudos, obtendo o diploma de médico com distinção.

No quarto ano de medicina, época em que devia optar por uma especialidade, aconteceram alguns fatos que o marcaram profundamente. Sem qualquer razão aparente, objetos e móveis de sua casa se partiram em pedaços: primeiro, uma enorme mesa circular de nogueira; logo depois, um armário de cozinha; e, finalmente, uma faca de pão, cujos pedaços Jung conservou até o final da vida.

Ele relacionou esses episódios às sessões espíritas que alguns de seus parentes, inclusive a mãe, estavam realizando com sua prima, Hèlène Preiswerk, uma jovem médium de quinze anos. A avó materna, Augusta, também era espírita, e o avô Samuel mantinha em seu escritório um sofá especialmente reservado para o espírito de sua falecida primeira mulher, Madalena, com quem dialogava secretamente uma vez por semana.

Jung decidiu, então, organizar encontros regulares, para estudar cientificamente aqueles fenômenos paranormais. Esses encontros conduziram-no a um ponto de vista *psicológico*, por meio do qual, pela primeira vez, adquiria conhecimentos objetivos sobre a alma humana.

Ele notou que os espíritos que Hèlène recebia e que falavam através dela eram aspectos dissociados de sua **psique** (ver glossário), fenômenos psíquicos objetivos que, apesar de serem inconscientes, faziam parte da sua personalidade e procuravam vir à luz. Tais experiências continuaram por dois anos e resultaram em sua tese de doutorado.

Mas seria adequado a um médico que estudara em uma tradicional universidade europeia envolver-se com esse tipo de fenômeno, em uma época em que a ciência pautava-se pelo determinismo e pela razão? Dezenas de anos antes, Jung certamente teria sido condenado à fogueira.

Naquele início de século XX convivia-se com duas visões de mundo, bastante diversas e separadas: a *mecânica*, científica, ligada à **análise** (ver glossário) e à reflexão, e a *intuitiva*, relacionada à fantasia e à imaginação. De um lado, o mundo da razão e dos fatos objetivos; de outro, a realidade dos sonhos e da subjetividade.

O predomínio da filosofia positivista no pensamento científico da época deixava pouco espaço para o estudo de fenômenos que não fossem passíveis de se repetir e comprovar dentro dos laboratórios. Assim, é possível que Jung tenha sido visto até mesmo como charlatão ou místico.

Positivismo

Sistema filosófico cujo maior expoente foi o pensador francês Auguste Comte. Seu surgimento está diretamente relacionado com as profundas transformações sociais e progressos técnicos ocorridos na sociedade europeia nos séculos XVIII e XIX. Comte, que nascera nesse período, acreditava possível uma reorganização racional da sociedade pela aplicação do conhecimento científico.

O termo *positivismo* é uma referência à fase amadurecida do espírito humano, em que, segundo Comte, o homem estaria preparado para abandonar as explicações teológicas e metafísicas dos acontecimentos, em favor do pensamento racional associado à observação atenta dos fenômenos e experimentação.

Uma revolução cultural

A partir da última década do século XIX, porém, a ciência positivista passou a ser criticada e a soberania da razão contestada. A visão mecânica e unilateral do homem, da mente e da natureza havia destruído os mitos tradicionais e muitas certezas de ordem metafísica. Se, por um lado, o racionalismo científico tinha levado às conquistas científicas que haviam contribuído de maneira extraordinária para o bem-estar material do indivíduo e da sociedade, por outro, conduzira ao empobrecimento da espiritualidade, a um mundo desencantado, em que deixava de haver lugar para a maioria de seus mitos.

Os fenômenos irracionais passaram também a ser estudados e começaram a atrair a atenção de muitos escritores e pensadores. "Dizer e representar 'o indizível' tornou-se uma obsessão" (BRADBURY; MCFARLANE, 1989, p. 56). O inconsciente, nosso lado irracional – e principalmente o tipo e o grau de influência que uma mente poderia exercer sobre outra –, passou a ser sistematicamente investigado.

Por volta de 1882, quase vinte anos antes de Jung publicar sua tese sobre os fenômenos ocultos, foi fundada em Londres a Sociedade para a Pesquisa Psíquica, que, cautelosamente, estudava os fenômenos considerados "discutíveis", e isso exatamente por serem irracionais: o magnetismo animal, a hipnose, o sonambulismo, o animismo, o automatismo, a telepatia e as alucinações. Um médico vienense, Franz Anton Mesmer (1734-1815), havia ficado famoso por conseguir tratar com sucesso uma gama variada de doenças nervosas por meio do magnetismo animal. Ele reduzira técnicas – como a sugestão e a simpatia psíquicas – a um campo magnético que podia ser manipulado com barras de ferro e ímãs de aço. Com relação à hipnose, Jean Martin Charcot (1825-93), neurologista francês, demonstrou que certas pessoas, ao passarem por uma situação de estresse emocional muito intenso, podiam ficar com um braço paralisado ou sem conseguir andar. Para demonstrar que isso era possível, ele hipnotizava pessoas saudáveis e, por meio da sugestão, fazia com que elas desenvolvessem quadros de paralisia, surdez ou cegueira momentânea. Quando passava o estado de transe hipnótico, elas voltavam completamente ao normal.

Um novo paradigma começava então a firmar-se com grande vigor nos vários campos da cultura, submetendo a mente a uma tensão que obrigava a conviver com o lado subjetivo da realidade e buscava integrar as duas visões: a mecânica e a intuitiva.

Não apenas a ciência moderna, mas também a literatura e as artes empenhavam-se em levar a mente humana para além dos limites da lógica da razão (ver, adiante, a leitura complementar "Em busca da quarta dimensão").

Havia na virada do século a ideia de um complexo infinito de relações a se cruzarem entre si. O mundo começava a ser visto como um enorme poema. Coisas antes tidas como perpetuamente excludentes passavam a ser consideradas componentes de um fluxo, de um *continuum* dos **opostos** (ver glossário) – sim e não, vida e morte, homem e mulher, deus e demônio lado a lado, contrariando as regras do bom senso, entrelaçando-se, misturando-se...

> *O espírito de um poeta está constantemente amalgamando experiências díspares; a experiência do homem comum é caótica, irregular, fragmentária. Ele se apaixona ou lê Spinoza, e essas duas experiências não têm nada a ver uma com a outra, nem com o barulho da máquina de escrever ou com o cheiro do que está sendo cozinhado; no espírito do poeta, essas experiências estão sempre formando novos conjuntos.* (ELIOT apud BRADBURY; MCFARLANE, 1932, p. 62-65).

O soberano intelecto corria o risco de virar um ditador e governar sozinho e isolado, e, pior, solteiro, sem a presença de uma companheira! Com o resgate do outro lado, abria-se a possibilidade para o feminino e as emoções. A fantasia, a imaginação, o sonho e a linguagem do mito começavam a ser valorizados e ganhavam espaço para sua expressão. O desconhecido, assim como a subjetividade, passavam a ser encarados como realidades em si, cheios de vida e de significados. Não era mais possível encaixar todo o mundo subjetivo em um conjunto de leis gerais e absolutas, espremidas dentro de fórmulas matemáticas previsíveis.

A realidade torna-se paradoxal

Depois desse rompimento, muitos dos conceitos que foram fragmentados precisaram ser reordenados e reestruturados. Um dos marcos dessa revolução cultural foi, sem dúvida alguma, a publicação, em 1900, de *A interpretação dos sonhos*, de Sigmund Freud. E apenas dois anos depois Jung iria expor em sua tese de doutorado os resultados das observações relativas à prima espírita, fazendo uma revisão dos conceitos de sonambulismo, amnésia e de outros fenômenos considerados "discutíveis".

Apesar de começar a haver alguma abertura e um resgate dos fenômenos da alma – a fantasia, a imaginação, os sonhos, enfim, o inconsciente –, as coisas ainda eram vistas com os óculos do determinismo e do princípio de causa e efeito. E essa é a melhor (e pior) maneira de o intelecto e a crítica racional manterem o controle sobre o outro lado.

Seria necessário ocorrer, dentro da própria ciência, um salto capaz de destronar a ambição da física clássica em descrever o mundo de modo único e objetivo, livre da subjetividade. Esse salto foi dado, no século XX, pela física moderna: a realidade tornou-se tão paradoxal que nenhum sistema fechado de conceitos, objetivo e autossuficiente, pode corresponder a ela (ver, adiante, a leitura complementar "Espaço e tempo: construções relativas").

O ideal do cientista do século XIX – que acreditava que todos os fenômenos podiam ser repetidos indefinidamente e que com uma pequena margem de erro se obteriam sempre as mesmas respostas – passou a ter um limite: alguns fenômenos podem ser estudados dessa maneira, mas não todos.

Os cientistas modernos abandonaram a ilusão de que é possível adquirir um conhecimento absoluto da natureza. Preocupam-se mais em descrever do que em definir os fenômenos, conforme procedem em relação à matéria nas pesquisas de física atômica. Sabe-se, por meio desses estudos, que a simples presença do pesquisador afeta o resultado da experiência.

Com os fenomenologistas descobriu-se que o mundo externo, tal como o enxergamos, está intimamente ligado à nossa percepção, à nossa presença nele como observadores conscientes. Isso implica que o universo adquire existência concreta unicamente como resultado dessa percepção. Portanto, só é possível compreender o mundo se nos incluirmos nele como participantes. Como disse Jung, se pretendemos não ter uma visão unilateral da realidade e não nos tornar ditadores em nossa própria casa, são necessários tanto o *polo objetivo* da realidade, comandado pela razão, quanto o *polo subjetivo*, expresso pela linguagem mítica da fantasia, dos sonhos e da imaginação.

Figura 1.2 *Einstein, em 1921, após receber o Prêmio Nobel de Física.*

Foi em meio a essa teia simbólica de experiências fragmentárias – muitas vezes opostas e contraditórias mas que, no fundo, buscam alguma relação e significado para a alma e para a existência – que Jung, profundamente sintonizado com o espírito de sua época, desenvolveu sua obra. Para ele, a realidade é resultante do processo psicológico, do encontro entre o comportamento objetivo das coisas e a nossa visão subjetiva delas.

Voltemos agora a sua história e a seu caminho pessoal.

O encontro de duas forças

A opção de Jung pela psiquiatria, para decepção de seu professor de clínica médica que o havia convidado para ser seu assistente, veio quando ele se preparava para os últimos exames. Ao estudar o manual de psiquiatria que tinha deixado para o final, encontrou para **psicose** (ver glossário) a definição de "doença da personalidade". Imediatamente, uma forte emoção o dominou, tirando-lhe o fôlego e fazendo seu coração disparar. Teve então uma intuição profunda, uma espécie de iluminação que o fez compreender que sua meta não poderia ser outra que não a psiquiatria.

> *[Somente] na psiquiatria poderiam confluir os dois rios do meu interesse, cavando seu leito em um único percurso. Ali estava o campo comum da experiência dos fatos biológicos e dos fatos espirituais, que, até então, eu buscara inutilmente. Tratava-se, enfim, do lugar em que o encontro da natureza e do espírito se tornava realidade.* (JUNG, 1975, p. 104).

Logo após concluir o curso de medicina, com 25 anos, em 10 de dezembro de 1900, Jung assumiu o posto de médico-assistente na Clínica Psiquiátrica Burghölzli, em Zurique, sob direção de Eugen Bleuler. Ali teve contato com muitos doentes mentais em estado grave, pessoas apresentando quadros de alucinação e delírio. Passou também um semestre em Paris, estudando com Pierre Janet, onde aprendeu mais sobre os fenômenos discutíveis: automatismo mental, dupla personalidade, rebaixamento de consciência e ideias fixas subconscientes (os *complexos*, que veremos adiante).

Eugen Bleuler

Psiquiatra suíço que se tornou famoso ao escrever um manual de psiquiatria no qual substituía o conceito de demência precoce pelo termo *esquizofrenia*. Naquela época, como não existiam nem medicamentos nem abordagens mais adequadas de tratamento, o doente piorava muito

> rapidamente, sofrendo uma desintegração da personalidade, que ocorria, principalmente, com adultos jovens. Daí a denominação *demência precoce* para esse estado. Bleuler procurou psicologizar a psiquiatria. Humanitário e afetuoso, tratava os doentes mentais antes de tudo como pessoas e insistia na importância de uma atitude positiva do médico para com eles. Suas atitudes tiveram grande influência sobre Jung.

Em 1907, Jung publicou seus estudos sobre *psicologia da demência precoce*, demonstrando que os sintomas apresentados pelo doente mental, por mais incompreensíveis que pudessem parecer, estavam carregados de significados: descreviam seu sofrimento, seus desejos e também suas potencialidades não desenvolvidas. Tais manifestações, estranhas e bizarras, devem ser vistas como **símbolos** (ver glossário) de pensamentos que não só podem ser compreendidos em termos cotidianos, como também existem dentro de cada um de nós.

A semente do paradoxo, do caos incluído no cosmos que florescia no espírito moderno, começava a desabrochar brilhantemente no pensamento de Jung. No final de suas *Memórias*, ele diz: "O homem deve sentir que vive em um mundo misterioso onde acontecem coisas inauditas... o inesperado e o inabitual fazem parte do mundo. Só então a vida é completa" (JUNG, 1975, p. 308).

Encontros e desencontros

Em 1895, ano em que Jung ingressou na faculdade de medicina, Freud havia publicado juntamente com Joseph Breuer um outro livro revolucionário: *Estudos de histeria*. Tratando o célebre caso da paciente Anna O., que sofria de sintomas de paralisia histérica (quer dizer, de causa não orgânica), Freud desenvolveu algumas das técnicas inovadoras que deram lugar ao nascimento da psicanálise. Ele descobriu que pacientes histéricos sofriam de antigos conflitos sexuais que estariam guardados no inconsciente. Atingidas e desvendadas as causas inconscientes dos conflitos por meio da análise dos sonhos e das **fantasias** (ver glossário), seria possível aliviar e tratar os sintomas.

Jung travou contato com as ideias de Freud logo nos primeiros anos de sua carreira como psiquiatra. Para sua sorte, Bleuler, seu professor, foi um dos primeiros psiquiatras ortodoxos a reconhecer a valiosa contribuição de Freud. Ele adotou as novas ideias da psicanálise na compreensão do significado dos delírios, encarregando Jung de chefiar a equipe que levou a cabo as pesquisas que culminaram na descoberta dos complexos inconscientes.

Jung viu em Freud um companheiro de viagem e enviou-lhe cópias de seus trabalhos a respeito da existência dos complexos inconscientes, confirmando as concepções freudianas sobre o mecanismo do *recalque*, ou repressão. Ambos encantaram-se um com o outro, principalmente porque os dois desenvolviam trabalhos pioneiros e inéditos no campo da medicina e da psiquiatria.

Figura 1.3 *Hieronymus Bosch*, A tentação de Santo Antão, *(1505): o mundo não é como pensamos.*

> *Recalque*
>
> É uma espécie de mecanismo de defesa, um tipo de estratégia inconsciente que faz com que, por exemplo, nos esqueçamos de fatos indesejáveis. Funciona, mais ou menos, como o porteiro de uma festa que não deixa entrar uma pessoa sem convite. Dessa maneira, evitamos o contato com lembranças incômodas e emoções dolorosas.

A partir de 1906, Jung e Freud passaram a se corresponder regularmente por meio de cartas, que, posteriormente, foram publicadas (359 cartas trocadas entre 1906 e 1913). O primeiro encontro entre os dois deu-se em 27 de fevereiro de 1907, quando Jung, então com 32 anos, viajou até Viena para visitar Freud, já bem mais velho que ele, com cinquenta anos. Tal visita ficou célebre: Jung e Freud conversaram durante treze horas e, após esse encontro, estabeleceram uma estreita colaboração que durou aproximadamente sete anos. Nesse período, mantiveram correspondência, analisaram mutuamente seus sonhos, trocaram confidências, discutiram casos clínicos. Como em uma verdadeira paixão! Freud desejava ter Jung como seu sucessor, "seu príncipe herdeiro", como ele mesmo disse em uma das cartas. Jung, de sua parte, encontrou em Freud o pai intelectualmente corajoso que o pastor Paul não fora.

O austríaco Freud, que costumava tratar mais de **neuroses** (ver glossário), considerou esse encontro com Jung, o psiquiatra suíço, crucial por duas razões: porque se abria para a psicanálise o misterioso mundo das psicoses e pelas chances de tirar a psicanálise do gueto judaico vienense e abri-la para o mundo científico internacional.

Logo se formaram dois centros de psicanálise: um em Viena, ao redor de Freud, e outro em Zurique, em torno de Jung, que passou a se dedicar à causa psicanalítica, desempenhando um papel fundamental no movimento psicanalítico.

No outono de 1909, ambos viajaram aos Estados Unidos em companhia de Sandor Ferenczi, outro psicanalista, para realizar conferências na Clark

University, em Massachusetts. Ali, Jung apresentou seus trabalhos com os testes de **associação** (ver glossário) de palavras e sobre a teoria dos complexos inconscientes. Um sonho tido por Jung durante essa viagem, que durou sete semanas, marcou o início das divergências conceituais entre os dois gênios:

> *Estava numa casa desconhecida de dois andares. Era a minha casa. Estava no segundo andar, em uma espécie de sala de estar, com belos móveis estilo rococó... Desci a escada. No térreo, onde havia uma penumbra, tudo era mais antigo, datando do século XV ou XVI. A instalação era medieval e o ladrilho vermelho. Desejando explorar a casa inteira, cheguei diante de uma pesada porta e a abri. Deparei com uma escada de pedra que conduzia à adega e, ao descê-la, encontrei-me em uma sala muito antiga, com o teto em abóbada. As paredes datavam da época romana. No piso, encontrei uma argola, a laje se deslocou e encontrei outra escada de pedra, chegando finalmente a uma gruta baixa e rochosa. Em meio à espessa poeira que recobria o solo, descobri vestígios de uma civilização primitiva. Ossadas, restos de vasos e dois crânios humanos, provavelmente meio velhos, já desintegrados.* (JUNG, 1975, p. 143).

Discordando da interpretação de cunho mais pessoal dada por Freud, Jung interpretou esse sonho como uma revelação que seu inconsciente fazia à sua consciência, mostrando as camadas que o constituíam: o andar térreo, de estilo medieval, a adega romana e, por fim, a gruta pré-histórica representavam níveis de consciência ultrapassados. Foi a partir desse sonho que ele formulou pela primeira vez o seu conceito de **inconsciente coletivo**: "um diagrama estrutural da alma humana, uma condição prévia de natureza essencialmente impessoal" (JUNG, 1975, p. 145).

O sonho mostrara que a psique humana também havia evoluído, embora alguns aspectos inconscientes do homem moderno se assemelhassem a elementos da mente primitiva.

Alguns fatos estranhos ocorreram em alguns desses encontros. Certa vez, Jung foi a Viena para debater com Freud sobre premonição e outros fenômenos irracionais. Freud, que, por sua vez, estava bastante atento a assuntos que poderiam denegrir a imagem da psicanálise como ciência e afastá-la do mundo acadêmico, preferia estrategicamente rotular essas questões como "tolices". Jung conta que, à medida que Freud ia contra-argumentando, seu diafragma começara a arder. Será que se lembrava das discussões com o próprio pai, o pastor Paul?

Figura 1.4 *Podemos comparar a psique com um órgão invisível que, como o corpo humano, também evoluiu.*

Logo após essa estranha sensação, ambos assustaram-se com um forte estalo que vinha da estante, na sala onde se encontravam. Acharam que a estante iria desabar sobre suas cabeças. Imediatamente, Jung interpretou o fato: "um fenômeno catalítico de exteriorização". Interpretação que Freud considerou puro disparate. Mas Jung, baseado em pura intuição, replicou: "O senhor engana-se, professor. E para lhe provar que tenho razão, afirmo... que o mesmo estalido se reproduzirá". Dito e feito! Mal havia pronunciado tais palavras, o ruído na estante se repetiu. Freud ficou horrorizado.

Gradualmente, iam-se delineando as diferenças entre os dois pioneiros. Desde o início, Jung discordava da maneira como Freud impunha sua visão da psique, principalmente no tocante à questão da sexualidade e à sua atitude com relação ao espírito. Para Freud, a cultura e a civilização humanas são fruto da pulsão sexual "desviada" – quer dizer, sublimada –

para outras formas. A pulsão (*trieb*, em alemão), cuja manifestação é a libido sexual, é algo que existe no limite entre o psíquico e o somático e estaria na origem de todas as atividades e comportamentos humanos, das neuroses à criatividade.

Essa concepção acerca da formação da cultura tocava no nervo central das buscas de Jung, que acreditava na existência de um impulso para a espiritualização (ver Capítulo 3) tanto quanto na de qualquer outro, como os **instintos** (ver glossário) de sobrevivência e a preservação da espécie. Além disso, a libido sexual não estaria simplesmente a serviço das necessidades biológicas, mas englobaria a espiritualidade, como ocorre segundo algumas religiões do Oriente. Como iria demonstrar posteriormente em suas obras, Jung via na sexualidade uma expressão da totalidade psíquica, mas não a única, discordando de Freud, que parecia querer elevar a sua teoria sexual à "categoria de dogma" (JUNG, 1975, p. 143-5). Como veremos no Capítulo 4, para Jung a libido poderia ser sexualizada ou não.

> *Sublimação*
>
> Processo postulado por Freud para explicar atividades humanas sem relação aparente com a sexualidade mas que, segundo ele, teriam como elemento propulsor a força da pulsão sexual. A pulsão é sublimada ao ser derivada para um novo objetivo não sexual que visa objetos socialmente valorizados, como as atividades artísticas e a pesquisa científica.

Hoje se sabe que a questão sexual foi um dos pontos principais da divergência entre ambos. Essa diferença pressupunha pontos de partida diversos sobre o funcionamento psíquico que implicavam modelos diferentes de ser humano. Na visão dualista de Freud, o fundamento da psique humana seriam as *pulsões*, fragmentadas em essência. Decorre daí que, para o modelo freudiano, o homem é um ser fundamentalmente dividido, enquanto, no modelo proposto por Jung, o ser humano é visto como único e indivisível.

	FREUD	JUNG
Energia psíquica/libido	Energia sexual	Energia psíquica
Desenvolvimento	A libido segue seu desenvolvimento em quatro estágios (oral, anal, fálico e genital) conforme a modalidade de ligação com os objetos	Individuação
Ser humano	Fragmentado – pulsões	Uno-totalidade
Inconsciente	Pessoal. Formado pelas pulsões e conteúdos reprimidos da infância (id)	Pessoal (complexos) e coletivos (arquétipos)
Sonho	Transferência, defesas, interpretação, conteúdo latente e manifesto	Capaz de criar símbolos de maneira autônoma, elaboração simbólica
Cultura	Sublimação (superego, tabu do incesto, complexo de Édipo)	Disposição inata, instintiva (*Anima/Animus*, herói)
Psicoterapia	Análise	Análise + síntese

Símbolos da transformação

A relação entre Freud e Jung já estava tensa quando este publica, em 1911 e 1912, em duas partes, no *Jahrbuch* – o primeiro periódico de psicanálise – seu ensaio *Metamorfoses e símbolos da libido* (publicado como o volume 5 das *Obras completas*). Nele, Jung expunha seu conceito de **energia psíquica** (ver glossário). O sonho relatado anteriormente sobre os dois crânios constituiu uma espécie de introdução para esse livro e também redespertou seu antigo interesse pela arqueologia. Começou, então, a se aprofundar nos estudos sobre mitologia e simbolismo dos povos antigos – o que ia de encontro à recomendação de Freud para que os psicanalistas também estudassem os mitos. Jung leu com interesse a obra de Friedrich Creuzer em quatro volumes sobre o *Simbolismo e mitologia dos povos antigos* (1810-1812) e continuou a linha de pesquisa de Bleuler na compreensão do conteúdo dos delírios como manifestação de complexos arcaicos inconscientes.

Em sua busca, Jung deparou com um artigo publicado alguns anos antes por um psicólogo, Theodor Flournoy, que tratava da produção fantástica de uma paciente, Miss Miller, uma americana que durante uma viagem à Europa havia tido várias visões e inspirações poéticas muito ricas em material simbólico.

O material publicado ajudou Jung a organizar a verdadeira miscelânea de ideias e imagens com que lidava. E então, a partir de seus conhecimentos e das fantasias de Miss Miller, nasceu o livro que definiu sua ruptura definitiva com Freud: *Símbolos da transformação*. O original, escrito em alemão, está repleto de citações em latim, grego, inglês e francês. Nele, Jung demonstra toda sua erudição, como se estivesse liberando um material acumulado dentro de si durante anos. Há referências à *Bíblia*, aos *Upanishads*, ao *Épico de Gilgamesh*, à *Odisseia*, a vários poetas e filósofos (Goethe, Nietzsche), arqueólogos, linguistas, historiadores da religião, estudiosos de mitologia, além de psiquiatras e psicanalistas contemporâneos.

Mas o principal nesse livro são as três novidades que Jung traz para o mundo psicanalítico. Duas dizem respeito diretamente ao conceito de libido, que passa a ser considerado simplesmente energia psíquica (de caráter não exclusivamente sexual) e seu surgimento na forma cristalizada de símbolos universais. A terceira refere-se ao mito do **herói** solar e sua luta para se diferenciar do mundo matriarcal do inconsciente. Esse mito, dentre os diversos discutidos no livro, assume uma importância em particular.

Sigfried ou Sig-Freud?

Em 1912, Jung dá uma série de conferências sobre a psicanálise em Nova York, publicadas no ano seguinte (volume 6 das *Obras completas*). Eis os pontos de discordância.

Jung propõe uma revisão da teoria da libido, primeiro com relação às perversões e à psicose e, depois, em relação à neurose.

Para ele, as raízes da neurose não deveriam ser necessariamente atribuídas à infância, mas a um conflito atual ("é como atribuir as dificuldades da

Alemanha no século XIX às conquistas romanas", dizia ele). A questão da neurose não se resumia aos fantasmas sexuais dos desejos incestuosos pela mãe (complexo de Édipo), mas deveria ser colocada da seguinte maneira: "o que o paciente está tentando evitar?", "qual a dificuldade da qual ele está tentando escapar hoje?".

Apesar das divergências, no ano seguinte Freud encarrega Jung de defender a psicanálise no Congresso Internacional de Medicina (Londres, agosto/1913). No entanto, Jung apresenta suas próprias ideias a respeito da psicanálise como uma evolução. Nessa conferência, ao falar sobre os sonhos, Jung dá o seguinte exemplo:

> *Um jovem neurótico sonha que "está subindo um lance de escadas com a mãe e a irmã. Ao atingirem o topo, lhe avisam que sua irmã estava para ter uma criança. Uma interpretação ortodoxa apontaria o desejo incestuoso do rapaz. "No entanto", pergunta-se Jung, "se o ato de subir a escadaria pode ser interpretado como um equivalente do ato sexual (trepar), por que olhar para as figuras da mãe, da irmã e da criança de maneira concreta? Por que não interpretá-las simbolicamente?".* (ELLENBERGER, 1970, p. 698).

Jung não concordava que o sonho expressasse apenas a realização dos desejos sexuais infantis reprimidos. Cada conteúdo onírico, para ele, possui a função de *símbolo*, que, etimologicamente, significa "aquilo que une". O sonho *liga* a consciência ao inconsciente. Além disso, o símbolo fala por si: se você sonha com uma cobra, a cobra não é sinal, não quer dizer nenhuma outra coisa; é uma cobra. Cabe interpretar não apenas por que a pessoa sonhou com uma cobra, mas também para que a cobra surgiu em seu sonho.

No início daquele ano, 1913, por discordarem em relação a conceitos básicos sobre a natureza do inconsciente, Freud e Jung romperam sua ligação. Depois disso, nunca mais se reencontraram. Ao mesmo tempo em que se separou do pai da psicanálise, Jung rompeu também com a Associação Psicanalítica Internacional (fundada em 1910), da qual era presidente, renunciou ao cargo de editor do *Jahrbuch* e abriu mão de sua carreira universitária. Retornaria à Escola Politécnica Federal de Zurique somente vinte anos depois.

Significativamente, o último capítulo de *Símbolos da transformação*, que trata da formação da consciência e de sua **diferenciação** (ver glossário) do inconsciente, ilustrada pela trajetória do herói solar que morre para poder renascer, foi denominado por Jung de "O sacrifício". Ele próprio, heroicamente, também sacrificava suas conquistas para atender ao imperativo de sua **individuação** (ver glossário). Nessa época, com 38 anos, já havia adquirido uma posição destacada no campo profissional e científico e era bastante procurado em seu consultório particular. Iniciava, então, um novo e difícil período de solidão, a partir do qual, entretanto, suas ideias se solidificaram. Um sonho de 18 de dezembro de 1913 sintetizava aquele momento de sua vida:

> *Encontrava-me numa montanha solitária e rochosa, em companhia de um adolescente desconhecido, um selvagem de pele marrom--escura. Ao amanhecer do dia, antes da aurora, ecoou a trompa de Siegfried e compreendi que precisávamos matá-lo. Após o assassinato, cheio de remorsos por haver destruído algo tão belo, preparei--me para fugir, com medo de ser descoberto. Nesse instante uma chuva torrencial desabou para varrer todos os vestígios do atentado.* (JUNG, 1965, p. 160).

A partir desse sonho, Jung percebeu quanto estava identificado secretamente com Siegfried – o herói da mitologia germânica que representava, para os alemães, a imposição heroica da própria vontade – e compreendeu a importância de abrir mão dos interesses, das conquistas e das ambições de sua personalidade n. 1, que ele, até então, havia heroicamente desenvolvido, ou seja, "matar Siegfried".

O sacrifício do que parecia ser uma carreira de sucesso, como príncipe herdeiro da psicanálise e filho pródigo de Sigmund Freud (que corresponderia a sua projeção de Siegfried), começava a fazer algum sentido. Jung havia rompido com o pai e sua religiosidade dissociada e, agora, podia seguir seu próprio caminho.

Figura 1.5 *Viagem ao desconhecido.*

Leitura complementar

1. [Em busca da quarta dimensão]

Esses pintores [Picasso, Braque, Metzinger, Delaunay, Léger, entre outros], se ainda observam a natureza, já não a imitam e evitam cuidadosamente a representação de cenas naturais e reconstituídas pelo estudo. A verossimilhança já não tem importância, pois o artista sacrifica tudo às verdades, às necessidades de uma natureza superior que ele supõe sem descobrir. O assunto já não conta, ou conta muito pouco.

A arte moderna repele, de modo geral, a maioria das técnicas de agradar utilizadas pelos grandes artistas do passado. Estamos caminhando para uma arte inteiramente nova, que será para a pintura, tal como a conhecemos até agora, o que a música é para a literatura. Será pintura pura, assim como a música é literatura pura.

O amador de música experimenta, ao ouvir um concerto, uma alegria de ordem totalmente distinta da alegria experimentada ao ouvir os ruídos naturais, como o murmúrio de um riacho, o estrépito de uma torrente, o sibilar do vento em uma floresta ou as harmonias da linguagem humana fundadas na razão e não na estética. Do mesmo modo, os novos pintores hão de proporcionar aos seus admiradores sensações artísticas que decorrem unicamente da harmonia das luzes ímpares.

O objetivo secreto dos jovens pintores das escolas extremistas é fazer pintura pura. Trata-se de uma arte plástica inteiramente nova. Ela está apenas em seu começo e ainda não é tão abstrata como gostaria de ser [...].

Os novos artistas foram violentamente atacados por suas preocupações geométricas. No entanto, as figuras geométricas são a essência do desenho. A geometria, ciência que tem por objeto a extensão, suas dimensões e relações, sempre determinou as normas e regras da pintura.

Até agora, as três dimensões da geometria euclidiana bastavam para as inquietações que o sentimento do infinito desperta na alma dos grandes artistas. Os novos pintores não têm a pretensão, não mais que seus predecessores, de ser geômetras. Mas podemos dizer que a geometria é para as artes plásticas o que a gramática é para a arte do escritor. Hoje, os cientistas já não se limitam às três dimensões da geometria euclidiana. Os pintores foram levados espontaneamente e, por assim dizer, por intuição a preocupar-se com novas dimensões possíveis da extensão, que na linguagem dos ateliês modernos são designadas pelo termo *quarta dimensão*.

Encarada do ponto de vista plástico, a quarta dimensão parece decorrer das três dimensões conhecidas: representa a imensidade do espaço que, em um dado momento, se eterniza em todas as direções. É o próprio espaço, a dimensão do infinito; é ela que dota de plasticidade os objetos. Confere-lhes as proporções que merecem na obra.

Acrescente-se, enfim, que a quarta dimensão – essa expressão utópica que se deve analisar e explicar, de modo que a ela se ligue algo mais que um mero interesse histórico – veio a ser a manifestação das aspirações e inquietudes de um grande número de jovens artistas que contemplam as esculturas egípcias, negras e oceânicas, meditam sobre os vários trabalhos científicos e esperam por uma arte sublime [...].

Desejando atingir as proporções do ideal, não mais se limitando à humanidade, os jovens pintores nos oferecem obras mais cerebrais que sensuais. Afastam-se cada vez mais da antiga arte das ilusões de óptica e das proporções locais para exprimir a grandeza das formas metafísicas. Eis por que a arte atual (cubismo), se não é a emanação direta de crenças religiosas específicas, apresenta não obstante algumas das características da grande arte, ou seja, da arte religiosa [...].

Os grandes poetas e artistas têm por função social renovar incessantemente a aparência de que a natureza se reveste aos olhos dos seres humanos. Sem os poetas, sem os artistas, a monotonia natural não tardaria a aborrecer os homens. A ideia sublime que eles têm do universo desabaria com rapidez vertiginosa. A ordem que encontramos na natureza, e que não passa de um efeito da arte, em breve se desvaneceria. Tudo mergulharia no caos. Não haveria mais estações, civilização, pensamento, humanidade; até a vida desapareceria, e, em toda, parte reinaria o vazio impotente.

Os poetas e artistas determinam as características de sua época, e o futuro se dobra docilmente aos seus desejos [...].

Por vezes se tem aventado, especialmente a propósito dos pintores mais recentes, a possibilidade de uma mistificação ou de um erro coletivos. Ora, não se conhece em toda a história da arte um único exemplo de mistificação ou erro artístico coletivos. Existem casos isolados de fraude e erro, mas os elementos convencionais que, em grande parte, compõem as obras de arte garantem a impossibilidade de que tais exemplos se generalizem.

Se a nova escola de pintura nos apresentasse um só desses casos, seria um acontecimento tão extraordinário que poderíamos considerá-lo um milagre. Conceber um caso assim seria conceber que de repente, em uma nação, todas as crianças nascessem privadas de cabeça, de uma perna ou de um braço, concepção evidentemente absurda.

Não há na arte erros ou mistificações coletivos. O que há são apenas épocas diversas e diversas escolas de arte. Muito embora o objetivo que cada uma delas persegue não seja igualmente elevado, igualmente puro, todas são igualmente respeitáveis e, segundo as ideias que fazem da beleza, cada escola artística é sucessivamente admirada, desprezada e de novo admirada.

> (APOLLINAIRE, G. *Os pintores cubistas*, 1913. In: CHIPP, H. B. *Teorias da arte moderna*. São Paulo: Martins Fontes, 1988, p. 224-228).

2. [Espaço e tempo: construções relativas]

A física moderna confirmou, de forma dramática, uma das ideias básicas do misticismo oriental: a de que todos os conceitos que utilizamos para descrever a natureza são limitados, e não são características da realidade, como tendemos a acreditar, mas criações da mente, partes do mapa e não do território. Sempre que expandimos o reino de nossa experiência, as limitações da nossa mente racional tornam-se evidentes, levando-nos a modificar, ou mesmo abandonar, alguns de nossos conceitos.

Noções de espaço e tempo figuram, de forma destacada, em nosso mapa da realidade. Essas noções servem para ordenar coisas e eventos no ambiente que nos cerca, razão pela qual são de suprema importância em nossa vida cotidiana e em nossas tentativas de compreender a natureza por meio da ciência e da filosofia. Todas as leis da física exigem os conceitos de *espaço* e *tempo* para sua formulação. As profundas modificações desses conceitos básicos, efetuadas pela teoria da relatividade, constituíram, sem sombra de dúvida, uma das maiores revoluções na história da ciência.

A física clássica baseava-se não apenas na noção de um espaço absoluto, tridimensional, independente dos objetos materiais que contém e obedecendo às leis da geometria euclidiana, mas também na noção do tempo como uma dimensão separada, que é igualmente absoluto e flui de maneira uniforme, independentemente do mundo material. No Ocidente, essas noções de espaço e tempo achavam-se tão profundamente enraizadas nas mentes dos filósofos e cientistas que eram consideradas propriedades genuínas inquestionáveis da natureza.

A crença de que a geometria é inerente à natureza, e não apenas parte do arcabouço de que lançamos mão para descrever a natureza, tem sua origem no pensamento grego. [...] Os gregos acreditavam que seus teoremas matemáticos eram expressões de verdades eternas e exatas acerca do mundo real e que as formas geométricas eram manifestações da beleza absoluta. A geometria era considerada uma combinação perfeita de lógica e beleza, creditando-se-lhe uma origem divina. Daí a máxima de Platão: "Deus é geômetra". [...]

A filosofia oriental, ao contrário da grega, sempre sustentou que espaço e tempo são construções da mente. [...] A geometria não é inerente à natureza, mas fora imposta a ela pela mente humana. Os místicos orientais trataram-nas da mesma forma com que lidaram com todos os demais conceitos intelectuais, ou seja, como algo relativo, limitado e ilusório [...].

[A teoria da relatividade] se baseia na descoberta de que todas as medidas de espaço e tempo são relativas. A relatividade das especificações espaciais não constituía, por certo, novidade. Já se sabia, antes de Einstein, que a posição de um objeto no espaço só pode ser definida em relação a algum outro objeto, o que geralmente é efetuado com a ajuda de três coordenadas; e o ponto a partir do qual as coordenadas são medidas pode ser denominado localização do "observador" [...].

No tocante ao tempo, contudo, a situação na física clássica era completamente diferente. A ordem temporal de dois eventos era tomada como independente de qualquer observador. Às especificações que diziam respeito ao tempo – como "antes", "depois", ou "simultaneamente" – era creditado um significado absoluto, independente de qualquer sistema de coordenadas.

Einstein reconheceu que as especificações temporais também são relativas e dependem do observador. Na vida cotidiana, a impressão de que podemos dispor os eventos a nosso redor em uma sequência temporal única é criada pelo fato de que a velocidade da luz – aproximadamente 300 mil km/s – é tão elevada, comparada a qualquer outra velocidade que conhecemos, que podemos partir do pressuposto de que estamos observando os eventos no mesmo momento em que ocorrem. Tal suposição contudo é incorreta. A luz necessita de algum tempo para se deslocar do evento para o observador. Normalmente, esse tempo é tão curto que a propagação da luz pode ser considerada instantânea; entretanto, se o observador se deslocar a uma alta velocidade com relação aos fenômenos observados, o lapso de tempo entre a ocorrência de um evento e sua observação desempenhará um papel crucial no estabelecimento de uma sequência de eventos. Einstein compreendeu que, nesse caso, observadores movendo-se a diferentes velocidades ordenarão os eventos de formas igualmente diversas no tempo. Para as velocidades comuns, as diferenças são tão pequenas que não podem ser detectadas; mas quando as velocidades aproximam-se da velocidade da luz, dão origem a efeitos comensuráveis. Na Física de alta energia, onde os eventos são interações entre partículas que se deslocam quase à velocidade da luz, a relatividade do tempo é bem estabelecida [...].

A relatividade do tempo também nos obriga a abandonar o conceito newtoniano de espaço absoluto. Considerava-se que esse espaço continha uma configuração definida de matéria a cada instante; agora, contudo, que a simultaneidade é vista como um conceito relativo, dependendo do estado de movimento do observador, não é mais possível definir esse instante preciso para a totalidade do universo. Um evento distante que ocorre em algum instante particular para um observador pode ocorrer antes ou depois para um segundo observador. Não é possível, portanto, falar-se acerca do "universo num dado instante" de maneira absoluta; o espaço absoluto independente do observador não existe.

A teoria da relatividade demonstrou, assim, que todas as medidas que envolvem espaço e tempo perdem seu significado absoluto, levando-nos a abandonar os conceitos clássicos de espaço e tempo absolutos [...]

> *[que] as coordenadas de espaço e tempo são apenas os elementos de uma linguagem utilizada por um observador para descrever seu meio ambiente.*
>
> (CAPRA, Fritjof. "Espaço-tempo". In: *O tao da física*. São Paulo: Cultrix, 1986, p. 126-145).

Atividades

1. Forme um grupo de mais ou menos seis pessoas. A partir da lembrança dos segredos da infância, criem uma história baseada em fatos pitorescos, aventuras e situações diferentes que cada um viveu. Vocês podem pesquisar em livros de história, de mitologia ou nas histórias em quadrinhos, buscando associações e paralelos para enriquecer o relato. Aproveite para criar uma pintura, uma imagem que represente o *seu* segredo dentro da história.

2. Pesquise sobre alguns dos movimentos inovadores que na virada e nas primeiras décadas do século XX estavam ocorrendo em diversos campos da cultura (ciências, artes e literatura). Por exemplo, as várias correntes do modernismo, a teoria quântica, a teoria da relatividade etc.

3. Caso você tenha identificado na sua vida a existência de personalidades n. 1 e n. 2, concentre-se no tema escolha *profissional* x *vida pessoal*. Quando e como esses dois lados das pessoas costumam "brigar" e como eles podem se comunicar e se entender? Entreviste alguns profissionais sobre essas questões e crie um diálogo entre os "dois lados". Depois discuta com seus colegas.

4. Invente, para dramatizar, um diálogo entre as personalidades n. 1 e n. 2. Imagine, por exemplo, a personalidade n. 1 de Jung, aquele menino que ia mal na escola, dialogando com a personalidade n. 2, o velho cheio de autoridade.

Questões

1. Você acha que devemos ter segredos? Qual a importância deles na nossa vida e até que ponto é possível compartilhá-los?

2. Com base no relato do episódio dos desmaios de Jung, que explicações podem ser dadas para sua neurose?

3. Qual era o principal conflito vivido por Jung e que paralelos podemos traçar entre sua dificuldade na escolha profissional e as duas visões de mundo existentes no início do século XX?

4. Quais as principais diferenças na concepção de espaço e de tempo, nas culturas Ocidental e Oriental, segundo o físico Fritjof Capra? (Veja texto da leitura complementar.)

Para saber mais

- *Memórias, sonhos, reflexões,* Carl G. Jung. Rio de Janeiro: Nova Fronteira, 1975.

- *Jung – Vida e pensamento,* Anthony Stevens. Petrópolis: Vozes, 1993.

- *O ABC da relatividade,* Bertrand Russell. Lisboa: Publicações Europa-América, 1969.

- *O tao da física,* Fritjof Capra. São Paulo: Cultrix, 1986.

- *Auto de fé,* Elias Canetti. Rio de Janeiro: Nova Fronteira, 1982.

2. A descida ao inconsciente

Aqueles que entrarem, abandonem as esperanças.

Dante

Encontro com o mito

Acreditando na autonomia do inconsciente, Jung decidiu decifrar o significado de suas imagens, tanto de sonhos quanto de fantasias. Para isso, desenvolveu seu próprio método de investigação: seria fundamental interagir com os conteúdos do inconsciente, porém sem perder o contato com a realidade externa. Isso porque, no mundo do inconsciente, podemos encontrar tanto fascinantes tesouros quanto terríveis monstros devoradores.

Sabendo intuitivamente do perigo e lembrando-se dos vários doentes com os quais convivia diariamente na clínica Burghölzli, aprisionados em um manancial de imagens e sintomas, Jung fincou o pé para iniciar sua aventura: antes de tudo, a consciência deveria estar íntegra e observante.

A pressão psicológica sob a qual vivia nessa época era tanta, que, por diversas vezes, chegou a suspeitar que pudesse estar adoecendo. Esse tipo de crise da meia-idade, que costuma levar a uma grande transformação da personalidade, foi denominada por Jung de *metanoia*. Em meio a sentimentos de perplexidade, Jung recorria às suas memórias, passando sua vida em revista, buscando alguma explicação para seu mal-estar. Não conseguindo efeito algum, finalmente decidiu corajosamente abandonar-se ao impulso inconsciente e às suas imagens.

Uma das primeiras lembranças que surgiram foi daquela época em que brincava sozinho, construindo casinhas e castelos com blocos de pedra. A ocorrência da lembrança levou a uma espécie de resgate; foi como se ele estivesse acolhendo seu menino solitário, a sua *criança interior*. Enfrentando um sentimento de humilhação, Jung entregou-se, nos intervalos de seu trabalho no consultório, à construção de uma cidade em miniatura, até mesmo com igreja, à beira do lago de sua casa, em Küsnacht.

Tal ritual foi desencadeando uma série de fantasias que, meticulosamente, ele anotava em um caderno. Passo a passo, começava a deixar-se guiar por suas imagens interiores, sem saber aonde iria chegar. Tinha apenas a certeza íntima de estar trilhando o caminho que, como ele mesmo costumava dizer, o conduziria a seu próprio **mito** (ver glossário). Registrava não somente suas fantasias, mas principalmente as condições psíquicas e emocionais sob as quais elas surgiam. A decisão de se confrontar com o inconsciente se deu no dia 12 de dezembro de 1913, alguns dias antes do sonho do "assassinato de Siegfried", relatado anteriormente.

> *Sentado em meu escritório, considerei mais uma vez os temores que sentia e, depois, me abandonei à queda. O solo pareceu ceder sob meus pés e fui como que precipitado em uma profundidade obscura. Finalmente, encontrei-me diante de uma caverna. Entrei e, do outro lado, percebi um cristal vermelho que cintilava na rocha. Sob ela, havia um rio, no qual passou um cadáver de um adolescente loiro ferido na cabeça, seguido de um enorme escaravelho negro. Então, do fundo das águas surgiu um rubro sol nascente. Ofuscado pela luz, tentei repor a pedra no orifício, mas nesse momento um líquido fez pressão e escoou pela brecha. Era sangue! Um jato espesso jorrou e senti náusea. Afinal, o jato estancou e a visão terminou.* (JUNG, 1975, p. 159).

Após o impacto dessa primeira visão, Jung passou sistematicamente a fazer *descidas* cada vez mais profundas e descobriu alguns personagens com os quais iniciou uma série de diálogos. Uma das figuras presentes nesses encontros com o inconsciente tornou-se para ele uma espécie de guru. Jung chamou-o Filemon e desenhou e pintou cuidadosamente sua imagem em um caderno, o *Livro vermelho*. Era a imagem de um velho com asas, semelhantes às de um martim-pescador, e com chifres de touro; trazia um feixe de quatro chaves, uma das quais segurava como se fosse abrir uma porta.

Figura 2.1 *Filemon, personagem da intimidade e do acolhimento.*

Graças aos diálogos com Filemon, Jung concluiu que existe uma realidade psíquica objetiva. Descobriu que há na alma muitas coisas que não são fabricadas pelo eu, mas têm vida própria e se fazem por si mesmas, independentemente da nossa vontade, sendo como "personagens da imaginação".

Outra dessas personagens que marcaram muito Jung em suas explorações do inconsciente foi uma figura feminina que ele chamou *Anima* (ver glossário). Ela funcionava como uma espécie de mensageira para transmitir à consciência as imagens do inconsciente. Sempre que estava perturbado e irritado, Jung costumava perguntar à sua *Anima* o que se passava. Assim que uma imagem surgia, a irritação se esvaía e ele se punha a buscar a compreensão de seu conteúdo.

Apenas fantasiar e dar um tratamento estético às imagens e fantasias do inconsciente não bastava. Era indispensável a sua compreensão. Assim, Jung procurava transformar cuidadosamente cada conteúdo, tentando, na medida do possível, não só compreendê-lo racionalmente, mas principalmente realizá--lo na vida.

Não se tratava simplesmente de deixar que as imagens emergissem e encantassem. A parte mais difícil, sofrida e trabalhosa era justamente entregar-se ao esforço de compreendê-las e confrontar-se com as consequências éticas que a compreensão suscitava. Tais confrontos implicavam mudanças e sacrifícios por parte do eu.

Durante essa época de mergulhos na imaginação, Jung sentia que a sua "âncora" eram a família e o trabalho.

A ilha no centro do lago

Ser assimilado pelo inconsciente é um dos grandes perigos quando se lida com seus conteúdos. É o que ocorre, por exemplo, sob o efeito de algumas drogas pesadas, que podem produzir uma "viagem" sem volta, uma *bad trip*: as defesas do **ego** (ver glossário) se afrouxam, a consciência tem suas portas abertas e é invadida pelo inconsciente. Nessa invasão, o inconsciente age como as águas do mar, que ao subir avançam sobre a praia e podem levar tudo o que estiver em seu caminho.

Sempre que sentia essa pressão, para não ser tragado pelas imagens do inconsciente, Jung dizia a si mesmo que era um médico, tinha seu trabalho e pacientes para atender, morava na Seestrasse, 228, em Küsnachte, tinha uma família. Ele se casara em 1903 com Emma Rauschenbach, filha de um rico industrial de Schaffhausen, com quem teve cinco filhos.

Analisando todas essas experiências, tornou-se claro que havia uma meta no desenvolvimento psíquico. Jung descobriu que existe uma espécie de centro regulador e coordenador da nossa vida psíquica, que corresponde simbolicamente à imagem de Deus que temos em nós, à qual ele denominou **Self** (ou, em português, *Si-Mesmo* – ver glossário).

Ele percebeu que todos os acontecimentos da nossa vida, tanto interiores quanto exteriores, são *simbólicos*. Nossas emoções, sentimentos, ideias, fantasias, sonhos e sensações, as pessoas com que nos relacionamos, nossas ligações afetivas, as escolhas profissionais, nossas "viagens", tudo isso tem um fio condutor cujo propósito é a realização de nossa totalidade como seres no mundo. A busca da realização dessa totalidade, que ele denominou **individuação** (ver glossário), é a meta do processo de desenvolvimento psíquico.

Alguns anos depois, em 1927, novamente por meio de um sonho, Jung confirmou sua ideia da existência de um centro regulador desse processo de desenvolvimento, o ponto culminante das experiências individuais e que confere um sentido à vida de cada um. Nenhum de nós vem ao mundo por acaso e a vida de cada indivíduo tem uma finalidade única.

> *Estava na cidade de Liverpool ("lago da vida"), em uma noite de inverno, e encontrava-me em uma praça ampla, onde desembocavam várias ruas. Os quarteirões estavam dispostos de forma radiada ao redor da praça e em seu centro encontrava-se um lago, no meio do qual havia uma pequena ilha. Apesar da chuva e da neblina ao redor, a ilhota estava banhada pela luz do sol. Nela se erguia uma árvore solitária, uma magnólia coberta de flores avermelhadas.* (JUNG, 1975, p. 175).

56 A DESCIDA AO INCONSCIENTE

Figura 2.2 *Jung em 1909: "um contrapeso ao mundo racionalista de nosso tempo".*

Jung estava com 43 anos quando as "descidas" diminuíram. Levou o resto de sua vida elaborando tudo o que havia experimentado e registrado, à custa de um esforço heroico, naquela fase. A crise (metanoia) foi para ele uma oportunidade de descobrir e vivenciar seu próprio mito e o sentido de sua própria existência. Com isso, "aprendendo como se comporta a psique nessas ocasiões e como a mesma encontra a força para se curar" (STEVENS, 1993, p. 260), Jung abriu um caminho para a humanidade.

A gênese da obra

Contestando a soberania do racionalismo científico e a visão dualista que dividia o mundo em psique, de um lado, e realidade concreta das coisas, de outro, Jung partiu para a busca de um ponto de vista que fosse capaz de conciliar tais aspectos. Procurou, então, desenvolver uma concepção holística, uma psicologia que incluísse a subjetividade do espírito.

Para ele a psicologia seria a única ciência mediadora capaz de conciliar a ideia e a coisa, sem violentar nenhuma delas. Para diferenciar sua psicologia da psicanálise de Freud, Jung denominou-a **psicologia analítica** – também chamada por alguns autores de *arquetípica* (Hillman) ou *simbólica* (Byington). Ele definiu seus novos conceitos no último capítulo do livro que escreveu em 1921, *Tipos psicológicos*.

Dois tipos de pensamento

Como disse Jung, "tudo o que escrevi possui um duplo fundamento" (VON FRANZ, 1992, p. 12). Para ele, existem dois modos de pensar. Um é o chamado *pensamento dirigido*, por meio do qual submetemos nossas ideias ao ato voluntário do julgamento. Tem a ver com nossas escolhas, com nossa vontade. O pensamento dirigido é prático, objetivo e direcionado, produzindo uma espécie de planejamento da realidade, seja ela concernente ao mundo exterior (por exemplo, "eu quero algo, então devo fazer isso e aquilo, esperar, ir por aqui ou por ali"), seja ao mundo das ideias (por exemplo, no caso da lógica linear, "se isso... então aquilo..."). As ideias vão se superpondo como em um edifício, onde cada andar que se eleva depende daquele que está embaixo.

Filósofos como Aristóteles, São Tomás de Aquino, Spinoza, Kant e Hegel costumavam pensar dessa forma. Também Freud, ao construir sua teoria psicanalítica, foi descrevendo seus casos como um detetive que, passo a passo, vai desvendando o mistério do crime para chegar ao culpado.

O outro modo de pensar é chamado *associativo* ou *analógico*. É um tipo de pensamento mais orgânico e menos linear, em que as ideias se associam sem uma direção necessariamente objetiva. Isso dá a impressão de algo bastante diferente e até mesmo esquisito. No entanto, o fato de, aparentemente, tratar-se de ideias sem nenhuma direção logicamente definida não significa que elas não tenham um sentido. Filósofos como Platão, Kierkegaard, Nietzsche, e também Jung, pensavam dessa forma.

Se formos capazes de circundar as imagens que compõem o pensamento associativo, poderemos perceber que esses conteúdos aparentemente irracionais ou extravagantes relacionam-se em uma espécie de teia de significados interligados, manifestando-se por meio de uma gama muito variada de símbolos.

O pensamento associativo tem muito a ver com a fantasia, a intuição e os sonhos. Como os sonhos, as fantasias são uma expressão natural da vida inconsciente. Surgem quando introduzimos a palavrinha *se*: "E *se* eu fizesse isso ou aquilo, o que aconteceria?", "E *se* fosse por ali e não por aqui?".

Podemos dizer que essa outra forma de pensamento, a seu modo, também "prepara" a realidade, explorando outros caminhos e buscando analogias, até chegar a uma solução. Quantas vezes não sonhamos com situações de nosso cotidiano? É nosso inconsciente tentando auxiliar o eu na busca de soluções.

Linguagens do inconsciente

Jung definia a fantasia como "uma fluência da atividade criadora do espírito ou imaginação, produto ou combinação de elementos psíquicos carregados de energia" (JUNG, 1971, p. 799). Considerava a imaginação uma das principais funções da psique, a expressão direta da atividade vital e a única forma pela qual a energia psíquica se manifesta na consciência. A intenção de Jung não era diminuir a importância do intelecto, apenas restabelecer um equilíbrio entre a razão, então soberana, e a imaginação.

Há dois tipos de fantasia: a *ativa* e a *passiva*. A primeira é suscitada pela intuição e pela imaginação. Há uma disposição da consciência para admitir fragmentos inconscientes e compô-los por meio de associações até que, ao final, como em um mosaico ou quebra-cabeça, surge uma imagem compreensível daquilo que se pretendia ver.

Já as fantasias passivas são todas aquelas "viagens" e devaneios nos quais entramos quando sonhamos acordados ou quando a consciência é alterada pelo uso de determinadas drogas. Por se tratar de um produto que está fora do controle da mente consciente, a fantasia passiva requer um esforço consciente para compreendê-la, sob pena de ficar na inconsciência.

Um dos grandes méritos de Freud foi ter começado a libertar a fantasia – isto é, a maneira de pensar do inconsciente – das amarras da neurologia e da psiquiatria organicista da época, que buscavam somente causas biológicas para os distúrbios mentais. Quando iniciou suas pesquisas, ele recomendava que seus pacientes falassem livremente o que lhes viesse à cabeça, sem preocupação com censura, ou seja, sem repressão – método que ele denominou *associação livre*.

Freud foi o primeiro médico a conferir crédito à linguagem do inconsciente e perceber a importância e o significado daqueles "absurdos" que costumam emergir quando a mente consciente não está no controle das situações – seja em casos de doenças mentais, seja em condições normais.

Figura 2.3 *Henry Fuseli,* Sonho de uma noite de verão, ato IV, cena I *(1796):* associação livre no divã.

Filosofia, religiões e mistérios

Jung insistia no fato de que, como toda ciência, sua psicologia também estava sujeita aos preconceitos e condicionamentos subjetivos do observador. Assim, para evitar uma tendenciosidade grosseira, sempre lhe pareceu imprescindível a documentação e a comparação do material de sua exploração dos sonhos e dos conteúdos do inconsciente com fontes históricas.

Devido à responsabilidade ética e moral que suscitava o trabalho de investigação das imagens do inconsciente, Jung sempre se esforçou em demonstrar que aqueles conteúdos da experiência psíquica não representavam simplesmente sua imaginação pessoal, mas eram conteúdos reais, objetivos e coletivos, podendo repetir-se com outros seres humanos. Por isso, era grande sua preocupação em correlacionar as manifestações de sua psicologia e ampliá-las relativamente a um contexto cultural da forma mais abrangente possível. Nesse sentido, sua perspectiva do homem é holística, visando sempre uma compreensão da natureza humana com relação à totalidade, seja ela individual, seja cultural.

Para desenvolver suas intuições, ele foi buscar inspiração em uma gama imensa de referências culturais e históricas, traçando vários paralelos entre elas e as ciências humanas, a história das religiões, a mitologia, a antropologia, a poesia e a arte. Seus estudos estenderam-se também ao gnosticismo, à alquimia e às filosofias do Oriente.

A abordagem que fazia de todas essas experiências do ser humano – religiosas, místicas, artísticas ou de outra natureza – era fenomenológica, isto é, quando recorria a essas fontes, visava muito mais lançar luz sobre a natureza dos fenômenos humanos e verificar que função desempenhavam na psique individual ou coletiva do que realizar um estudo aprofundado da história das religiões e da filosofia.

Fenomenológico

Termo empregado por Jung relativamente à "experiência pura", ou seja, à maneira como o indivíduo experimenta a si mesmo e ao mundo, anteriormente a qualquer teoria.

Em várias passagens de suas *Obras completas* Jung faz referências ao pensamento de diferentes filósofos, poetas e pensadores. Alguns que, de uma ou outra maneira, influenciaram seu pensamento são Immanuel Kant (1724-1804), Friedrich von Schiller (1759-1805), Friedrich Nietzsche (1844-1900) e os filósofos do inconsciente: Arthur Schopenhauer (1788-1860), Carl Gustav Carus (1789-1869) e Eduard von Hartmann (1842-1906).

Gnosticismo

O entusiasmo de Jung pelo misticismo de modo algum representou uma rejeição à tradição espiritual cristã, com a qual tinha fortes ligações, mas, sim, a tentativa de compreender as religiões a partir de uma perspectiva simbólica e "reativá-las [...] obrigando-nos a reconhecer nelas um espelho de uma parte de nós mesmos, que fora até então invariavelmente ignorada" (CLARKE, 1992, p. 128).

Sua visão sobre as religiões, tanto na abordagem das tradições da teologia cristã quanto na das religiões orientais, é um dos pontos mais polêmicos de seu pensamento. Para ele, as religiões, com seus cultos e práticas rituais, procuram, muito mais do que representar a verdade, nos dar um significado simbólico à vida e à morte, expressando profundas necessidades psicológicas da humanidade. As crenças seriam organizações codificadas e dogmatizadas de uma experiência interior, que ele descreveu como **numinosa** (ver glossário), isto é, carregada de energia.

Entre 1918 e 1926, na busca das raízes históricas de suas experiências, Jung lançou-se ao estudo dos gnósticos, já que, como ele próprio afirma, "eles, ao seu modo, haviam encontrado o mundo original do inconsciente".

Tentando resgatar as antigas discussões com o pai, Jung "descobriu no gnosticismo uma indicação antiga de sua ênfase no primado da experiência sobre a fé e de algumas de suas próprias introvisões [...], os tipos básicos de atuação psicológica, o destaque à polaridade e à ideia de análise interior e desenvolvimento individual [...] um fenômeno que constituía o mundo negligenciado do inconsciente" (CLARKE, 1992, p. 126).

> **Gnosticismo**
>
> Conjunto de doutrinas heréticas, no início do cristianismo primitivo, que invocava o testemunho de um ensinamento secreto supostamente comunicado aos Apóstolos por Cristo Ressuscitado, conservado e transmitido pela tradição oral. Por meio da gnose, o indivíduo alcançaria a salvação, libertando seu verdadeiro ser, de origem divina, do aprisionamento na matéria.

Alquimia

Foi na alquimia que Jung encontrou as raízes de suas ideias e a ponte entre o gnosticismo e a psicologia do inconsciente. Ele concebeu a alquimia como precursora de sua psicologia.

> *As experiências dos alquimistas eram minhas experiências e o mundo deles era, em um certo sentido, o meu mundo. [...] Estudando os textos antigos, percebi que tudo se encontrava: o mundo das imagens, o material empírico que colecionei na prática e as conclusões que havia tirado.* (JUNG, 1978, p. 181).

O cristianismo ortodoxo, ao considerar pagãos os cultos à natureza, valorizava o espírito e reprimia a carne. A alquimia, por sua vez, fornecia símbolos por meio dos quais se entrava em contato com a matéria e com o lado *ctônico* (ligado à terra) da natureza, levando à transformação e à plenitude em vida.

Em uma de suas visitas à Escola da Sabedoria, fundada pelo filósofo social alemão Hermann Keyserling, que pretendia a integração entre Oriente e Ocidente, Jung tornou-se muito amigo de Richard Wilhelm, um missionário que havia traduzido para o alemão o clássico livro de adivinhações chinês, o *I Ching*, ou "Livro das mutações".

Nessa época, e já desde o século XIX, proliferava uma onda de estudos e de traduções de textos orientais, e o entusiasmo pelo Oriente, tanto nos meios populares quanto acadêmicos, era muito grande.

> *Alquimia*
>
> A alquimia surgiu na China antiga há mais ou menos 3700 anos. Baseada na filosofia taoista do equilíbrio e união entre os princípios *yin* (feminino) e *yang* (masculino), enfatizava o autoconhecimento e a transformação da personalidade como meios para dar nascimento ao novo homem dentro de cada indivíduo. Chegou ao Ocidente trazida pelos gregos, foi desenvolvida pelos árabes e ressurgiu no século XII, alcançando seu desenvolvimento maior durante o Renascimento (séculos XIV e XV). Desapareceu durante o século XVII, por ser incompatível com o Iluminismo.
>
> Mediante uma sucessão de experiências de laboratório, os alquimistas buscavam encontrar o elixir da longa vida ou pedra filosofal. Muitas das técnicas desenvolvidas por eles foram preservadas e deram origem à química moderna.

Jung viu no contato com a cultura do Oriente uma oportunidade para equilibrar o excessivo materialismo da cultura ocidental. Esse equilíbrio corresponderia a uma volta para o mundo subjetivo de nossas imagens interiores, que os orientais haviam desenvolvido por meio de suas filosofias e de várias técnicas, como a meditação, a ioga e as artes marciais.

Em 1928, Wilhelm enviou a Jung um manuscrito sobre alquimia chinesa — intitulado *Segredo da flor de ouro* —, pedindo-lhe que acrescentasse comentários ao texto. Jung ficou entusiasmado ao ler o material, pois ali encontrou uma confirmação a suas reflexões. O manuscrito trazia a ideia de reconciliação dos opostos, um dos aspectos centrais tanto da filosofia hindu quanto do zen-budismo. Essa ideia de equilíbrio entre os opostos, ou *caminho do meio*, é fundamental na compreensão do trabalho terapêutico de Jung. No processo de realização da identidade profunda do indivíduo, os elementos conscientes e inconscientes reconciliam-se e são integrados na consciência, transformando a atitude do sujeito (ver texto complementar "O ocidental não compreende o Oriente").

Algum tempo depois, Jung tomou conhecimento do *Ars auriferae volumina duo* (1593), um tratado de alquimia escrito em latim. A partir de então começou um intenso trabalho de análise e decodificação de vários manuscritos antigos sobre alquimia. Cerca de quinze anos mais tarde, ele havia reunido uma das melhores coleções da Europa sobre o assunto.

Ao decifrar o significado simbólico dos textos herméticos que ilustravam as fases do processo da transformação alquímica do ouro, Jung encontrou indicações que lhe permitiam interpretar e simbolizar o processo de transformação pelo qual ele próprio e muitos de seus pacientes estavam passando.

A arte da alquimia seria, na realidade, uma projeção de conteúdos inconscientes sobre as experiências que o alquimista realizava, fechado no laboratório, em busca da pedra filosofal.

> *O opus alquímico pode ser compreendido como uma maneira de simbolizar a transformação da personalidade através da combinação e fusão dos componentes nobres com os comuns, de funções psicológicas diferenciadas com funções inferiores, do consciente com o inconsciente.* (JUNG, 1967b, parágrafo 360).

Os estudos de Jung sobre a alquimia estão organizados em suas *Obras completas*, nos volumes 12, 13 e 14 – respectivamente, *Psicologia e alquimia*, *Estudos alquímicos* e *Mysterium coniunctionis*. A comparação que ele faz entre o processo de transformação alquímica, ou *opus*, e o processo psicoterápico está no volume *A prática da psicoterapia*.

A exemplo dos alquimistas, o objetivo central de Jung era um só: penetrar no segredo da personalidade.

Pode-se dizer que Jung renasceu ao emergir do período de profunda introspecção em que esteve mergulhado dos 37 aos 42 anos: deixou de ser mero instrumento de seus instintos naturais para tornar-se ele mesmo. Foi a partir dessa experiência que ele desenvolveu um dos mais importantes conceitos de sua psicologia: o chamado *processo de individuação*, por meio do qual a personalidade sofre uma transformação radical e o ego, alcançando a modéstia, dá lugar ao Si-Mesmo como centro da personalidade.

Em 1929, Wilhelm e Jung publicaram *Segredo da flor de ouro — Um livro de vida chinês*. Nesse ponto, diz Jung, "minhas reflexões e pesquisas atingiam o ponto central de minha psicologia, isto é, a ideia de *Self*" (JUNG, 1975, p. 183).

Foi só então que ele se sentiu em condições de "retornar ao mundo". A partir daí, voltou a fazer conferências, realizou viagens e escreveu artigos e monografias que continham respostas às suas preocupações de tantos anos.

Participou regularmente, durante vinte anos, do centro Eranos, fundado em 1933, em Ascona (Itália), e coordenado por Olga Froebe-Kapteyin. Ali, teve a oportunidade de trocar ideias com muitos eruditos de outras disciplinas, como Karl Kerényi, com quem publicou vários livros sobre mitologia; Gilles Quispel, estudioso do gnosticismo; Henry Corbin, estudioso do sufismo; Adolf Portmann, com quem discutiu os padrões de comportamento; Hugo Rahner, especialista em imagética simbólica cristã; Gershom Scholem, especialista em cabala e misticismo judaico; o egiptologista Helmuth Jacobsohn; Herbert Read e Jean Gebser, entre outros.

Figura 2.4 *Xilogravura ilustrando o trabalho de um alquimista.*

Sincronicidade

Intuitivamente, Jung desenvolveu conceitos e modelos muito parecidos com os da física moderna, sugerindo a existência de fenômenos que apontam para um paralelismo entre a energia psíquica e a energia física. Por exemplo, o princípio da complementaridade de Niels Bohr (física quântica) descreve a luz por intermédio de dois conceitos complementares: partículas e onda. Isso também se aplica, segundo Jung, ao conceito de energia psíquica, que pode ser considerada tanto matéria quanto espírito. Da mesma forma, a ideia de relatividade do espaço-tempo aplica-se "tanto ao reino das partículas elementares quanto ao das camadas mais profundas do inconsciente" (VON FRANZ, 1992a, p. 192). Observamos isso nos sonhos, nos quais lugares e tempos diferentes, do passado e futuro, mesclam-se com situações do presente.

> *Uma relação complementar*
>
> Buscando uma compreensão mais adequada da relação entre pares de conceitos clássicos, Bohr considerava a onda e a partícula duas descrições complementares da mesma realidade. Ele estava cônscio do paralelo entre o conceito de complementaridade e o pensamento chinês e, ao visitar a China em 1937, em uma época em que sua interpretação da teoria quântica já se achava plenamente desenvolvida, ficou profundamente impressionado com a noção chinesa dos opostos polares. Dez anos depois, ao ser condecorado em reconhecimento por suas contribuições à ciência, escolheu para sua condecoração o símbolo chinês *t'ai-chi*, que representa a relação complementar dos opostos *yin* e *yang*.

Figura 2.5 *Tao.*

Na natureza, existem coincidências para as quais não conseguimos encontrar relações causais e que, no entanto, estabelecem algum tipo de correspondência entre as imagens interiores e os eventos exteriores. É como se o inconsciente tivesse conhecimento, de modo independente da consciência, dos eventos que ocorrem em um *continuum* de espaço-tempo. Jung deu o nome de **sincronicidade** a esse fenômeno no qual coincidências sem aparente conexão de causa e efeito estabelecem entre si alguma relação significativa para aquele que passa pela experiência. É o que ocorre, por exemplo, no caso dos sonhos premonitórios, que antecedem o surgimento irregular e bastante imprevisível de motivos oníricos no mundo material.

Quando ocorre sincronicidade, todos os fenômenos verificados em um determinado momento compartilham da mesma qualidade. O desaparecimento da dualidade matéria–espírito passa a indicar a existência de um mundo único e compartilhado, no qual o físico e o espiritual constituem um todo unificado. A energia psíquica imaginada ao mesmo tempo como matéria e espírito é a expressão desse **Unus Mundus** (ver glossário).

Na China, a organização não causal de fenômenos significativos é considerada uma manifestação do princípio universal, ou *tao*, expresso nos sessenta e quatro hexagramas do *I Ching*. É dessa maneira intuitiva que o chinês lida com o fenômeno da sincronicidade.

No final deste capítulo, você terá um exemplo bastante claro de sincronicidade, presente na transcrição de um relato feito pelo navegador Amyr Klink.

O velho sábio

Jung sentia uma profunda necessidade de gravar e esculpir suas ideias em pedra. A intimidade que tinha com esse símbolo o acompanhava desde a infância: primeiro houve o contato com a *sua* pedra, com a qual dialogava e de onde contemplava o fogo no interior do muro; depois o seixo, a *churinga* que pintou para o homúnculo guardado no estojo; e, finalmente, o fascínio pela pedra filosofal dos alquimistas.

> *Seu relacionamento com a pedra antecipou o seu relacionamento com o inconsciente e com Deus. [...] Seu fascínio pela pedra era o fascínio que sentia em relação ao desconhecido. A pedra foi o seu primeiro encontro com o "solo eterno", com a qual ele estava em contato com a eternidade.* (STEVENS, 1993, p. 371).

Por volta de 1923, Jung começou a construir sua *torre*: uma casa de campo à beira de um lago em Böllingen, distrito de Saint Meinrad, em Zurique. Para aquecê-la e iluminá-la havia uma lareira na torre principal e lamparinas. Anos depois, ele ergueu um monumento de pedra, em que gravou uma estrofe de um alquimista do século XIV, Arnaud de Villeneuve (JUNG, 1975, p. 199):

> *Eis a pedra, de humilde aparência.*
> *No que concerne ao valor, pouco vale —*
> *Desprezam-na os tolos*
> *E, por isso, mais a amam os que sabem.*

O projeto inicial consistia em uma espécie de cabana africana com uma lareira no centro e beliches em volta. Correspondia aos sentimentos do homem primitivo interior de seu dono. A essa ampla estrutura circular inicial foram, posteriormente, acrescentadas uma espécie de torre de dois andares, uma parte central e, anexa a esta, outra torre mais estreita. Anos mais tarde, Jung construiu também um pátio que ligava a casa ao lago; finalmente, um andar superior foi adicionado à parte central. O conjunto formava uma quaternidade: quatro partes construídas ao longo de doze anos.

Figura 2.6 *Torre de Böllingen: o resultado de uma longa busca interior.*

Quando terminou a construção, Jung compreendeu que, em seu conjunto, Böllingen representava um **mandala** (ver glossário), símbolo da totalidade ou Si-Mesmo: a torre principal com lareira significava o lado material, ligado ao reino da Mãe, e a outra torre, lugar de meditação onde ninguém entrava sem sua permissão, o lado espiritual. O pátio era a abertura para a natureza, e o andar superior, o eu ou centro da consciência desenvolvido durante toda a vida.

Depois da morte de sua mulher, ocorrida em 1955, Jung, então com oitenta anos, passava a maior parte do tempo em sua torre. Ali ele usava água do poço, tirada com uma bomba, cortava lenha e cozinhava sua comida: "Estes atos simples tornam o homem simples; e como é difícil ser simples!" (JUNG, 1975, p. 198).

Na torre continuou desenvolvendo seu método de abordagem e relacionamento com o inconsciente, esculpindo ou fazendo inscrições em pedra e pintando suas imagens interiores. Transformou a torre em um recanto voltado à reflexão e à imaginação, um lugar de concentração espiritual. Ali era mais autenticamente ele mesmo. Em Böllingen, a sua personalidade n. 2, Filemon, finalmente encontrava sua morada.

> *Às vezes... me espalho pela paisagem e nas coisas, e vivo em cada árvore, no sussurro das ondas, nas nuvens, nos animais que surgem e desaparecem. Nada há na torre que não tenha surgido e crescido ao longo das décadas, nada existe a que [eu] não esteja ligado. Tudo possui a sua história, que é também a minha história. [...] Aqui há lugar para o domínio não espacial dos outros planos.* (JUNG, 1978, p. 198).

Jung morreu de um ataque cardíaco, com 85 anos, em junho de 1961, cercado dos familiares. Suas últimas palavras à governanta Ruth Bailey foram: "Hoje à noite vamos tomar aquele vinho tinto gostoso!" (STEVENS, 1993, p. 367).

As sementes de sua obra

Como disse Jung, "quanto mais penetramos na natureza da psique, mais cresce a nossa convicção de que a diversidade e a multidimensionalidade da natureza humana requerem a maior variedade de opiniões e métodos" (JUNG, 1966a, páragrafo 11).

Toda sua obra está completamente enraizada em vivências pessoais, na exploração de seu próprio inconsciente e no estudo do inconsciente de seus clientes. É possível compará-la a um sistema vivo que se desenvolve e se transforma concomitantemente com seu criador.

Em 1929, aos 54 anos, Jung afirmou que a crítica filosófica o ajudou a compreender que todo sistema psicológico, incluindo o dele, possui o caráter de uma confissão subjetiva. Desse modo, sua vida e seu trabalho científico são inseparáveis: "O trabalho é a expressão do meu desenvolvimento interior" (JUNG, 1961, parágrafo 774).

Lendo as obras de Jung, é possível perceber que muitas de suas ideias vão surgindo como sementes que brotam do fundo do ser e visam à exploração de possibilidades, sempre abertas à reavaliação, ao refinamento e à amplificação. Sua preocupação era muito mais oferecer uma maneira de olhar e um meio para dar significado aos fenômenos ou fatos da experiência do que apresentar um conjunto de verdades sobre a psique. Para isso, ele desenvolveu hipóteses e sistemas que nos permitiriam comparar, organizar, tentar compreender e dar um sentido aos fenômenos psíquicos.

Sua forma de raciocínio não era linear. Ele costumava partir de uma imagem ou ideia central e, por meio do pensamento associativo, empregando uma lógica orgânica, passava a circundá-la, buscando analogias que levavam a ideia a crescer e desenvolver-se, muitas vezes de maneira imprevisível, como em um caleidoscópio, mas sempre relacionada com a imagem inicial. Apesar de sua recusa em construir um sistema de pensamento, encontramos em seus escritos, e em sua criatividade, uma grande unidade de direção e de sentido.

Jung dava à sua psicologia o enfoque científico da hermenêutica, a arte de interpretar os símbolos ou o processo de desvendar alguma coisa que não está clara. Para descrever sua abordagem, costumava comparar o processo de compreensão dos sonhos à interpretação de um texto simbólico desconhecido realizada por um filólogo. Dizia ele: "os atos humanos, seja no palco da história, seja na interação face a face, são como textos que podem ser lidos e interpretados de várias maneiras" (CLARKE, 1992, p. 69).

> *Hermenêutica*
>
> Originou-se dentro da teologia, em decorrência da necessidade de esclarecer o significado dos textos sagrados, e foi desenvolvida pelo teólogo alemão Schleiermacher (1768-1834), que a ampliou para todo o campo da expressão simbólica humana.

Leitura complementar

1. [Muitas coincidências... por acaso]

Mágica emoção de conhecer um lugar que há pouco tempo não passava de um ponto isolado no mapa, que nada me dizia além de ser o início da linha pontilhada que atravessava minhas cartas náuticas em direção ao Brasil... Mas por que Lüderitz? Não por acaso. Único porto da Namíbia, isolado em quase 1500 km de costa árida e desabitada... em situação altamente estratégica para uma pequena embarcação que pretenda se ver livre da África.

Logo que o plano amadureceu, e antes mesmo de definir o projeto do barco, uma dúvida importante me assaltou: de que lugar da África deveria partir? Depois de meses examinando cartas-piloto, livros e mapas do Atlântico Sul, optei por Lüderitz, Namíbia. Não sabia nada a respeito desses lugares.

Minhas irmãs, as gêmeas, estavam passando os feriados de setembro, mês do meu aniversário, em casa, em Paraty. Perguntei a elas se poderiam me ajudar, e recebi uma carteira escolar com dados resumidos de todos os países do mundo.

Procurei imediatamente no índice a Namíbia e abri no lugar correspondente. Havia um erro de impressão, e os dados sobre a Namíbia estavam em branco. Que azar, pensei, e esqueci a carteira. Poucas horas mais tarde, José, o carteiro, estava embaixo batendo à porta. Desci: era um envelope com o primeiro número de uma assinatura da *Revista Geográfica Universal* que uma amiga me mandou de presente de aniversário. Abri o envelope e na capa li: "Reportagem especial sobre a Namíbia". Tratava-se, sem dúvida, de uma simples coincidência [...]

Comecei a ler tudo sobre travessias e, pouco tempo depois, terminando um livro em francês que falava de algumas tentativas frustradas de cruzar o Atlântico Norte, observei que era o terceiro livro consecutivo que mencionava um radioamador francês, Maurice, que já havia acompanhado pelo rádio muitas expedições polares e travessias em solitário. Tive uma incontrolável vontade de tentar um dia corresponder-me com o tal francês. Quantas informações interessantes ele deveria ter! [...]

Na manhã seguinte resolvi dar um passeio pelo mar até o sítio... Saí na Faísca, que estava fundeada no rio junto de casa, e fui remando, lentamente, com a correnteza. Não eram seis horas ainda. Maré muito cheia, encontrei na saída do rio um veleiro interessante que devia ter chegado durante a noite. Não resisti. Um pouco cedo, talvez, mas encostei e bati na janelinha. Que susto tremendo! Veio para fora um casal brigando... Chamavam-se Michel e Frédérique. Eram franceses e estavam há dois anos navegando com duas crianças, que ainda dormiam. Delicioso café. Subitamente Michel olhou para o relógio, pulou da mesa e ligou um estranho receptor. Estava atrasado para o seu comunicado habitual com o F6 CIU, no interior da França.

Não é possível, pensei. Já tinha visto aquele prefixo antes.

– Não é o Maurice? – perguntei de brincadeira.

Parece incrível, mas era ele mesmo... Resolvi, então, após tão impressionante coincidência, tornar-me radioamador; meu futuro barco deveria ter um rádio.

Mas por onde começar? Não entendia nada do assunto, e em um fim de semana, viajando até São Paulo, recorri aos classificados do *Estadão*... Atendeu um rapaz muito atencioso, visivelmente viciado em rádio que, após quarenta minutos ininterruptos de conversa, propôs me dar algumas explicações ao vivo. Com o ouvido já doendo de tanto segurar o fone, concordei, e em seguida ele veio a minha casa...

Abri um mapa do Atlântico Sul e, meio sem graça, expliquei-lhe o que pretendia. Interessado, ele me perguntou de onde pretendia sair para uma viagem tão incomum.

– De um lugar muito engraçado, um lugar na Namíbia que nenhum brasileiro conhece. E apontei na direção da minúscula e misteriosa Lüderitz.

– Como? – reagiu ele.

– Lüderitz – respondi.

– Engraçado, não? Um nome alemão em plena África!

– Você sabe qual é o meu nome?

Senti-me envergonhado. O rapaz fora tão gentil e eu nem ao menos lhe perguntara o nome. A resposta quase me derrubou da cadeira:

– Henrique Lüderitz.

E, como eu duvidasse, ele me exibiu sua carteira de identidade: Henrique Lüderitz. Simplesmente incrível! Eu estava sentado diante de um descendente direto de Adolf Lüderitz (comerciante de Bremen, que fundou a cidade no início do século). Rimos, nervosos com a descoberta, uma dessas inexplicáveis coincidências que desnorteiam a cabeça das pessoas mais racionais...

(KLINK, Amyr. *Cem dias entre céu e mar*. Rio de Janeiro: José Olympio, 1986, p. 22-6).

2. [O ocidental não compreende o Oriente]

Como ocidental, e sentindo à sua maneira específica, experimentei a mais profunda estranheza diante do texto chinês *[Segredo da flor de ouro]* do qual se trata. É verdade que algum conhecimento das religiões e filosofias orientais auxiliara de certo modo meu intelecto e minha intuição, a fim de compreendê-lo, assim como entendo os paradoxos das concepções religiosas primitivas em termos de "etnologia" ou de "religião comparada". [...] Mas Richard Wilhelm penetrou demais no segredo e na misteriosa vivência da sabedoria chinesa, para permitir que essa pérola intuitiva desaparecesse nas gavetas dos especialistas. É grande a minha honra e alegria de ter sido designado para fazer o comentário psicológico desse texto chinês. [...]

A singularidade do pensamento chinês salta à vista, sendo compreensível nosso embaraço no tocante ao modo pelo qual ele poderia associar-se à nossa forma de pensar. O erro habitual [...] do homem do Ocidente lembra o do estudante que, no *Fausto*, de Goethe, recebe um mau conselho do diabo e volta as costas, com desprezo, para a ciência. *O erro ao qual me refiro é o de interpretar erroneamente o êxtase oriental, tomando ao pé da letra as práticas de ioga, em uma imitação deplorável [...]*

A imitação ocidental é trágica, por ser um mal-entendido que ignora a psicologia do Oriente [...] *Não se trata de macaquear o que é visceralmente estranho a nós, ou de bancar o missionário, mas de edificar a cultura ocidental que sofre de mil males. Isso deve ser feito, no entanto, no lugar adequado, em busca do autêntico europeu, em sua trivialidade ocidental com seus problemas matrimoniais, suas neuroses, suas ilusões político-sociais e, enfim, com sua total desorientação diante do mundo.*

Seria melhor confessar que não compreendemos esse texto esotérico ou, então, que não queremos compreendê-lo. Acaso não pressentimos que tal colocação anímica, que permite olhar fundo e para dentro, desprendendo-se do mundo, só é possível porque esses homens satisfizeram de tal modo as exigências instintivas de sua natureza, que pouco ou nada mais os impede de ver a essência invisível do mundo? E, acaso a condição de possibilidade da libertação desses apetites, dessas ambições e paixões que nos detêm no visível não reside justamente na satisfação plena de sentido das exigências instintivas, em lugar de uma repressão prematura determinada pela angústia? E não se liberta o olhar para o espiritual quando a lei da terra tiver sido obedecida? Quem conhecer a história dos costumes chineses ou então o *I Ching* por meio de um estudo minucioso, saberá que este livro sapiencial impregnou o pensamento chinês há milhares de anos. [...]

O intelecto apenas prejudica a alma quando pretende usurpar a herança do espírito, para o que não está capacitado de forma alguma. O espírito representa algo mais elevado que o intelecto, abarcando não só este último como os estados afetivos. Ele é uma direção e um princípio de vida (yang) *que aspiram às alturas luminosas e sobre-humanas. A ele se opõe o feminino, obscuro, telúrico* (yin), *com sua emocionalidade e instintividade que mergulham nas profundezas do tempo e nas raízes do* continuum *corporal.*

Tais conceitos representam, sem dúvida alguma, concepções puramente instintivas, mas indispensáveis se quisermos compreender a essência da alma. A China não pode prescindir dessas concepções, pois, tal como demonstra a história de sua filosofia, nunca se afastou dos fatos centrais da alma a ponto de perder-se no engano de uma supervalorização e desenvolvimento unilaterais de uma função psíquica isolada. Por isso mesmo, nunca deixou de reconhecer o paradoxo e a polaridade de tudo o que vive. Os opostos se equilibram na mesma balança – sinal de alta cultura. Ainda que represente uma força propulsora, a unilateralidade é um sinal de barbárie. *A reação que se iniciou no Ocidente contra o intelecto e a favor do eros ou da intuição constitui, na minha opinião, um sintoma de progresso cultural e um alargamento da consciência além dos estreitos limites de um intelecto tirânico.*

Longe de mim a intenção de menosprezar a enorme diferenciação do intelecto ocidental... É lamentável, portanto, que o europeu se renegue a si mesmo para imitar o oriental, afetando aquilo que não é. Suas possibilidades seriam muito maiores se permanecesse fiel a si mesmo e se desenvolvesse a partir de sua essência tudo o que o Oriente deu à luz no decurso de milênios.

(JUNG, Carl G.; WILHELM, Richard. *Segredo da flor de ouro.* Petrópolis: Vozes, 1988, p. 23-7).

3. [História natural]

Cobras cegas são notívagas.
O orangotango é profundamente solitário.
Macacos também preferem o isolamento.
Certas árvores só frutificam de 25 em 25 anos.
Andorinhas copulam no vôo.
O mundo não é o que pensamos.

(ANDRADE, Carlos Drummond de. *Corpo*.
Rio de Janeiro: Record, 1984, p. 27).

Atividades

1. Reúna-se com seus colegas. Procurem se lembrar de sonhos em que vocês mantiveram algum contato com figuras desconhecidas. Criem um desenho que as represente e busquem associá-las a outras imagens, pesquisando, por exemplo, em livros de arte, nos mitos, em contos de fadas, em revistas e gibis. Muitas vezes, enriquecer o significado das figuras dos sonhos por meio de associações ajuda a esclarecer o sentido daquilo que o sonho quer nos dizer.

2. Faça uma pesquisa sobre a figura do Velho nos contos de fada. Que características de personalidade e atributos simbólicos você encontra para essa figura?

3. Faça uma pesquisa sobre algumas religiões, como cristianismo, judaísmo, budismo, hinduísmo, islamismo, espiritismo, identificando os símbolos centrais de cada uma delas. Há nelas símbolos e aspectos simbólicos que se repetem?

4. Entreviste um cientista, um escritor e um religioso sobre questões como "vidas passadas", "vida após a morte", "mistério" e fenômenos paranormais. Discuta o resultado de seu trabalho com os colegas.

5. Utilizando como subsídio o texto complementar "O ocidental não compreende o Oriente", de Jung e Wilhelm, entreviste algumas pessoas, orientais e ocidentais, tentando compreender o modo de viver, sentir e pensar de uns e outros. Relacione suas observações com os conceitos e explicações presentes no capítulo.

Questões

1. O que você entendeu a respeito de *pensamento dirigido* e de *pensamento associativo*? Cite exemplos dos dois tipos de pensamento.

2. Com quais conceitos expostos neste capítulo você associa o texto complementar "História natural"?

3. O que você entende por *heresia* e o que vem a ser o *gnosticismo*?

4. Você já vivenciou situações parecidas com as descritas por Amyr Klink no texto "Muitas coincidências... por acaso"? Relacione tais experiências vivenciais com o conceito de sincronicidade exposto no capítulo.

5. Você conhece algum relato de pessoas (escritores, artistas, filósofos ou conhecidos seus) que, na maturidade ou velhice, realizaram trabalhos que corresponderiam a uma espécie de síntese da sua vida? (Veja a história da construção da torre de Böllingen neste capítulo.)

6. Você concorda com as observações e análises que Jung faz no texto complementar "O ocidental não compreende o Oriente"? Explique.

Para saber mais

- *Segredo da flor de ouro — Um livro de vida chinês*, Carl G. Jung & Richard Wilhelm. Petrópolis: Vozes, 1988.

- *O que conta o conto?*, Jette Bonaventure. São Paulo: Paulinas, 1992.

- *Jung — Vida e obra*, Nise da Silveira. Rio de Janeiro: Paz e Terra, 1983.
- *O homem e seus símbolos,* Carl G. Jung. Rio de Janeiro: Nova Fronteira, 1992.

3. A Terra da Psique

Em mim as "paredes divisórias" são transparentes; nos outros, elas são muitas vezes tão espessas, que lhes impedem a visão; eles pensam, por isso, que não há outro lado.

Jung

Psique não é sinônimo de mente consciente

Nos séculos XVI e XVII a psicologia considerava somente a porção consciente da personalidade. Praticamente não se falava em inconsciente. Imaginava-se apenas um núcleo central, o ego, com as paixões e os instintos orbitando ao seu redor, como os satélites em torno de um planeta.

Antes de Philippe Pinel (1745-1864), o psiquiatra que libertou e desacorrentou os doentes mentais, pensava-se na desordem psíquica como localizada, na maioria das vezes, na barriga e no diafragma. Cem anos depois, na metade do século XIX, a psiquiatria havia se tornado *cerebral* e o abdômen foi trocado pela cabeça. A psique passou a ser associada com a mente e esta com a cabeça e o cérebro. Pensadores e cientistas se transformaram em pesquisadores da cabeça, procurando nela a chave da natureza humana.

Contudo, a psicologia moderna descobriu que a mente racional ou intelecto (consciente) é complementada por outra (inconsciente), que opera segundo princípios diametralmente opostos. Com tal descoberta, o enfoque materialista do ego, até então absoluto, foi relativizado, passando-se a questioná-lo como centro da personalidade total. Muito antes dessa descoberta, o polonês Nicolau Copérnico já havia balançado a posição do homem no cosmos: não éramos mais o centro do Universo.

Hoje, podemos dizer que a psique é a fonte de todas as atividades humanas. Nada do que foi descoberto, inventado ou construído até agora, nenhum valor com que dotamos nossa cultura existe sem sua participação. Uma vez que nossas experiências são produzidas pela psique, não é possível separar os fenômenos que estudamos da psique que os produziu. Assim, nenhum modelo de concepção da psique deixa de ser influenciado pela subjetividade de seu criador. Essa é a dificuldade: a psique é tanto o sujeito quanto o objeto de estudo.

No mundo das imagens

Qualquer conhecimento e investigação acerca da psique deve estar enraizado obrigatoriamente na experiência pessoal. O melhor meio de conhecê-la é a vivência dos sonhos, das emoções, dos relacionamentos, enfim, dos símbolos que temos.

O contato e a familiaridade de Jung com as revoluções que ocorriam na física moderna ajudaram-no a compreender que "as teorias científicas eram criações da mente e não espelhos do funcionamento interior da natureza" (CLARKE, 1992, p. 63).

Como na descrição do átomo e da energia na física moderna, a descrição da natureza da psique leva a um paradoxo. Portanto, devemos nos contentar com uma tentativa de organizar e descrever tais experiências, sem nos preocuparmos com uma verdade fechada acerca de sua essência ou de sua natureza. Isso não quer dizer que não possamos descrevê-la de um modo verdadeiro e de importância significativa para outros seres humanos.

> *Eu não elaborei um sistema nem uma teoria geral, tendo formulado tão somente conceitos auxiliares que me servissem de instrumentos [...]* (JUNG, 1973 apud VON FRANZ, 1992a, p. 15).
>
> *[...] pois nunca acreditei que nossas percepções pudessem apreender todas as formas de existência. Toda compreensão e tudo o que se compreendeu é, em si mesmo, psíquico e, nessa medida, encontramo-nos irrecuperavelmente aprisionados em um mundo exclusivamente psíquico.* (JUNG, 1963 apud VON FRANZ, 1992a, p. 15).

Só podemos perceber, diretamente, o que estiver dentro de nossa consciência. O que estiver fora, por definição, faz parte do desconhecido. E, dentro da consciência, só é possível perceber as coisas por meio de nossas representações psíquicas. Formamos um modelo, uma imagem do mundo e, de acordo com ela, nos orientamos e nos adaptamos (ou não) à realidade. Por exemplo, conheço alguém, experimento uma comida nova, viajo para um lugar diferente, vou a uma festa onde danço e encontro várias pessoas. Trabalho, estudo, tomo banho, namoro, durmo, fico sem fazer nada. E o que permanece? As imagens que se formaram em meu encontro com aquilo que vivi na viagem, na festa, no trabalho ou na escola, a partir de minhas experiências com minha psique.

Assim, conforme Jung, vivemos apenas no mundo das imagens e não se trata de essas imagens serem ou não verdadeiras, mas, sim, da importância que elas possuem para o indivíduo e a sociedade, do ponto de vista puramente psicológico.

As polaridades e o Unus Mundus

Sabemos, desde os antigos chineses, da existência de princípios opostos que interagem para manter o equilíbrio de forças no universo. O princípio masculino, ou *yang*, diz respeito ao "espírito" e engloba o intelecto e nossos estados afetivos. Opondo-se a ele, o princípio feminino, ou *yin*, "com sua emocionalidade e instintividade, mergulha nas profundezas do tempo e nas raízes do *continuum* corporal" (JUNG; WILHELM, 1988, p. 26).

O filósofo grego Heráclito de Éfeso concebeu o universo como um conflito entre forças opostas, buscando assim apreender a realidade em suas eternas mudanças e contradições. Para ele, o ser humano é múltiplo por se constituir de polaridades internas que estão em luta constante: um polo transforma-se em seu oposto, e vice-versa. É dele a famosa frase: "Nunca nos banhamos duas vezes no mesmo rio", pois tudo está em movimento.

Seguindo o mesmo princípio das polaridades, Jung comparou a psique com o espectro da luz: nos níveis inferiores, correspondendo ao infravermelho, ela estaria ligada ao substrato orgânico e material dos instintos, e, nos níveis superiores, correspondendo ao ultravioleta, poderia transmutar-se em formas espirituais. O paradoxo é que as duas dimensões, orgânica e espiritual, formam um só mundo. Nossa consciência, com sua limitação, em geral só é capaz de percebê-las como coisas distintas.

Transformadores de energia

Para nos fornecer uma imagem de que os mundos subjetivo e objetivo estão unidos e que, portanto, não existiriam dois mundos distintos, material e imaterial, mas uma única unidade, Jung baseou-se no conceito de *Unus Mundus*, que, na filosofia medieval da Renascença, designava "o modelo potencial da criação preexistente na mente de Deus, ou poder seminal de Deus, a *Sapientia Dei* – Sabedoria Divina –, que transforma um Nada... em incontáveis formas" (VON FRANZ, 1992a, p. 198).

O conceito de *Unus Mundus* nos mostra como o homem (microcosmo) é um espelho do universo (macrocosmo).

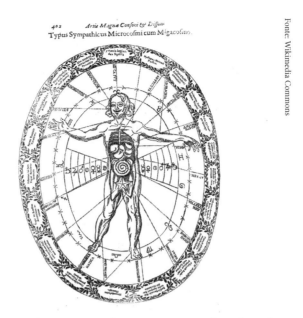

Figura 3.1 Unus Mundus: *a presença de centros vitais transformadores de energia.*

Figura 3.2 *O inconsciente pode ser comparado a uma "cebola", com várias camadas.*

Para compreendermos a psique, devemos pensar em duas polaridades fundamentais: o sistema consciente–inconsciente e os opostos natureza–espírito.

A psique não é só cérebro. É, antes de tudo, um processo em evolução contínua, repleto de energia. Esta é gerada a partir da própria tensão criativa entre as polaridades, que irá resultar na produção dos sonhos, imagens, fantasias, enfim, nos símbolos da psique. Como se o instinto puxasse para um lado e o espírito empurrasse para outro. Em meio a toda essa agitação, surgem nossos símbolos, que funcionam como verdadeiros transformadores da energia, utilizada para a diferenciação e o crescimento da psique.

O modelo junguiano da psique

Para representar a psique, podemos utilizar várias imagens. Freud, por exemplo, no início da psicanálise, utilizou a imagem de um *iceberg* emergindo do mar como uma pequena ilha de gelo. A ponta do *iceberg* seria apenas a porção visível (o consciente) da montanha (inconsciente) que jaz sob as águas.

No modelo junguiano, a psique seria composta de várias esferas concêntricas, lembrando uma cebola. A camada superficial representaria a consciência, enquanto as outras, mais internas, seriam os níveis mais profundos do inconsciente, até atingir-se o centro. Entre essas camadas ou "sistemas dinâmicos" haveria uma constante interação e mudança.

Na esfera situada na porção externa desse conjunto, representando a consciência, orbita o ego, que é o seu centro coordenador. Logo abaixo, em uma esfera intermediária, fica o inconsciente pessoal, constituído dos complexos

– os agrupamentos de ideias dotados de uma carga emocional que afeta a consciência. Nas esferas mais interiores e profundas fica o inconsciente coletivo, constituído dos **arquétipos** (ver glossário). Como veremos adiante, os arquétipos são padrões determinantes dos comportamentos que regem nossa existência e independem de cultura, de lugar ou de época histórica.

Toda a personalidade, consciente e inconsciente, incluindo o ego, os complexos e os arquétipos, é regulada pelo *Self* ou Si-Mesmo, que funciona como um verdadeiro maestro, mantendo a orquestra unida para executar, em cada um de nós, uma melodia única, ao longo de toda a nossa vida.

O ego liga-se ao Si-Mesmo por um eixo pelo qual os vários símbolos da personalidade encontram expressão.

O ego: condição da consciência

Nenhuma imagem, emoção, sentimento ou ideia pode ser consciente, a menos que esteja associado ao ego. Não é possível existir consciência sem ego.

Para Jung (*Tipos psicológicos*, parágrafo 706), o ego é "o fator complexo ao qual estão relacionados todos os conteúdos da consciência, formando o centro da consciência sem ser idêntico a ela".

Sendo o ponto central da consciência, o ego é o sujeito de todas as tentativas de adaptação em nossas vidas realizadas por meio da vontade, possuindo um importante papel dentro da economia psíquica. Quando usamos as palavras *eu* ou *me, mim, meu*, estamos nos referindo ao ego. Ele é que vai captar, avaliar, criticar, raciocinar, organizar, sentir ou intuir o significado das várias situações que a vida traz, de acordo com o padrão de funcionamento da consciência naquele determinado momento.

A experiência do ego apresenta duas bases interligadas: *somática*, ou *ego corporal*, e *psíquica*, que diz respeito à vontade, à capacidade de concentração e à memória.

O ego dispõe de certa quantidade de energia. Pela concentração podemos escolher alguns conteúdos e abrir mão de outros e, assim, canalizar nossa energia para modificar processos reflexos ou instintivos. É a vontade.

Assim como a vontade, a memória também se inclui na parte psíquica do ego. Ela se relaciona à aprendizagem e à capacidade de nos conscientizarmos de várias coisas ao mesmo tempo e relacioná-las. Por intermédio dela, adquirimos um sentido contínuo e histórico de identidade pessoal. Só podemos existir conscientes de nós mesmos se formos capazes de lembrar o que fizemos ontem e planejar o que iremos fazer amanhã.

Isso quer dizer que, para dar um sentido à existência, é necessário estar consciente dela. Por intermédio do ego, cada um tem a consciência de que existe e o sentimento de ser idêntico a si mesmo. Essa identidade do ego consigo mesmo é baseada na consciência das percepções do próprio corpo.

Muitas das percepções corporais só em parte atravessam a fronteira do campo da consciência. A grande maioria permanece como percepções subliminares, inconscientes, sendo necessário, portanto, esforço e disposição conscientes para conhecê-las.

Figura 3.3 *Egon Schiele,* Autorretrato *(1910): o corpo humano é sempre expressivo.*

Tente fazer o exercício seguinte para experimentar suas sensações corporais. Peça a outra pessoa que leia para você, pausada e calmamente, as instruções. Sente-se confortavelmente em uma poltrona ou cadeira, deixe os pés apoiados sobre o chão, solte os braços, feche os olhos e procure relaxar.

> Vá, lentamente, soltando o peso do corpo, buscando a sensação de afundar. Não precisa se esparramar. À medida que solta o peso do corpo, procure notar que suas tensões começam a diminuir e, gradualmente, o contato de seu corpo com a cadeira aumenta. Perceba suas costas, ombros, pernas, cabeça e quadris. Respire fundo algumas vezes. Lentamente. Imagine que, conforme você solta o ar, seu corpo torna-se mais pesado. Se você não estiver conseguindo relaxar totalmente, não se preocupe. Apoiado na cadeira, vá percebendo que há partes de seu corpo mais relaxadas e outras mais tensas. Quais são essas partes? Procure registrá-las mentalmente. Agora, ainda mantendo os olhos fechados, tente imaginar sua posição na cadeira. Visualize em que posição estão seus braços, pernas e cabeça. Não se apresse; demore o tempo que for necessário. Registre. Agora, devagar, vá abrindo os olhos e procure espreguiçar-se e olhar o ambiente e as pessoas ao redor. Levante-se e dê uma volta pelo ambiente. Como você está se sentindo? Quais estão sendo suas percepções corporais? Preste atenção.

Comente com a outra pessoa as sensações que teve e depois repita o exercício com ela. Ao final, vocês poderão trocar e comparar suas experiências.

O desenvolvimento da consciência

Para Jung, a consciência não é algo fixo e imutável, mas em desenvolvimento. Ela vem evoluindo e se transformando ao longo do tempo e deve ser vista sempre de maneira relativa, considerando-se o contexto histórico e cultural no qual ela se insere. Pode-se afirmar que a consciência é relativizada pela história, não sendo possível avaliá-la de modo objetivo, uma vez que é parte da realidade histórica que tenta compreender.

Encontramos uma rica e detalhada descrição da evolução da consciência na obra de Erich Neumann, contemporâneo de Jung e fundador da Escola de Psicologia Analítica de Tel-Aviv. Em *História da origem da consciência*, traçando paralelos com a mitologia de vários povos e culturas da

Antiguidade, Neumann mostrou que a consciência individual passaria pelos mesmos estágios de desenvolvimento que marcaram a história da consciência da humanidade.

A consciência forma-se a partir do inconsciente e vai se desenvolvendo progressivamente, de acordo com alguns padrões (arquétipos). Não somente o corpo (com os órgãos, músculos, ossos, sistema nervoso e cérebro) evolui, mas também a consciência. Como se ela fosse um "órgão" invisível que também cresce, desenvolve-se, adoece, necessita de cuidados e transforma-se ao longo de nossas vidas.

Seguindo as obras de Jung e Neumann, Carlos Byington, analista junguiano brasileiro, em seu livro *Dimensões simbólicas da personalidade*, descreve algumas maneiras típicas de funcionamento da consciência, de acordo com sua maior ou menor proximidade da matriz inconsciente. Quanto mais próxima do inconsciente estiver a consciência, maior o seu grau de indiferenciação. Nesse caso, a consciência funciona "muito próxima das reações primárias instintivas de prazer/desprazer" (BYINGTON, 1996, p. 100). Durante o desenvolvimento, tanto a consciência individual como a coletiva passam por estágios progressivos de diferenciação do inconsciente, adquirindo uma capacidade cada vez maior de abstração e de autonomia.

Da mesma forma, o ego também cresce interagindo com o inconsciente e com o meio ambiente.

No bebezinho, inicialmente, o ego tem uma atitude passiva. Surge da colisão entre as necessidades corporais e o meio ambiente. Uma vez estabelecido como sujeito, na infância, o ego vai se desenvolvendo a partir de outros choques com o mundo interior e exterior. Aos poucos começa a ter uma atitude ativa diante do mundo. Ao buscarmos as soluções para atender a nossas necessidades e realizar nossos desejos, estaremos formando o ego e ampliando a consciência. O caminho para o crescimento é feito a partir dos conflitos, medos e frustrações – funções psicológicas, portanto, normais.

A estabilidade do ego é relativa. Por estar sujeito às influências do inconsciente, ele é capaz de reter sua identidade só até certo ponto. Às vezes, o ego é assimilado, quer dizer, possuído pelos aspectos inconscientes da personalidade, sendo profundamente alterado por eles. Sentimos isso quando estamos confusos, de cabeça "cheia" ou "quente" e também quando estamos inspirados. Quem nunca perdeu a cabeça, por bem ou por mal, por ódio ou por paixão?

Mas o ego também pode defender-se das influências do inconsciente. Quando optamos conscientemente por excluir algo da consciência, lidamos com a supressão. "Não quero pensar naquilo que aconteceu..." ou "Tenho que estudar; não dá para conversar sobre a viagem nesse momento" são frases que demonstram essa disposição do ego. No caso da exclusão inconsciente de algum conteúdo ou emoção da consciência, falamos em *repressão*. Trata-se de um mecanismo de defesa. Aquilo que esquecemos ou reprimimos passa a integrar a **Sombra** (ver glossário).

Quando atingimos a idade adulta, o ego pode exercer suas funções de modo relativamente independente, com autonomia, porém continua a receber as influências do inconsciente, no qual está enraizado.

O trajeto da consciência ao longo da vida pode ser comparado à trajetória que o sol percorre em seu caminho pelo céu: "Ao toque do sol a pino, começa a descida. E a descida representa a reversão de todos os ideais e valores que eram acalentados pela manhã da vida" (JUNG, 1969c apud STEVENS, 1993, p. 263). Conforme essa visão, por volta da segunda metade da vida há um questionamento profundo, que pode resultar em uma inversão de valores. É a crise da meia-idade, a metanoia como vimos na biografia de Jung.

Dizendo que o desenvolvimento se dá do início até o fim da vida, Jung tocou em um dos fortes preconceitos do Ocidente, onde as pessoas idosas não encontram muito espaço social nem sentido para sua existência. No Oriente, ao contrário, a figura do velho é símbolo de sabedoria e a ele cabe a transmissão da cultura. Para Jung, "um ser humano não viveria até os 70 ou 80 anos de idade, se essa longevidade não tivesse sentido para a espécie. O entardecer da vida deve possuir um significado especial e não pode ser considerado um mero apêndice lamentável do amanhecer da existência" (STEVENS, 1993, p. 266).

90 A TERRA DA PSIQUE

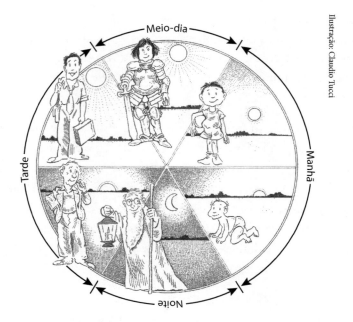

Figura 3.4 *Os estágios da vida.*

Para que servem a consciência e o ego?

A função principal da consciência e do ego é a adaptação à vida, tanto interior quanto exterior. Viver tende a se tornar mais fácil à medida que a consciência aumenta e o ego se estrutura. Para isso acontecer, o ego trabalha com alguns instrumentos, tanto de observação quanto de adaptação às solicitações da vida. Chamamos tais instrumentos de *funções psicológicas*. Na prática, não deixamos de ter problemas, apenas nos tornamos mais aptos a lidar com eles.

Além da questão adaptativa, o desenvolvimento da consciência e do ego tem por finalidade a própria existência. Para compreender o ser que há em cada um de nós, necessitamos da criação de significados capazes de imprimir um sentido, um rumo a nossas vidas. Essa possibilidade de criar significados e dar um sentido à existência é desempenhada pela capacidade de simbolização da consciência e do ego.

A *simbolização* é a função psicológica responsável por nossa capacidade mental de representar uma experiência e mantê-la na consciência. Vamos desenvolvendo essa função à medida que o ego cresce. Sem a capacidade de simbolizar, seria muito difícil lidar com as várias solicitações, frustrações, perdas e carências do dia a dia. Por exemplo, uma pessoa está viajando de carro em uma estrada afastada, voltando para casa. Sente fome, mas ainda falta muito para chegar e nenhum comércio funciona no caminho. Se ela não for capaz de simbolizar, imaginando que vai encontrar comida ao chegar à casa, com certeza será muito difícil suportar a sensação de fome.

Quando se deseja algo muito intensamente ou se está apaixonado por alguém, a simbolização também desempenha um importante papel. Em geral, antes de partirmos para a ação a fim de tentar realizar o desejo e sair da frustração, ficamos sonhando e imaginando o desejo realizado. Para preparar a estratégia da conquista, às vezes há necessidade de certo tempo para elaborar as fantasias. Isso não seria possível sem a ajuda da consciência e da simbolização.

A reflexão sobre as características de clareza e direção da mente consciente é uma capacidade relativamente nova na história do homem e de sua psique. Quanto mais para trás nos voltamos, mais arcaico e dependente do inconsciente veremos que era o funcionamento da consciência. Em geral, não costumamos nos dar conta da importância da consciência para a humanidade. Essa percepção significaria olharmos para nossa própria consciência, *refletir* e nos dar conta do próprio ato de conscientização.

Pode-se dizer que tal reflexão constitui um novo paradigma para o homem moderno. Para Jung, a finalidade da vida humana poderia ser vista como a própria construção da consciência. Segundo ele, a consciência, portanto, não é simplesmente uma espectadora do mundo, mas participa de sua criação, como se o mundo só pudesse existir ao ser conscientemente refletido.

Para estudar a consciência necessitamos tomar alguma distância dela, pois só podemos observá-la e descrevê-la com o nosso ego, que é o seu centro. Se o ego estiver muito identificado com os instrumentos de observação da consciência, a avaliação se tornará tendenciosa. Vamos estudar isso um pouco mais a fundo.

Os tipos psicológicos

Foi refletindo sobre as diferenças entre seu ponto de vista, o de Freud e o de Alfred Adler e sobre as maneiras como cada um utilizava seus instrumentos psicológicos de adaptação ao mundo, ou seja, suas funções psicológicas, que Jung deparou com o problema dos tipos psicológicos. Segundo ele, "toda maneira de ver é relativa e todo julgamento de um homem é limitado de antemão pelo seu tipo de personalidade" (JUNG, 1975, p. 183). Assim, o tipo psicológico tem a ver com os diferentes modos de funcionamento da consciência e com as possíveis atitudes da consciência em relação ao mundo, aos outros e às coisas.

Duas atitudes: extroversão e introversão

Se você se comporta de maneira confiante em relação ao mundo objetivo, pode considerar-se uma pessoa extrovertida. Isso quer dizer que sua consciência funciona de maneira extrovertida. Seu interesse, em geral, direciona-se *primeiro* para o que está fora, situa-se nas coisas e nos outros e, depois, volta-se para você. Você tende a frequentar ambientes cheios de gente, a se interessar por novas ideias e opiniões, novos lugares, invenções e grandes desempenhos. Mas atenção: uma atitude extrovertida não é necessariamente sinônimo de adaptação.

Se você é introvertido, sua tendência diante das solicitações externas é colocar um pé atrás e evitar, em um primeiro momento, que a emissão de energia seja canalizada diretamente para o objeto. Ao que parece, sua primeira reação diante das situações é de recusa. Entretanto, isso não tem, necessariamente, relação com medo ou com um modo de ser reacionário. E muito menos com timidez. O que ocorre é que o interesse dirige-se *primeiro* para dentro, para o mundo subjetivo das experiências interiores e, depois, para o relacionamento com os outros e com os objetos.

Em nossa cultura, sendo as expectativas em geral direcionadas mais para fora, há uma tendência de associar *extrovertido* com "mais bem adaptado" e *introvertido* com "tímido" ou até "esquisito", o que é totalmente falso. Esses termos, introduzidos por Jung, popularizaram-se e, hoje em dia, costumam ser empregados de forma preconceituosa. Os dois modos de funcionamento da consciência – a introversão e a extroversão – são igualmente válidos e estão normalmente presentes em todos nós. O que diferencia uma pessoa extrovertida de outra introvertida é o predomínio de um tipo de atitude sobre o outro.

Todos possuímos uma verdade subjetiva e só podemos falar em desadaptação ou neurose quando uma atitude psicológica estiver exageradamente desenvolvida, impedindo o surgimento da correspondente oposta. Como durante o crescimento há a tendência de o indivíduo desenvolver predominantemente uma das duas atitudes, a correspondente oposta ficará adormecida no inconsciente e poderá ser desenvolvida com o tempo.

> EXTROVERTIDO: o interesse direciona-se primeiro para os objetos e depois para o sujeito.
>
> INTROVERTIDO: o interesse direciona-se primeiro para o sujeito e depois para os objetos.

Assim, todo extrovertido é um introvertido em potencial e todo introvertido se confronta, um dia, com a extroversão. Para o equilíbrio psíquico, uma pessoa muito voltada para fora deverá, em algum momento, olhar para dentro, e vice-versa. Nesse sentido, convém que o extrovertido tente de vez em quando enxergar-se nas situações que vive e que o introvertido se deixe, às vezes, levar pelas situações.

Em *Tipos psicológicos*, Jung publicou uma extensa pesquisa, repleta de documentações, a respeito dessas questões nas diversas áreas do conhecimento. Tomou o cuidado de alertar sobre o fato de que sua classificação não deveria ser considerada a única possível.

O perigo das sistematizações é o seu emprego indiscriminado, feito simplesmente para rotular as pessoas, desconsiderando-se a totalidade. Por isso mesmo, a tipologia não deve ser tomada como uma descrição definitiva de alguém. Ela só tem validade se, ao ser empregada, forem considerados o contexto e o momento existencial da pessoa, os quais, em conjunto, podem ajudar a compreender as relações dinâmicas entre a consciência e o inconsciente.

As quatro funções psicológicas

Cada uma das duas atitudes psicológicas básicas comporta muitas variações. O modo como dois introvertidos reagem diante de uma situação ou pessoa pode diferir enormemente, embora ambos tendam, inicialmente, a tomar distância do objeto. O mesmo ocorre com os extrovertidos.

Como vimos, as funções psicológicas são utilizadas pela psique consciente em decorrência de uma necessidade de adaptação à vida interior e exterior. Tudo aquilo que o ego empregar visando relacionar-se consigo mesmo, com o mundo e com os outros é uma função psicológica. Jung identificou quatro funções psicológicas que o ego utiliza para se orientar, organizar e experienciar a vida: o *pensamento*, a *sensação*, a *intuição* e o *sentimento*. Elas são uma espécie de pontos cardeais da consciência.

Um dos grandes méritos de Jung ao descrever a tipologia foi elevar o sentimento e a intuição à categoria de função psicológica da consciência e colocá-los em pé de igualdade com as funções do pensamento e da sensação, predominantes em nossa cultura. Ele nos fornece uma definição resumida dessas quatro funções adaptativas:

> *A sensação estabelece o que é essencialmente dado [o fato], o pensamento possibilita reconhecer o seu significado, o sentimento revela o seu valor e, finalmente, a intuição aponta para as possibilidades do "porquê" e do "até onde", que residem nos fatos imediatos.* (STEVENS, 1993, p. 282).

Com relação ao seu modo de operar na consciência, as quatro funções de adaptação opõem-se duas a duas: pensamento × sentimento e sensação × intuição.

O pensamento e o sentimento são considerados funções de adaptação racionais, pois seu funcionamento se dá pela reflexão, seguindo as leis da razão; ou seja, buscam aquilo que é razoável, correto e adaptado. Pode parecer estranho, mas *sentimento* também é uma função racional. Enquanto o pensamento funciona por meio de julgamentos, o sentimento avalia, acrescentando e pesando o valor de algo. Por exemplo, dificilmente um cientista diria a seus colegas que "está sentindo que suas experiências estão corretas". A não ser que ele seja um tipo sentimento.

A sensação e a intuição, por sua vez, são funções irracionais, pois operam como maneiras de a pessoa perceber o mundo e a si mesma. Em um primeiro momento, a pessoa pode mesmo abrir mão da razão e ater-se apenas ao fluxo dos acontecimentos.

> Pensamento / Sentimento = RAZÃO
> Sensação / Intuição = PERCEPÇÃO

A intuição, no entender de Jung, é a percepção por meio do inconsciente. É um modo diferente de sentir. Na linguagem do dia a dia, dizemos que "estamos farejando ou adivinhando algo", ou tendo um pressentimento, uma premonição.

A sensação, apesar de estar ligada aos fatos, também é uma função irracional. Consiste em uma percepção que se dá por intermédio dos órgãos dos sentidos. Chegando a uma festa, uma pessoa com a sensação desenvolvida, se for extrovertida, em pouco tempo é capaz de registrar o modo como as pessoas estão vestidas, perceber o tipo de iluminação, a qualidade do som, a disposição das cadeiras e o espaço disponível para dançar. Se se tratar de uma pessoa introvertida, ela logo poderá dar-se conta da impressão que lhe causa o ambiente.

> SENSAÇÃO: diz que algo existe.
> PENSAMENTO: revela o que é esse algo.
> SENTIMENTO: mostra o seu valor.
> INTUIÇÃO: indica suas possibilidades.

Além de adotarmos uma atitude introvertida ou extrovertida no transcorrer do nosso desenvolvimento, tendemos a fazer uso consciente principalmente de uma das quatro funções psicológicas, que, com o tempo, vai se tornando a função principal ou *superior*. É aquela que aparece com mais frequência no cotidiano, que usamos para resolver problemas e para nos relacionar. Em geral, por meio dela atuamos melhor.

O desenvolvimento e a diferenciação tanto da atitude (extroversão / introversão) quanto da função superior começam a ocorrer muito cedo, já na infância. Desde pequenos costumamos deixar para os outros fazerem as coisas de que não nos sentimos capazes e fincar o pé naquilo em que nos sentimos mais seguros. A família e o meio reforçam nossas tendências ou vocações, mas, de qualquer forma, a disposição para desenvolver uma determinada função está presente em nós já no nascimento, sendo, portanto, *arquetípica*.

Geralmente, a função principal é acompanhada por uma segunda, chamada *auxiliar* ou *secundária*. Se uma delas é racional, a outra será irracional. Se, por exemplo, a função principal for o sentimento – uma função racional –, a auxiliar será uma das outras duas funções irracionais – intuição ou sensação – e nunca a correspondente oposta, ou seja, o pensamento, que, nesse caso, permanecerá no inconsciente.

Do mesmo modo que as atitudes, as duas funções opostas à principal e à auxiliar estarão presentes no inconsciente, podendo ser desenvolvidas com o tempo.

Combinando as duas atitudes e as quatro funções, temos, segundo a classificação de Jung, os oito tipos psicológicos básicos: *pensamento extrovertido, sentimento extrovertido, sensação extrovertida, intuição extrovertida, pensamento introvertido, sentimento introvertido, sensação introvertida e intuição introvertida.*

> Você se identificou com alguma das duas atitudes? É uma pessoa que tende a se voltar mais para dentro ou para fora? Considera-se mais introvertido ou mais extrovertido?

E com relação às quatro funções psicológicas de adaptação? Já identificou qual delas é mais presente em seu comportamento? Indique duas, mas não se esqueça: uma racional e outra irracional.

Complete:

- Minha atitude psicológica predominante é _____ (introvertida/extrovertida).
- Minha função psicológica de adaptação principal é _____ e a função auxiliar é _____.
- Minha tipologia, de acordo com essa classificação, *provavelmente* neste momento de minha vida é _____.

A função inferior

A função principal é aquela na qual nos damos melhor e nos sentimos mais confiantes. Sua correspondente oposta, por estar no inconsciente, contém uma forte carga emocional e tem muita relação com nossos pontos cegos. Por isso, é denominada **função inferior** ou *quarta função*.

Em uma família, é muito comum observar que as funções estão mais ou menos distribuídas. Nos casais também há uma enorme tendência de os parceiros serem tipos opostos e complementares, o que dificulta o confronto com a função inferior. Com o tempo, como a atitude correspondente fica no inconsciente, ela aparece projetada na outra pessoa.

Durante uma discussão, ela, extrovertida, diz ao companheiro: "Você odeia festas e reuniões sociais e só fica pensando em si mesmo. Mostra-se tão pouco que ninguém realmente o conhece. Vamos sair mais de casa, viajar! Deixe de ser tão fechado e dê um pouco de descanso para os seus livros!". Ele, introvertido, responde: "Quem falou que eu quero ser como você, que não para de falar e passa horas ao telefone, conversando com os amigos? Pare e reflita um pouco! O silêncio também faz parte da vida. Para que esse rádio ligado o dia todo?".

Muitos dos problemas de convivência devem-se às diferenças entre os tipos. Se os parceiros não perceberem o quanto da própria Sombra e da atitude oposta está envolvida nas questões cotidianas, as discussões viram uma verdadeira torre de Babel. O que ele poderia aprender com ela é exatamente o oposto daquilo que ela poderia aprender com ele.

A função inferior pode servir de ponte entre a consciência e o mundo do inconsciente, ajudando a restaurar o equilíbrio psíquico, uma vez que, pelo fato de situar-se no inconsciente, tem o poder de trazer à tona aspectos da personalidade muito positivos e necessários ao desenvolvimento. Lembrar de situações nas quais frequentemente nos damos mal costuma ser uma maneira eficiente para identificar nossa função inferior.

Na literatura, a função inferior costuma ser personificada na figura do tolo, do caçula, do louco ou do garoto pobre e enjeitado que um dia se torna rei. A utilização do adjetivo *inferior* é pouco adequada, pois se trata de um termo carregado de preconceitos e que não reflete o que na realidade se pretende expressar, que é o caráter arcaico, primitivo e lento da quarta função em relação às demais, principalmente à superior, como se pode observar no seguinte conto de fadas.

> *Um rei que possuía três filhos gostava mais dos dois primeiros, enquanto o terceiro era considerado um idiota. O rei sempre mandava os dois mais velhos a alguma missão: encontrar o elixir da longa vida, procurar a noiva mais bela ou capturar um inimigo secreto que estava roubando seus cavalos. Geralmente eles fracassavam e o idiota, montado em seu cavalo com a sela ao contrário, diante dos risos de todos, conquistava a missão.* (VON FRANZ; HILLMAN, 1985, p. 18-19).

O rei pode ser comparado ao ego identificado com sua função superior, os dois filhos mais velhos com as funções auxiliares e o caçula com a função inferior.

É muito importante reconhecer o poder de influência da função inferior sobre a superior. Sempre que a superior estiver exageradamente atuante, a inferior, sua correspondente oposta, poderá, a partir do inconsciente, introduzir-se para tentar compensar a atitude unilateral da consciência. Quando, ao tentar entrar em contato com a função inferior, experimentamos um choque emocional ou ansiedade, o procedimento do ego ("o rei") é logo procurar se defender e cortar a possibilidade da ponte.

No entanto, não é aconselhável saltar diretamente para a função inferior, o que seria o mesmo que mergulhar de cabeça no inconsciente. Para chegar a ela é recomendável utilizar algum tipo de ritual, como se estivéssemos, por exemplo, nos aproximando de uma aldeia desconhecida, no interior de uma floresta: nessa ocasião, muitas vezes ocorre troca de presentes, de mulheres e até de sangue, como garantia de que não haverá ação do mal. Devemos então descer humildemente, como por meio de uma escada, de uma função para outra, fazendo estágios intermediários entre as funções da consciência e o inconsciente. Para isso, a terceira função, em geral mais próxima da consciência que do inconsciente, pode ser extremamente útil.

> Complete:
>
> - Se minha função superior é _____, então a correspondente inferior, que está em meu inconsciente, é _____.
>
> - Se minha função auxiliar é _____, a correspondente que está em meu inconsciente é _____. Assim, o tipo psicológico complementar ao meu seria _____.

Se você se interessou pelo assunto, vale a pena ler o capítulo X do livro *Psychological types*, de Jung, no qual há uma descrição detalhada dos oito tipos psicológicos, assim como *A tipologia de Jung*, de Marie Louis von Franz e James Hillman, sobre a função inferior e o sentimento.

Figura 3.5 *Para entrar em contato com a função inferior, convém construir um caminho de volta.*

O desconhecido que nos afeta

A experiência do inconsciente nasceu com a humanidade. Muito antes de Freud e de Jung, já desde os antigos hindus, os hebreus e os egípcios, a humanidade sabia da existência de aspectos desconhecidos e estranhos nas pessoas, que a consciência não é capaz de controlar nem de compreender. As culturas orientais, principalmente a hindu e a chinesa, desenvolveram, empregando técnicas de meditação, ioga e artes marciais, vários meios para ter acesso aos níveis mais profundos da psique.

Kant e Schelling apontaram a existência de um lado escuro na psique. Mas, entre os filósofos, quem melhor formulou a ideia de inconsciente foi Gottfried von Leibniz (1646-1716).

Em 1846, um médico, Carl Gustav Carus, herdeiro dos filósofos da natureza, escreveu um livro, *Psyche*, no qual defendia a ideia de que o inconsciente é a base da psique. Foi a primeira tentativa de uma ciência da alma, de uma explicação global para a vida psíquica. O autor de *Psyche* também deu, antes de Freud, atenção especial aos sonhos. E chegou a observar a relação compensatória entre a consciência e o inconsciente, considerando, antes de Jung, os sonhos como restauradores da vida consciente.

Mas foi só a partir do século XIX que o inconsciente passou a ser estudado sistematicamente. Em 1869, Eduard von Hartmann, baseando-se na *Filosofia da vontade*, de Schopenhauer, publicou a obra *Filosofia do inconsciente*, relatando detalhadamente tudo o que havia sido escrito até então sobre o inconsciente.

Tudo aquilo que não sabemos, e que, portanto, não está relacionado ao ego como centro do campo da consciência, é denominado *inconsciente*. Como afirmou Jung, o inconsciente não é isso ou aquilo; é o desconhecido que nos afeta de imediato.

É possível classificar como desconhecido dois tipos de realidade: a que está fora de nós ou no mundo exterior e que podemos experimentar por meio dos sentidos; e a que está dentro de nós e que experienciamos imediatamente, o inconsciente ou mundo interno.

O inconsciente comunica-se com a consciência de várias maneiras: por meio dos sonhos, dos mitos, da linguagem poética, da fantasia e das inspirações. Muitas pessoas costumam ter visões e outras sensações sobrenaturais e guiam-se na vida por seus sonhos, por intuições interiores ou pelo contato com a natureza. É o caso, por exemplo, dos curandeiros, místicos, religiosos, caçadores e pescadores. E de muita gente que vive mesmo em cidades e não fala sobre esse tipo de experiência com receio, injustificado, de passar por louco.

O inconsciente pessoal e o coletivo

Freud teve o mérito de ter sido o primeiro médico a ver na abordagem do inconsciente uma possibilidade de tratamento. Antes dele, porém, ainda na Grécia antiga, nos famosos templos de Esculápio, os sonhos eram empregados no diagnóstico, e por meio deles se obtinha a cura para várias doenças. Praticava-se o chamado *sono de incubação*: a pessoa passava a noite no templo e tinha um sonho, que lhe indicava se a doença teria ou não evolução positiva. Atualmente, os psicoterapeutas costumam encontrar nos sonhos dos pacientes elementos que lhes permitem conhecer seu mundo interno e indicações relativas ao que eles necessitam para se alcançar um equilíbrio emocional.

Até o início do século XX imaginava-se que a mente do indivíduo, no seu nascimento, seria uma espécie de tábula rasa e seu inconsciente conteria apenas os impulsos e pulsões instintivas. Freud descreveu o inconsciente como um epifenômeno da consciência, um depósito de partes da personalidade que poderiam ter-se tornado conscientes mas foram reprimidas, ou ainda não tinham alcançado a consciência. Para ele, em consequência das influências do meio, das experiências e do aprendizado, a personalidade iria, gradualmente, se formando e a consciência e o ego se desenvolvendo. Aquilo que não se compatibilizasse com os padrões morais da sociedade seria excluído por meio da repressão e de outros mecanismos de defesa.

Formariam o inconsciente:

- Tudo aquilo que conheço, mas sobre o que não estou pensando no momento.

- Tudo aquilo que esqueci.

- Tudo o que meus sentidos captam, mas não é registrado por minha consciência (percepções subliminares).

- Situações menosprezadas durante o dia, conclusões que falhei em formular, críticas ou comentários pejorativos que não fiz.

- Tudo o que involuntariamente sinto, percebo, penso, lembro, desejo e faço; ideias dolorosas reprimidas e afetos não permitidos e conteúdos que ainda não estão prontos, "maduros".

Jung, porém, identificou, além desses aspectos que, segundo ele, formariam o nível pessoal do inconsciente, outro nível mais profundo, que ele denominou *inconsciente coletivo*. Para ele, já nascemos com um potencial: somos dotados, desde o nascimento, de um repertório de padrões de respostas e de comportamentos – os arquétipos – que irão depender de estímulos adequados do meio ambiente para se desenvolver. Potencialmente, toda a personalidade já estaria presente no nascimento, como um projeto.

Além de conter desejos, memórias e instintos reprimidos, o inconsciente está sempre agrupando e reagrupando símbolos e imagens, produzindo sem cessar sonhos e fantasias, funcionando como uma matriz autônoma criadora da vida psíquica normal. Também contém as sementes dos futuros aspectos da personalidade que poderão ser trazidos à consciência.

O inconsciente está sempre ativo, sendo a própria fonte da energia psíquica de onde fluem os elementos psíquicos, e não apenas seu reservatório. Podemos diminuir sua influência sobre a consciência, por meio dos mecanismos de defesa, apenas de maneira parcial. Normalmente, coordenada com a consciência, a atividade do inconsciente torna-se autônoma e independente quando eclodem as doenças mentais, como as psicoses.

O que ocorre com um doente mental que acha que é Napoleão, por exemplo, é que o símbolo de *Napoleão*, presente em seu inconsciente, invadiu a consciência e tomou conta do ego. O ego passa a achar que *é* Napoleão. Há uma **possessão** (ver glossário) do ego pelo inconsciente.

Nosso inconsciente é povoado por várias figuras de santos, heróis, Césares, Napoleões, animais, criaturas sensacionais e demônios terríveis. Quem nunca sonhou com uma dessas figuras?

Leitura complementar

1. [Papelada fatal]

Meu finado tio Aurélio cultivava uma obsessão curiosa: "A papelada!". Não adiantava convidá-lo para viajar, passear no fim de semana ou chorar em algum velório, pois ele não arredava o pé de casa. O motivo de sua ausência era sempre o mesmo: arrumar infinitos documentos, zelar negócios pessoais ou dar conta das solicitações cotidianas. Para encurtar suas desculpas, ele levantava as mãos para o céu e, como se cumprisse os desígnios do Criador, justificava: "A papelada!".

Aurélio teve morte súbita [...].

Se isso intrigou meus quinze anos, o problema tomou ares epidêmicos quando o avô de um amigo começou a usar a mesma terminologia. Seu caso foi tão grave que, internado, prestes a sofrer a cirurgia durante a qual faleceu, ele repetia para quem quer que o visitasse: "Preciso sair daqui: 'a coisa' deve estar uma bagunça!". Tomando fôlego, fazia a pergunta obstinada: "E como vai a papelada?". Debilitado, cardíaco e diabético, o nono mostrava-se mais preocupado com seu arquivo que com a vida eterna.

Ao que parece ninguém se safa da papelada. É incrível como ninharias nos aprisionam, e os pequenos eventos nos derrubam, moendo nossa paciência: fulano já ligou três vezes, o trânsito parou, o condomínio venceu, hoje não fui à academia, o filme está saindo de cartaz, olha que o banco fecha, e se o temporal me pega?

Parece óbvio mas esquecemos que essas solicitações são intermináveis e nos massacram pedindo sempre um pouco mais. Tudo se passa como se o prazer e a paz estivessem logo ali. Isto é, assim que eu solucionar este último probleminha...

A desgraça é que nunca se resolve este derradeiro empecilhozinho. Talvez por isso, filósofos e religiosos vêm martelando, há séculos, o perigo de se ficar preso nas malhas do cotidiano.

"Esperai tudo de vós mesmos. Não esqueçais que o homem cria a própria prisão", disse Buda aos discípulos em seu leito de morte. Na tradição taoísta, a seqüência interminável de afazeres e ocupações é considerada uma "música oca", e caberia à pessoa aprender a mover-se entre as coisas do mundo, atribuindo-lhes o devido valor.

Bem, mas o leitor pode pensar que isso é preocupação de sábios notáveis e profetas de terras longínquas. Nós, da massa ignara, viveríamos acorrentados na papeladas, e a vida é assim mesmo, não é?

Adler, discípulo de Jung, discorda desse conformismo e afirma que vida sem sentido é um dos sintomas da neurose. Vivendo longe de si mesmo, o sujeito culpa a cidade grande pela sua ansiedade, permanece no trabalho insuportável pelos filhos e, sem grandes reflexões, agarra-se ao cotidiano como um marisco à sua rocha.

Por isso, amigo, quando se começa a comer meio bolo de chocolate ansiosamente ou a brigar no trânsito como um *viking*, é hora de se perguntar o porquê.

Viver por viver tem o seu charme; já foi tema de música e cinema, mas pode ser uma experiência dolorosa. Principalmente quando a velhice chega e percebemos que gastamos nosso tempo numa guerra sem causa, como um obsoleto vigia de arquivo morto.

(BLOISE, Paulo Y. Papelada fatal. In: *De olho na rua*. Belo Horizonte: Dimensão, 2002, p. 34-37.

2. [A carruagem da alma]

A alma é imortal, pois aquilo que se move a si mesmo é imortal, ao passo que, naquilo que move alguma coisa mas, por sua vez, é também movido por outra, o cessar do movimento corresponde ao final da existência. Somente aquilo que se move a si mesmo não deixará de mover-se e, sendo assim, constitui também fonte de movimento para as outras coisas que se movem. *Ora, um princípio constitui algo inato, pois é a partir de um princípio que necessariamente assume existência tudo aquilo que existe*, ao passo que o princípio não provém de coisa alguma, pois, se começasse a ser partindo de qualquer outra fonte, não seria princípio. Por outro lado, como não proveio de uma geração, não se encontra sujeito à corrupção, pois é evidente que, uma vez anulado o princípio, jamais poderia gerar-se nele, pois ele é o princípio e tudo provém necessariamente dele. Podemos, então, concluir que o princípio do movimento é o que a si mesmo se move e, por isso, não pode ser anulado, nem pode ter começado a existir, pois, de outra maneira, todo o universo, todas as gerações parariam e jamais poderiam voltar a ser movidas a encontrar um ponto de partida para a existência.

Agora que foi demonstrada a imortalidade daquilo que se move por si mesmo, não haverá qualquer escrúpulo em afirmar que essa é exatamente a essência da alma, que o seu caráter é precisamente este. Com efeito, todos os corpos movidos por um agente exterior são inanimados, enquanto o corpo movido de dentro é animado, pois que ele é o movimento e natureza da alma.

O que se move a si mesmo não pode ser outra coisa senão a alma, de onde se segue necessariamente que a alma é incriada e imortal. [...]

A alma pode se comparar a não sei que força ativa e natural que unisse um carro a uma parelha de cavalos alados conduzidos por um cocheiro. Os cavalos dos deuses são de boa raça, mas os dos outros seres são mestiços. *Quanto a nós, somos os cocheiros de uma atrelagem puxada por dois cavalos, sendo um belo e bom, de boa raça, e sendo o outro precisamente o contrário, de natureza oposta. De onde provém a dificuldade que há em conduzirmos o nosso próprio carro.*

(PLATÃO. Segundo discurso de Sócrates a Fedro. In: *Fedro ou da beleza*. Lisboa: Guimarães Editores, 1989. 245c-246b).

3. [Imaginando uma tipologia junguiana]

Infelizmente, preciso iniciar este texto comunicando uma notícia trágica:

A cidade de Olinda não tem mais praia. Pra muita gente, acredito, o trágico seria se eu chegasse e dissesse: não tem mais Olinda, o mar comeu. [...]

Pai João de Omulu me contou que Nanã foi quem deu uma ajudinha pra Rainha-do-Mar dar esse troco pros homens (homens gananciosos, mais gulosos do que o mar para comer Olinda).

E foi mesmo, eu estive lá inda agorinha e vi. Agora acham que Olinda está segura e transformaram ela em Patrimônio Natural e Cultural da Humanidade. Que natural?! Que cultural?! Que humanidade?! [...]

Fui conversar com Pai João de Omulu, Adelson e Marinaldo. Eles conheceram dona Amara e seu Rui.

– Dona Amara – me contaram –, senhora muito "dada", amiga de todo mundo, espalhava e colhia amizades em torno de si.

Seu Rui? Ah! Esse ninguém sabe direito como era: muito amigo de todos, muito generoso, pagando cachaça pra todo mundo, cheio de opiniões a respeito de tudo, mas nunca deixando transparecer o que se ia por dentro dele, nem quando estava sóbrio. Cumpre assinalar que nunca foi visto sóbrio. [...]

Do fundo do Amaro Branco, do fundo da noite da miséria abaixo do bem e do mal, pode surgir alguma coisa que tenha a ver com tipologia junguiana? Que tenha a ver com a proposta ou a expectativa de um texto como este?

Pra começar, tem eu, que vim de lá e o estou escrevendo. E que mais? Será que tem mais?

Tem.

Meu relato das descrições dos conterrâneos e contemporâneos de dona Amara e seu Rui talvez não tenha deixado perceptíveis a infinita delicadeza de sentimentos com que se expressavam para não me ofender e a sábia sutileza do Pai João de Omulu, ao encerrar os comentários com aquele "Mas eles se davam muito bem", que nada tinha de conciliatório, mas explicitava uma profunda captação da complementaridade tipológica na vida daquele casal.

Este finalzinho de frase – "...complementaridade tipológica na vida do casal" – já é um toque de outro universo, o da dinâmica das funções. [...]

Empobrecer a teoria tipológica chamando-a de enquadradora e rejeitando-a, assim como dar-lhe estatuto de panacéia, desvirtuando-a, não faz jus à sua história natural nem ao potencial criativo nada desprezível de suas aplicações clínicas.

Os pais da teoria tipológica foram a observação e o toque de gênio. De C. G. Jung, naturalmente. Como costuma acontecer, o gênio cria a partir da observação trivial, do óbvio.

Jung apenas anotou e expandiu o mesmo que aqueles três (cientificamente) ingênuos olindenses também observaram: que as pessoas funcionam diferente umas das outras, e que um funcionar diferente pode complementar o outro.

Isso é imediato, direto, empírico, ao alcance da observação de qualquer um [...].

Como era mesmo que, lá no Amaro Branco, dona Amara se relacionava com a realidade circundante?

Na maior.

Pra ela, "dar-se" com as pessoas era natural, fluía como água e não assustava, estava toda voltada para fora, para a realidade externa, como o chafariz da "praça" principal do Amaro Branco. Mais ainda: ajudada pelas leis da necessidade imediata da sobrevivência, captava com facilidade o que era importante para o outro, o que tinha valor para o outro, e a isto se amoldava para adaptar-se. [...]

Jung chamou esse grupo de pessoas, que funcionam assim de preferência, de "tipos com função sentimento mais desenvolvida". Isto é o mesmo que os livros dizem quando falam em "função superior sentimento".

Função é um jeito, uma trilha, um caminho. Tanto o extrovertido como o introvertido podem percorrê-lo, embora de forma diametralmente oposta: um olhando para dentro e outro olhando para fora.

E seu Rui, com sua cachacinha enigmática? Quem se arrisca a topar de cara com essa esfinge tipológica? Forçado por uma expectativa social de desempenho masculino extrovertido, pressionado pela desenvoltura afetiva de sua companheira (e que implicava um desafio), teve de recorrer à pitucilina para poder desentocar o que nele era desentocável: aquilo que os sociólogos chamam *juízos de realidade*. Opiniões certeiras sobre variegados assuntos, com abstração da opinião pessoal. Ou seja: pensamentos.

Só que aí, com esse retorcimento todo imposto pela cultura e curtido na cachaça, o que ele não conseguia extroverter era aquilo que Jung chamou de "função inferior pensamento". Aquilo que a realidade é, ou parece ser [...]. Coisas do Amaro Branco. Brumações. [...]

Para o que pode servir? Não serve pra muita coisa, não. Só para ajudar a ver o outro como outro. Coisinha pouca.

Se dona Amara tivesse podido ver que seu Rui não estava de sacanagem sendo como era, e somente funcionava de um jeito diferente do dela, talvez as coisas tivessem sido diferentes. Talvez não tivesse havido necessidade de tanta Pitu. Talvez algum amor brotasse (e dele sobrasse pra mim). E olha que naquele tempo e naquelas circunstâncias, eram ambos tipo sentimento: só que uma era extrovertida e o outro, introvertido (extrovertendo "a purso" e a goles de pitucilina).

De que adianta a gente discursar sobre tipologia se a gente mesmo não se dispuser a se abrir para o jeito diferente do "outro" funcionar? Se a gente for prepotente e quiser que o outro funcione do mesmo jeito que a gente, nem que seja à custa de drogas várias?

Pouco serve, pouco adianta, se a gente não for profundo. Pro fundo profundo do barro do bairro (Amaro Branco, pois não?).

(RATIS, Pedro. Imaginando uma tipologia junguiana. In: *Jung, a gente se vê em Olinda*. São Paulo: Brasiliense, 1986, p. 49-63).

Atividades

1. Pesquise, na história da filosofia, nomes de alguns dos filósofos que se preocuparam com a questão do inconsciente. Lembre-se de incluir também os pensadores citados no texto.

2. Pesquise letras de música e filmes de diretores conhecidos que se baseiam na investigação de atitudes psicológicas. Observe se as obras tendem para uma atitude mais extrovertida ou introvertida. Faça uma lista de três músicas e três filmes de tendências extrovertida e introvertida.

3. Utilizando os conceitos de *extroversão* e *introversão*, procure analisar e interpretar o texto complementar "Papelada fatal".

4. Exercício de *imaginação dirigida*, para ser realizado em duplas ou em grupo. Antes de fazer o exercício, leia as instruções até o final ou peça a alguém que as leia pausadamente para você.

Sente-se confortávelmente e relaxe. Respire fundo. Lentamente. Coloque as palmas das mãos, em forma de concha, sobre os olhos, tapando-os, sem pressionar, de modo que nenhuma luz penetre. Espere alguns segundos, até perceber que os estímulos de fora não o incomodam.

Agora, imagine-se entrando em um lugar, uma fazenda desconhecida. Tudo está escuro. Aos poucos, lentamente, uma luz começa a surgir. Gradualmente ela se torna mais clara, inundando o ambiente com uma tonalidade violeta. Você se vê dentro de uma casa, tranquilo. Encontra uma pessoa amiga, que o convida para passear lá fora. É noite. Como a pessoa lhe parece confiável, vocês saem da casa para dar um passeio. Preste atenção no que está acontecendo. O que vocês veem, ouvem ou sentem?

Neste ponto do exercício deve ser feita uma pausa de dez a quinze minutos, para que o passeio pela imaginação aconteça.

Agora, lentamente, vá voltando. Abra os olhos. Se espreguice. Tome contato com o próprio corpo. Espreguice-se novamente.

Procure fazer um desenho ou escrever acerca do que viu. Depois, se quiser, troque impressões ou fale de suas sensações com os colegas. Procure também relacionar suas experiências com os conceitos apresentados neste capítulo.

5. Associe alguns dos tipos descritos por Jung a personagens de contos de fadas, de fábulas ou de obras da literatura clássica (Fedro, Esopo, La Fontaine, por exemplo) e analise-os. O texto de Pedro Ratis pode dar uma ideia de como fazer essa análise.

6. Escolha um escritor brasileiro (Monteiro Lobato, Jorge Amado, Guimarães Rosa, por exemplo) e analise personagens de suas obras, de acordo com a mesma proposta do exercício anterior.

Questões

1. Descreva o modelo junguiano da psique.
2. O que você entende por *ego* e por *consciência*? Quais as principais funções do ego e da consciência?

3. Qual a melhor maneira de detectar a função que em uma pessoa atua como função inferior?

4. O que é inconsciente e como ele se comunica com a consciência?

5. Com a ajuda de seus colegas e do professor, procure relacionar a metáfora da alma apresentada no último parágrafo do texto complementar "A carruagem da alma", com os conceitos expostos neste capítulo.

Para saber mais

- *Adivinhação e sincronicidade*, Marie-Louise von Franz. São Paulo: Paulinas, 1993.

- *Alquimia*, Marie-Louise von Franz. São Paulo: Cultrix, 1996.

- *A alquimia e a imaginação ativa*, Marie-Louise von Franz. São Paulo: Cultrix, 1992.

- *A tipologia de Jung,* Marie-Louise von Franz e James Hillman. São Paulo: Cultrix, 1985.

- *Jung, a gente se vê em Olinda,* Pedro Ratis. São Paulo: Brasiliense, 1986.

4. A dança da energia

A mente humana, em suas intermináveis mudanças, é como a água de um rio ou a chama de uma lamparina; como um macaco, ela pula o tempo todo sem cessar.

Buda

A natureza da energia psíquica

O mundo dos instintos abrange tanto o aspecto físico como o aspecto psíquico do homem. É precisamente nessa esfera crítica da interação entre corpo e alma que se situa o campo específico do psicoterapeuta. A psicoterapia, em grande parte, vai lidar com aquilo que a pessoa faz ou deixa de fazer com seus instintos.

O instinto diz respeito à impulsão para determinadas atividades e ações. Tudo o que não passa por nossa vontade consciente, que não é refreado por nenhuma autoridade moral ou de qualquer natureza é instintivo. O instinto seria como um cavalo selvagem livre de freio. Trata-se do apetite em seu estado natural, ou seja, de nossas necessidades corporais, como fome, sede, sono, sexo, e dos estados emocionais.

A pessoa impulsiva é aquela que age movida pelos instintos. O impulso poderá surgir a partir de estímulos internos, como uma forte emoção, ou a partir de estímulos externos, como uma frustração, uma situação de perigo. Se a pessoa estiver sintonizada com seus instintos, agirá de acordo com a necessidade do momento. Mas isso nem sempre é possível.

Imagine alguém dentro de um prédio em chamas. O indivíduo normal tentará manter a calma, buscando uma saída para se salvar. Seu ego está ligado aos instintos de sobrevivência e de fuga, que sua mente racional é capaz de canalizar adequadamente, permitindo-lhe uma ação rápida e eficaz. Se se tratar de um indivíduo neurótico, ele terá uma dificuldade maior para obedecer a seus instintos e poderá entrar em pânico ou ficar paralisado. No caso de entrar em pânico, poderá até lançar-se do prédio ou jogar-se sobre as chamas (caso do psicótico). As simulações e treinamentos para lidar com situações de emergência visam dotar o indivíduo de algum controle sobre os impulsos automáticos.

Figura 4.1 *A força e, ao mesmo tempo, a beleza dos instintos.*

De modo geral, todos os processos psíquicos cujas energias não estão sob o controle da mente consciente são instintivos. Assim, algumas funções de adaptação da consciência, quando afetadas pela energia do inconsciente, adquirem a característica impulsiva dos processos instintivos. Quando perdemos a cabeça ou quando estamos muito cansados, em algumas situações de doença ou de ingestão de drogas, tendemos a reagir mais instintivamente.

O conceito de energia psíquica

Freud chamou a energia vital de *libido*, termo originário de *libere*, do latim, que significa "ter vontade de", "aquilo que dá prazer, desejo, ânsia, saudades". Para ele, libido e energia do instinto sexual são sinônimos.

Seu ponto de vista é mecânico. A energia vital aparece de várias formas e em várias situações, mas a qualidade dos fenômenos é sempre a mesma: de *natureza sexual*.

Considerando, de acordo com a visão mecânica, que um efeito está sempre ligado a uma causa, Freud buscava a explicação das manifestações das neuroses sempre nos conflitos sexuais reprimidos do passado, na infância.

Para libertar a energia vital de uma definição muito estreita, Jung baseou-se no conceito de energia da física. De início, como Freud, ele empregava o termo *libido* para designá-la. Posteriormente, passou a chamar a energia vital simplesmente de *energia psíquica*.

Assim como calor, luz e eletricidade são manifestações diferentes da energia física, fome, sexo e agressividade seriam expressões variadas da energia psíquica. Jung não concordava em utilizar um único impulso específico – o sexual – para definir a energia psíquica. Para ele, a dinâmica sexual é somente *uma* das instâncias particulares na totalidade do campo da psique.

> *Como todos os impulsos e automatismos apresentam o desejo e a compulsão, ou seja, a impulsividade como característica específica, e uma vez que se conhece muito pouco a respeito da natureza dos instintos humanos e de sua dinâmica psíquica, [...] seria praticamente impossível derivar toda a massa de fenômenos psíquicos de um único instinto ou arriscar a prioridade de um deles.* (JUNG, 1967a, parágrafo 185).

O fato de Jung não associar a palavra *libido* especificamente a nenhuma definição sexual não significa que ele negasse a existência do dinamismo sexual. Na realidade, conceituar energia psíquica como desejo sexual seria apresentar apenas uma interpretação, um conceito reduzido, confundindo a parte com o todo, o fenômeno com sua manifestação.

Para tentar fazer a distinção entre o fenômeno da energia psíquica e as manifestações desse fenômeno, Jung baseou-se no conceito de *vontade* do filósofo Arthur Schopenhauer: "Algo inteiramente livre e muito diferente de todas as formas de manifestação de sua fenomenalidade, que ela assume apenas quando se torna manifesta, e que, então, afetam apenas sua objetividade, sendo estranhas à vontade em si" (JUNG, 1967a, parágrafo 197).

A energia psíquica existe em estado potencial: são as possibilidades, as aptidões. Manifesta-se de várias formas, em experiências relativas a qualquer campo (poder, fome, ódio, sexualidade, religião), em ações e atitudes específicas (querer, sentir, lutar, trabalhar), como fenômenos dinâmicos da alma (instintos, desejos, afetos, atenção). No dia a dia, percebemos suas manifestações nos sonhos, no nosso "pique" ou na falta dele, nas explosões de afeto, nos sentimentos, como ódio, vingança, alegria, tristeza, amor.

No início do século XX, a maioria dos cientistas procurava medir ou estudar estatisticamente os fenômenos da natureza. Jung, porém, interessava-se muito mais pela busca de significados da atividade psíquica. Ele baseou sua concepção de energia em dois princípios fundamentais: a *equivalência* e a *compensação*.

O princípio da equivalência

Para estabelecer o princípio da equivalência, Jung inspirou-se na primeira lei da termodinâmica, de Helmholtz: "Para uma determinada quantidade de energia utilizada com o fim de produzir uma condição, uma outra quantidade equivalente de energia surge em algum outro ponto [do sistema] (JUNG, 1969c, parágrafo 34).

Se imaginarmos a psique como um sistema relativamente fechado, pode-se afirmar que a energia psíquica está em fluxo constante de um sistema da personalidade para outro, do consciente para o inconsciente, e vice-versa. Entre os dois sistemas há trocas relativas a *valores*, que são a quantidade de energia psíquica investida em determinadas características da personalidade. Apesar de não ser possível medir quantitativamente a energia psíquica (ainda não existe um "psicômetro"), a intensidade de determinadas ideias e emoções pode ser estimada por intermédio de nossa função sentimento, que age como um verdadeiro instinto de percepção das mais sutis flutuações emocionais. Valorizar uma ideia ou emoção significa que o conteúdo relativo àquela ideia ou emoção exerce determinada força em nossa personalidade. O contrário também é válido: se algo é banal, nos diz pouco, lhe dedicamos pouca energia.

Não valorizarmos conscientemente uma determinada ideia ou emoção não significa que ela não irá nos influenciar. Os aspectos da personalidade que ainda não estão integrados e, portanto, não fazem parte da consciência, surgem no inconsciente e são representados por meio das imagens das fantasias e dos sonhos. Uma pessoa de índole agressiva e que não tem consciência de sua própria agressividade pode, por exemplo, sonhar com um animal feroz.

Além do sistema subjetivo de valores, temos também um sistema objetivo de medidas. Trata-se dos valores morais e estéticos coletivos, fixados de forma generalizada e que só indiretamente levam em conta as condições psicológicas individuais.

Na interação desses dois sistemas, o *subjetivo* e o *objetivo*, muitas vezes a ponderação consciente falha ou acaba se amoldando às conveniências. Às vezes, embora odiando uma determinada situação, obrigamo-nos a optar por aquilo que é convencional e, reprimindo o sentimento, fazemos a concessão de nela permanecer. Não é muito difícil imaginar casos assim.

Uma vez que tem a capacidade de criar coisas novas, o inconsciente pode, espontaneamente, ativar certas quantidades de energia psíquica e forçar sua entrada na consciência. Às vezes, podemos sonhar com coisas completamente estranhas e diferentes. Outras, sonhar com a solução de um determinado problema. O químico Kekulé, por exemplo, tentava descobrir a fórmula do anel de benzeno e, certa noite, sonhou com a imagem de uma serpente enrolada, o que o inspirou na descoberta da figura hexagonal do composto que estudava.

Assim como a energia do inconsciente pode ir para a consciência, o contrário também ocorre: certas quantidades de energia psíquica podem desaparecer da consciência e surgir no inconsciente. É o que acontece na repressão.

Imagine que o peixe da ilustração a seguir seja a representação (imagem) de uma determinada quantidade de energia psíquica relativa a um conteúdo psíquico submerso no inconsciente (representado pelas águas do lago). O peixe pode ser tanto um conteúdo psíquico que foi reprimido – isto é, fazia parte da consciência mas foi, por alguma razão, dela afastado – como algo inteiramente novo surgido do inconsciente. Dependendo da atitude do ego, duas situações podem ocorrer: a psique produzirá um sintoma, um sonho ou uma fantasia.

Figura 4.2 *O ego pode acessar os símbolos de um peixe por meio dos sonhos.*

A psique produz um sintoma

Pode-se imaginar o inconsciente como um velho baú onde é possível guardar coisas que esquecemos ou não desejamos lembrar e que ali ficarão acumuladas, sem nos aborrecer. Mas não é tão simples assim! Os conteúdos reprimidos voltam à consciência por bem ou por mal, manifestando-se nos sonhos ou em sintomas. Aquela quantidade de energia consciente que foi parar no inconsciente, mais cedo ou mais tarde, vem bater à porta da consciência. Uma dessas visitas pode se dar pela porta dos fundos, por intermédio dos sintomas físicos.

Nos casos em que o conteúdo da consciência é completamente engolido pelo inconsciente, como, quando o interesse por determinado objeto não tem oportunidade para se expressar, podemos constatar que logo surgem indícios de uma atividade inconsciente. A energia que alimentaria o interesse consciente é desviada, tomando um caminho que a faz surgir às vezes no corpo, na forma de palpitação, diarreia, coceira ou intensificação de sintomas já existentes.

A investigação de Freud em torno da sexualidade contribuiu muito para a demonstração do princípio da equivalência e sua importância na formação de sintomas: se a pessoa reprime um desejo, pode ter uma forte enxaqueca. A fantasia popular de que sexo reprimido sobe à cabeça aparece nos estudos de Freud sobre a histeria, particularmente quando ele descreve a repressão e a maneira como se formam os sintomas.

Como a energia psíquica que foi reprimida é necessária para o desenvolvimento do indivíduo, o conteúdo reprimido tentará voltar à consciência. A pessoa sonha, então, com o peixe (o conteúdo reprimido). Se ela estiver em uma atitude muito defensiva, é possível que o sonho se dê em forma de pesadelo, com a finalidade de tentar romper a atitude de defesa da consciência (veja o princípio da compensação mais adiante). O conteúdo inconsciente mostra-se, então, ao ego como algo ameaçador.

Figura 4.3 *O conteúdo inconsciente ameaça o ego.*

A psique produz um sonho ou fantasia

Antes de chegar a desenvolver sintomas, a pessoa costuma ter sonhos ou receber outras "dicas" a respeito do conteúdo reprimido. Na realidade, quando algum conteúdo desaparece da consciência, não quer dizer que ele deixou de existir, mas, sim, que perdeu a sua energia consciente. A energia psíquica que desaparece gera um produto inconsciente que apresenta traços em comum com o conteúdo desaparecido. Esse produto inconsciente pode surgir em sonho ou fantasia como **imagem simbólica** (ver glossário).

A ilustração a seguir mostra o ego sendo capaz de "pescar" o conteúdo simbólico (representado pelo peixe) por meio do sonho. A energia que estava reprimida no inconsciente passa para a consciência (o peixe é retirado da água), podendo colocar-se a serviço do ego para o desenvolvimento da personalidade.

Figura 4.4 *O ego está sendo capaz de "pescar" o conteúdo simbólico.*

Vejamos um exemplo de como a energia psíquica impossibilitada de fluir transforma-se em sintoma ou em imagem simbólica. Jung relata o caso de um jovem oficial suíço, de 27 anos, que sofria de violentas dores no coração e no calcanhar esquerdo (JUNG, 1969c, parágrafos 303-309). Ele já visitara outros médicos, tentando esclarecer a causa de seu sofrimento, mas nenhum dos exames clínicos que fizera até então revelava a origem de tais sintomas.

Na entrevista com Jung, o oficial relatou um sonho que tivera e que lhe causara uma sensação de estranheza: "[...] eu andava por um campo aberto quando, de repente, pisei em uma serpente que me mordeu o calcanhar. Senti-me como se estivesse envenenado".

Algum tempo antes de surgirem aqueles sintomas, a namorada do rapaz o deixara, ficando logo noiva de outro. Ele reagira de maneira arrogante: não levou em conta o sentimento de ter sido traído, imaginou que não tinha ficado abalado e pensou em arrumar rapidamente outra namorada. Na verdade, ao perder a namorada e negar a importância desse fato, o rapaz reprimiu a energia da dor e da mágoa, que ressurgiu, via inconsciente, nos sintomas corporais e no sonho.

Todos sabemos como a perda de um amor faz doer o coração. No caso do rapaz, a energia psíquica, sem um canal para fluir, recuou mais profundamente, produzindo uma imagem mitológica que exprimia um determinado tipo de relação entre homem e mulher. Ele havia se defrontado com a face perigosa do princípio feminino, em seu aspecto sedutor, representado pela serpente – o animal que a deusa Ísis do antigo Egito colocou no caminho do deus Ra para lhe morder o calcanhar; ou a serpente bíblica, Lilith, que pode ser interpretada como o lado escuro e sombrio de Eva.

Figura 4.5 *Lucas Cranach,* Adam and Eve *(1528): o feminino em seu aspecto ameaçador.*

O princípio da compensação

Na raiz das transformações que ocorrem nos fenômenos da psique há um direcionamento da energia psíquica no sentido de se atingir um estado geral de equilíbrio entre os sistemas consciente-inconsciente. A energia psíquica flui de sistemas com maior conteúdo energético para outros de menor conteúdo, com a quantidade total de energia permanecendo constante. Nossa psique está, assim, o tempo todo buscando estabelecer um equilíbrio energético entre os sistemas consciente e inconsciente. A essa busca de equilíbrio Jung denominou **função compensatória** (ver glossário).

Trata-se de uma espécie de autorregulação psíquica: a função compensatória do inconsciente relativa a qualquer tendência da consciência à unilateralidade corresponde às funções fisiológicas responsáveis pelo equilíbrio do organismo (homeostase).

A maneira como essa compensação ocorre depende da atitude do ego em relação a um determinado símbolo (conteúdo inconsciente). Quanto mais rígida, exagerada e unilateral for essa atitude, mais radical será a compensação. Em casos de distúrbios neuróticos ou psicóticos, ela poderá manifestar-se como franca oposição à atitude consciente.

Como exemplificado anteriormente, o peixe submerso nas águas representa uma determinada quantidade de energia psíquica que foi deslocada da consciência para o inconsciente. Uma vez que a consciência necessita dessa quantidade de energia para se desenvolver, o símbolo peixe retorna do inconsciente para a consciência, seja por meio de um sonho ou de um pesadelo, seja por meio de um sintoma, no caso de a atitude egoica ser defensiva.

Essa é uma das principais funções dos sonhos: a compensação inconsciente de uma atitude consciente neurótica. A compensação comporta todos os elementos que podem efetiva e saudavelmente corrigir a unilateralidade da consciência. Mas, para isso, os conteúdos inconscientes precisam ser conscientizados, isto é, integrados à consciência como realidades, produzindo mudança de comportamento e de atitude.

A polaridade natureza-espírito

Como foi mencionado, é próprio da energia psíquica o movimento no sentido de estabelecer um equilíbrio entre polaridades, como se houvesse uma intencionalidade. O embate entre as polaridades é vivenciado pelos seres humanos como conflito entre natureza e espírito, e é dele que surge a autorregulação do equilíbrio psíquico.

Para Nise da Silveira, "duas forças [...] se defrontam: de um lado, as que nutrem o apetite insaciável dos instintos e, de outro, as que restringem tal impetuosidade instintiva" (1983, p. 47). É como se a energia psíquica buscasse por si mesma sua própria diferenciação e conhecesse aquilo que a personalidade necessita para se transformar.

Figura 4.6 Aurora Consurgens *(século XIV): a tensão entre Sol e Lua, representando os princípios espiritual e natural, na psique.*

De acordo com Heráclito, para quem a guerra entre os opostos é o pai de todas as coisas, pode-se afirmar que também, psicologicamente, cada polaridade contém em si mesma a polaridade oposta, derivando-se da tensão interna entre elas o seu dinamismo.

A maior parte da energia psíquica é investida nos vários sistemas funcionais do corpo-mente, servindo para a manutenção do curso regular da vida. Como uma força específica que não pode ser transformada, é usada na realização das atividades que nos mantêm vivos e em funções instintivas essenciais que operam de acordo com leis biológicas, como em situações de fome, sono, sede, sexo.

A formação da cultura

A energia psíquica que não é consumida na satisfação dos instintos pode ser canalizada e empregada na realização de outras atividades, como as culturais e espirituais. Quanto mais eficazmente satisfazemos nossas necessidades biológicas, mais energia nos sobra para a realização cultural e espiritual.

Para Freud, a cultura é criada pela atuação de uma instância de caráter não instintivo, o *superego*, que canalizaria para as atividades intelectuais e espirituais a energia psíquica não empregada nas funções biológicas. O superego é o que em cada um diz o que é certo e errado.

Diferentemente de Freud, Jung não considerava que algo desvinculado dos instintos biológicos é que os refrearia, canalizando sua energia para manifestações mais elevadas. Para ele, já existe uma tendência de caráter instintivo, inerente à própria energia psíquica, para a espiritualização e que a leva a expressar-se em outras formas de atividades não biológicas. Essa tendência seria um *instinto para a espiritualização*.

Jung empregava a palavra *espírito* não em seu sentido metafísico, mas para designar uma força natural, tal qual o instinto biológico, porém oposta à instintividade bruta. É o espírito que cria os símbolos e as imagens dos sonhos e fantasias, assim como as manifestações culturais. No indivíduo, uma manifestação do espírito – por exemplo, a imagem de um sonho – pode estar relacionada a um aspecto não integrado de sua personalidade no inconsciente.

> *Espírito e matéria*
>
> Em alemão Geist, "espírito", possui vários significados: os filósofos o contrapõem à matéria, como algo imaterial; pode ser entendido como ser interior, como pensamento, intelecto, vontade, memória, fantasia ou uma certa atitude da consciência e, ainda, como algo que espuma ou efervesce. (VON FRANZ, 1992a, p. 72)

Pode-se afirmar que a consciência, com raízes profundas no inconsciente, desenvolve-se buscando a espiritualização da energia psíquica, cujo sentido é a criação de símbolos, imprescindíveis para sua mudança do estado natural, concreto e coletivo para um estado mais individualizado e abstrato. Mas atenção: nesse processo, energia biológica e espiritual se complementam, uma não excluindo a outra.

Progressão e regressão

Vimos até agora três fundamentos para compreender a natureza da energia psíquica:

- a psique abrange mente e corpo, sendo formada pelo sistema consciente–inconsciente;

- existe um intercâmbio de energia entre a consciência e o inconsciente (princípio da equivalência);

- a energia psíquica busca um equilíbrio de tensões (princípio da compensação), com o embate entre o polo natural (instintivo) e o polo espiritual.

No sistema consciente–inconsciente e na polaridade natureza–espírito circulam correntes de energia psíquica que se cruzam, com tensões e pares de opostos de toda ordem, formando uma verdadeira coreografia. Pode-se imaginar os meios ou canais, os espaços de trânsito do fluxo energético, como avenidas ou pistas por onde a energia psíquica circula. Nessas pistas, a canalização da energia é feita em duas mãos: *progressão* e *regressão*. São esses os dois movimentos básicos da energia psíquica.

A **progressão** é o movimento da energia psíquica para a frente, é o avanço do processo de adaptação psicológica no cotidiano ou a contínua satisfação das demandas e exigências do meio ambiente mediante uma atitude consciente adequadamente dirigida. O processo de adaptação requer um funcionamento direcionado da consciência, dotado de consistência interna e coerência lógica.

No Capítulo 3, ao tratar dos tipos psicológicos, afirmamos que há uma função superior, a função consciente de adaptação, habitualmente mais desenvolvida, utilizada para progredir e buscar adequação no mundo. O avanço no sentido da adaptação vai aos poucos dando a nossa noção de identidade. Mas, sendo essa função direcionada, tudo o que não puder ser expresso via consciência será comunicado por meio da Sombra, com vistas a se manter a integridade da direção consciente.

A **regressão**, todavia, é o recuo temporário da energia psíquica que, assim procedendo, ativa os conteúdos inconscientes e traz à tona valores abandonados ou novos aspectos da personalidade. Frequentemente, entre a necessidade de adaptação externa e a de adaptação ao mundo interior da psique ocorre o conflito identidade × individualidade.

Não se pode dizer, no entanto, que progressão seja melhor que regressão. Muitas vezes, a regressão consiste em voltar atrás a fim de reunir energias para continuar avançando, como quando uma pessoa, para conseguir saltar, primeiro agacha-se um pouco a fim de tomar impulso. Do mesmo modo, não se deve confundir progressão com desenvolvimento, pois o fluxo contínuo da vida não significa exclusivamente diferenciação. Assim, a vida psíquica pode ser tanto progressiva sem evolução como regressiva sem involução.

A dança da energia psíquica

Para explicar os movimentos da energia psíquica, Jung usou uma metáfora: a progressão pode ser comparada a uma queda d'água que segue seu curso de uma montanha para o vale. Enquanto durar a progressão, a água estará fluindo: as polaridades estarão unidas e coordenadas com o fluxo dos processos psíquicos, o que possibilita um equilíbrio.

Quando, diante de um obstáculo intransponível, a progressão se torna impossível, a água não consegue mais fluir. O bloqueio da água corresponde ao represamento da energia psíquica, que, como a água em um dique, sofre aumento de tensão. Acontece então o conflito, que leva a uma tentativa de os opostos se reprimirem mutuamente. Surgem questões do tipo: "Vou ou não convidá-la para sair comigo?", "Presto vestibular ou começo a trabalhar?".

Se uma das forças for bem-sucedida em reprimir a outra, pode surgir a **dissociação** (ver glossário), que leva a uma divisão interna e, dependendo do conflito, a uma neurose ou até a uma psicose. Felizmente, nem sempre essa dissociação ocorre, pois contamos com a criatividade, inerente à própria psique, para buscar soluções.

Em resumo, quando a vida parece não estar fluindo, a energia psíquica acumula-se e a tensão energética entre os opostos aumenta. Com o bloqueio, ou conflito, a energia psíquica busca uma saída pela regressão, refluindo para o inconsciente. Se isso não ocorresse, o combate entre os opostos persistiria de maneira estéril e a pessoa se sentiria paralisada.

Conforme a energia psíquica regride da consciência para o inconsciente, aumenta o valor energético de processos psíquicos inicialmente inconscientes e desvinculados da adaptação externa. A fantasia é ativada e começa a se enriquecer mais e mais com associações, fazendo aflorar as possibilidades adormecidas, surgindo novos conteúdos. Desse modo, podem emergir do inconsciente, ativadas pela regressão, sementes valiosas contendo elementos das outras funções psicológicas da personalidade excluídas da consciência.

Imagine a seguinte situação: você se apaixona por alguém que, por alguma razão, decide viajar para longe. Vocês se afastam. A energia investida em seu objeto de amor de repente é estancada. Isso produz em você um aumento de tensão: saudade, tristeza, frustração, raiva, insônia, sofrimento. Com o bloqueio do fluxo, sua energia psíquica é forçada a uma regressão. Você passa a ter sonhos com a pessoa e começa a escrever poemas apaixonados, falando do amor e de sua dor. Os amigos gostam dos poemas, você continua sonhando e escrevendo. Começa a se dedicar mais intensamente a escrever, transformando-se um dia, em um poeta. Por uma das coincidências da vida (sincronicidade), certo dia sua antiga amada depara com seus poemas publicados. A velha chama da paixão se reacende e ela resolve procurá-lo. Ela amadureceu, você também, e ambos decidem ficar juntos novamente. Romântico, não?

Regressão e progressão fazem parte da vida, correspondendo aos caminhos pelos quais a energia psíquica circula. Havendo possibilidade de os novos conteúdos do inconsciente serem confrontados e integrados à consciência, os bloqueios são removidos e a energia psíquica volta a fluir, reiniciando a progressão e dando continuidade ao desenvolvimento. Na prática, observamos que, quando conflitos muito intensos são resolvidos, a pessoa passa a experimentar uma sensação de segurança e de calma que, dificilmente, é abalada. Psicologicamente estabelece-se uma atitude mais firme e duradoura. Portanto, nem sempre os conflitos têm resultados negativos. Eles comportam perigo, ansiedade, sofrimento e tristeza, mas também a possibilidade de transformação.

Símbolos: uma enorme usina

Podemos afirmar que todos os fenômenos psíquicos são de natureza energética e que a psique está em constante atividade, produzindo símbolos continuamente.

Diferente do sinal, que tem um significado fixo, tratando-se de uma abreviação convencional de algo conhecido e comumente aceito, o **símbolo** (ver glossário) é uma expressão indefinida com vários significados, que apontam para algo não muito conhecido. Implica algo para nós oculto, que poderá ser desvendado. Diz respeito ao mistério.

Figura 4.7 *Um sinal torna-se um símbolo sagrado.*

Siglas, marcas comerciais, o emblema do time de futebol, insígnias, brasões, são sinais que podem ou não transformar-se em símbolos. Uma palavra ou uma imagem serão símbolos quando implicarem algo *além* de seu significado imediato, remetendo para um aspecto desconhecido ligado ao nosso inconsciente, um aspecto mais amplo, que nunca é preciso ou completamente explicado. Uma teoria que apresente uma hipótese, por antecipar a descrição de algo ainda desconhecido, pode ser considerada um símbolo.

> Pense, por exemplo, no símbolo da roda. Que associações você faz com esse símbolo? Imagine também associações que se podem fazer com os símbolos do sexo, do fogo, da estrela, da cruz da estrela de seis partes ou da luz.

É importante lembrar que o significado dos símbolos é próprio de cada pessoa e específico do momento que ela está vivendo. Se o significado do símbolo se restringe a uma analogia, associando-se a algo conhecido, então o símbolo morre, passando a ser mero sinal. Por isso é inadequado interpretar de modo genérico os símbolos que aparecem nos sonhos, sem conhecer o sonhador e o contexto no qual eles surgiram. Os manuais de interpretação de sonhos podem funcionar como uma faca de dois gumes, levando-nos simplesmente a reduzir um símbolo, interpretando-o segundo uma fórmula coletiva e estereotipada.

Figura 4.8 *Unicórnio: sinal ou símbolo?*

> Reflita um pouco a respeito da figura do unicórnio. Que tipo de associações você faz com esse símbolo?

Ligar a consciência ao inconsciente

A palavra *símbolo* significa, etimologicamente, "aquilo que une". Há muito tempo, na Grécia Antiga, quando dois amigos se separavam, cada um levava a metade de uma moeda. Ao se reencontrarem, uniam as metades para formar outra vez a moeda, que passava a funcionar como símbolo de reconhecimento, representando a amizade e a ligação entre ambos.

Na psicologia, da mesma maneira, o símbolo liga as partes do sistema consciente–inconsciente, sendo o elemento principal para compreender a maneira como ambas se comunicam. Ele atua como um transformador da energia psíquica, à qual proporciona uma forma de expressão diferente da original (princípio da equivalência).

Os símbolos estão em toda parte. Relacionando os elementos da consciência e do inconsciente, eles permitem que aquela energia do inconsciente necessária ao crescimento e desenvolvimento da consciência e do ego, que é o seu centro, possa desempenhar sua função. A atitude do ego que considera um determinado fenômeno como símbolo é denominada *atitude simbólica*. Trata-se de um ego aberto e disposto a acolher e elaborar os símbolos do inconsciente para se desenvolver. Há pessoas que valorizam seus sonhos e fantasias e muitas que procuram, inclusive, guiar-se por eles.

Encontramos os símbolos que exercem esse papel de estruturar a consciência e ligá-la ao inconsciente não só nos sonhos, mas também em nossos relacionamentos, ideias, emoções, sentimentos, em nosso corpo, no contato com a natureza e nos rituais.

A força dos rituais

Na mitologia de muitos povos, acham-se vários exemplos de objetos sagrados e de rituais capazes de atuar como transformadores de energia, isto é, como *símbolos*: estatuetas de deuses, amuletos, máscaras, fetiches.

Figura 4.9 *Estatuetas da cultura Sinu (Colômbia), c. 1200 a 1600, representando os cogumelos sagrados usados nos rituais.*

Jung (1967a, parágrafo 213), descreve o ritual de fertilidade praticado pelos índios *wachandis*, da Austrália:

> *Eles cavam um buraco no chão, ao redor do qual colocam alguns arbustos, para imitar os genitais femininos. Durante uma noite inteira eles dançam ao redor desse buraco empunhando suas lanças como pênis eretos, atiram-nas dentro do buraco e gritam: Pulli nira, pulli nira, wataka! ("não é um buraco... mas uma vulva!").*

> *[...] Por meio do buraco, os wachandis fazem uma analogia com a genitália feminina, o objeto do instinto natural. [...] Não há dúvida que se trata de uma canalização de energia e de sua transferência para um análogo do objeto original por meio da dança.*

Esse ritual representando uma união sagrada *(hierogamia)* com a terra também se relaciona com o simbolismo do arado, cuja origem etimológica vem de *aroun*, que, em grego, significa "impregnar". Veja que interessante: sabendo instintivamente que esse ritual tem conexão com a sexualidade, durante a cerimônia do *hieros gamos* os *wachandis* são proibidos de olhar para uma mulher, o que poderia desviá-los de sua tarefa. Da mesma forma, em algumas tribos americanas, antes de partir para a guerra, os índios faziam uma roda em volta de uma mulher bonita, nua, que se colocava no centro. Aquele que tivesse uma ereção era desqualificado e não podia partir com os outros guerreiros.

O ritual simbólico canaliza a energia psíquica para o cultivo e a frutificação da terra ou para a concentração de forças antes da batalha. Com o ritual simbólico, a energia psíquica é transformada em trabalho efetivo.

Essa canalização da energia psíquica para atividades exteriores explica a íntima conexão entre trabalho, música, canto, dança e percussão nas sociedades não letradas. A música e a dança são uma estratégia empregada para marcar e organizar firmemente certas ideias ou atividades, fixando-as na consciência. A energia psíquica é canalizada para determinado tipo de atividade por meio do ritmo.

Como diz o filósofo francês Roger Garaudy (1980, p. 14), "identificar-se, pela dança, com o movimento e as forças da natureza para captá-los e imitá-los, é uma necessidade primordial da vida desde o nascimento da agricultura, quando a fixação ao solo e os ciclos da semeadura e colheita tornaram o conhecimento dos ritmos da natureza uma necessidade vital".

Leitura complementar

1. [A dança cósmica]

Os místicos orientais possuem uma visão dinâmica do universo, semelhante à da Física moderna e, conseqüentemente, não é de se surpreender que também eles tenham usado a imagem da dança para expressar sua intuição da natureza. Um belo exemplo de uma dessas imagens de ritmo e dança aparece no livro *Tibetan Journey* [Viagem Tibetana], de Alexandra David-Néel, Nesse livro, a autora descreve o seu encontro com um lama, um "mestre do som", que lhe transmitiu o seguinte relato de sua visão da matéria:

> *Todas as coisas [...] são agregados de átomos que dançam e que, por meio de seus movimentos, produzem sons. Quando o ritmo da dança se modifica, o som que produz também se modifica. [...] Cada átomo canta incessantemente sua canção e o som, a cada momento, cria formas densas e sutis.*

A semelhança entre esta concepção e a da Física moderna torna-se particularmente notável quando nos lembramos de que o som é uma onda com uma certa freqüência que muda quando o som também muda, e que as partículas, o equivalente moderno do velho conceito de átomos, são igualmente ondas com freqüências proporcionais às suas energias. De acordo com a teoria de campo, cada partícula efetivamente "canta incessantemente sua canção", produzindo padrões rítmicos de energia (as partículas virtuais) em "formas densas e sutis".

A metáfora da dança cósmica encontrou sua expressão mais bela e profunda no Hinduísmo na imagem do deus dançarino Shiva. Entre suas várias encarnações, Shiva [...] aparece como o Rei dos Dançarinos. Segundo a crença hindu, todas as vidas são parte de um grande processo rítmico de criação e destruição [Eros e Tanatos], de morte e renascimento, e a dança de Shiva simboliza esse eterno ritmo de vida-morte, que se desdobra em ciclos intermináveis. Nas palavras de Ananda Coomaraswamy, *na noite de Brahman, a Natureza acha-se inerte e não pode dançar até que Shiva o determine: Ele se ergue de Seu êxtase e, dançando, envia através da matéria inerte ondas vibratórias do som que desperta e, vêde!, a matéria também dança, aparecendo como uma glória que o circunda. Dançando, Ele sustenta seus fenômenos multiformes. Na plenitude do tempo, dançando ainda, Ele destrói todas as formas e nomes pelo fogo e lhes concede novo repouso. Isto é poesia e, contudo, também é ciência [...].*

Figura 4.10 *Shiva Nataraja, senhor da dança (século XI, Índia).*

Para os físicos modernos, a dança de Shiva é, pois, a dança da matéria subatômica. Assim como na mitologia hindu, trata-se de uma contínua dança de criação e destruição, envolvendo a totalidade do cosmos e constituindo a base de toda a existência e de todos os fenômenos naturais. Há centenas de anos, os artistas indianos criaram imagens virtuais de Shivas dançantes em belíssimas esculturas de bronze. Em nossos dias, os físicos utilizaram a tecnologia mais avançada para retratar os padrões da dança cósmica. As fotografias das partículas em interação obtidas pelas câmaras de bolhas, que testemunham o contínuo ritmo de criação e destruição do universo, são imagens visuais da dança de Shiva, equivalendo à beleza e ao profundo significado das imagens produzidas pelos artistas indianos. A metáfora da dança cósmica unifica, assim, a antiga mitologia, a arte religiosa e a Física moderna. Na verdade [...], é "poesia e, contudo, também é ciência".

(CAPRA, Fritjof. A dança cósmica. In: *O tao da física*. São Paulo: Cultrix, 1986.)

2. [Os quatro quartetos]

[...] Alho e safiras na lama
O eixo sepulto imobilizam.
O trêmulo fio do sangue
canta sob envelhecidas
cicatrizes, apaziguando
guerras há muito esquecidas.
A dança ao longo da artéria,
a circulação da linfa
simbolizadas rodopiam
no torvelinho dos astros,
remontam no verão nas árvores.
Movemo-nos mais acima
das árvores que se movem
na luz da folha imaginada
e sobre o solo encharcado.
Embaixo, ouvimos o sabujo
e o javali perseguirem
sua forma como outrora
mas entre os astros irmanados.

No imóvel ponto do mundo que gira.

Nem só carne nem sem carne.

No imóvel ponto onde a dança é que se move,

mas nem pausa nem movimento.

E não se chame a isso fixidez,

pois passado e futuro aí se enlaçam.

Nem ida nem vinda, nem ascensão nem queda.

Exceto por esse ponto, o imóvel ponto, não haveria dança, e tudo é apenas dança.

Só posso dizer que estivemos *ali*, mas não sei onde, nem quanto tempo perdurou esse momento, pois seria situá-lo no tempo.

(ELIOT, T. S. Burnt Norton, II. In: *Poesia*. São Paulo: Nova Fronteira, 2006, p. 200-201).

Atividades

1. Entreviste um cientista, por exemplo um físico ou um biólogo, pedindo que estabeleça comparações entre os dois métodos de raciocínio científico: o *causal* e o *energético*.

2. Entreviste um atleta, um professor de educação física, um fisioterapeuta, um acupunturista e uma bailarina, procurando entender como cada um vivencia a conexão mente–corpo.

3. Pesquise símbolos que se repetem em livros de arte e mitologia.

4. Para auxiliar a psique em sua função de unir a consciência e o inconsciente, o ego deve, como vimos, desenvolver uma atitude simbólica. Uma das técnicas para isso é tentar reter um símbolo na consciência e procurar relacioná-lo com fatos e situações de sua vida. Escolha uma imagem marcante de um sonho e procure desenhá-la ou escrever um poema sobre ela.

Mantenha em sua consciência, durante alguns dias, aquilo que você produziu. Para isso, pendure o papel em um local em que possa ler o poema ou enxergar a imagem. Vá registrando as associações que fizer a partir do seu contato com o símbolo. Depois, discuta com os colegas.

5. Assista ao filme *A guerra do fogo* (Jean-Jacques Annaud, 1981) e, procedendo como ao desenvolver a atividade anterior, faça um desenho ou um poema. Depois, troque impressões com os colegas.

6. Faça um levantamento de alguns ditos populares, danças e gêneros musicais típicos de sua região, além dos hábitos e costumes a eles associados. Que símbolos aparecem predominantemente?

7. Procure analisar uma partida de futebol (ou de uma competição de outro esporte qualquer) com base nos conceitos apresentados no capítulo.

Questões

1. O que é instinto para você? Como se dá a conexão entre os instintos e a consciência?

2. O que é energia psíquica?

3. O que são o princípio da equivalência e o princípio da compensação? Exemplifique.

4. Quais são os dois movimentos básicos da energia psíquica? Para que servem?

5. Qual a diferença entre sinal e símbolo? Dê exemplos.

6. Você tem ligação especial com algum símbolo? O que ele representa para você?

7. Utilizando o trecho do poema de T. S. Eliot, discuta com seus colegas a questão do equilíbrio na polaridade consciência–inconsciente.

Para saber mais

- *As dimensões simbólicas da personalidade*, Carlos Byington. São Paulo: Ática, 1988.

- *Mahabarata*. São Paulo: Cultrix, 1988.

5. Sonhos e complexos

Gêmeas são as portas do sonho, das quais se diz que uma é de chifre e por meio dela se dá saída fácil às verdadeiras sombras; a outra, reluzente, primorosamente lavrada em branco marfim, é aquela pela qual as almas enviam à terra os falsos sonhos.

Virgílio

Esta noite eu sonhei

Nos Vedas da Índia há o seguinte diálogo entre o rei Janaka e um sábio:
– Sábio, que luz possui a pessoa aqui?
– A luz do sol, ó rei – disse ele –, porque na verdade, possuindo o sol como luz, a pessoa se senta, se movimenta, faz seu trabalho e retorna.
– Mas, e quando o sol se põe, que luz tem a pessoa?
– A lua é, então, sua luz – disse o sábio –, porque na verdade, possuindo a lua como luz, a pessoa se senta, se movimenta, faz seu trabalho e retorna.
– Mas, quando o sol e a lua se põem, que luz tem a pessoa aqui?

> – O fogo é, então, sua luz – disse ele –, porque na verdade, possuindo o fogo como luz, a pessoa se senta, se movimenta, faz seu trabalho e retorna.
> – Mas, quando o sol se põe, sábio, e a lua se põe e o fogo se apaga, que luz tem a pessoa aqui?
> – A fala é, então, sua luz. [...]
> – Mas, quando o sol se põe, sábio, e a lua se põe e o fogo se apaga e a fala é silenciada, que luz tem a pessoa aqui?
> – A alma é, então, sua luz [...] porque, na verdade, possuindo a alma como luz, a pessoa se senta, se movimenta, faz seu trabalho e retorna.
> – O que é a alma?
> – A pessoa aqui presente que, circundada pelos sentidos, é feita de conhecimento, que é a luz do coração. [...]
> – Quando vai dormir, o homem [...] sonha com o próprio brilho, com a própria luz. (VON FRANZ, 1992, p. 148).

Pela manhã, quando despertamos, ao recordar os sonhos que tivemos durante a noite, lembramos de nossa própria luz, de nossa energia traduzida em imagens e emoções.

No sonho não há tempo e espaço como aqueles com que estamos acostumados. Não existe a continuidade típica dos conteúdos conscientes. O passado mistura-se com o presente e o futuro, e encontramos "restos" de atividades que se desenvolveram durante o dia. As imagens podem ser contraditórias, fragmentárias, estranhas. Há uma combinação essencialmente fantástica de ideias.

Quanto à forma, na maioria dos sonhos em que se percebe uma estrutura definida, há uma espécie de narrativa dramática – como nos dramas clássicos da Antiguidade – que pode ser dividida em quatro partes, segundo Marie-Louise von Franz (1992, p. 77):

- *Fase* 1: Há uma exposição, indicando a cena onde se passa a ação, os protagonistas e pessoas envolvidas e, frequentemente, a situação inicial do sonhador.

- *Fase 2:* Desenvolve-se o enredo, apresentando a trama das complicações.
- *Fase 3:* Ocorre o clímax, ou *peripeteia*, quando acontece algo decisivo ou **que muda completamente o enredo**.
- *Fase 4*: Se existir, traz a solução, o resultado ou a *lysis*, revelando a situação final, que é, ao mesmo tempo, a solução "visualizada" pelo sonhador.

Marie-Louise von Franz

Psicoterapeuta fundadora do Instituto C. G. Jung de Zurique e especialista em latim medieval; trabalhou com Jung durante 28 anos, colaborando principalmente em seu estudo sobre a alquimia.

Observe, por exemplo, este sonho de uma mulher que estava vivendo uma situação difícil de separação conjugal:

> *Estou em uma casa de praia e vejo uma grande onda gigantesca se aproximar. Chamo as crianças para entrarem. Maria vem devagar mas chega a tempo e eu fecho as portas. Então, a onda cai sobre nós. Penetra por todas as rachaduras da casa e nos cerca. Estou preocupada com meu filho que está na praia e fico imaginando se ele conseguiu escapar. Sei que todos os banhistas estão mortos. Não há como escapar e digo a mim mesma: "Então é assim". Não sinto um pânico real. Como é impossível escapar, simplesmente é assim que acontecem as coisas. Mas, então, a água retrocede. Corremos pela casa, procurando tapar as rachaduras. Há um furo no teto, além de muitas rachaduras nas paredes. [...] Vem outra onda. Ela bate acima de nós e ao nosso redor, mas desta vez a sala não é inundada e a cabana não é levantada e atirada ao chão. Começamos a correr antes que venha a próxima onda. Abro a porta dos fundos e ali está um velho amigo, a quem não via há anos. Abraço-o com alegria e alívio. [...] O lugar está sombrio e a lama forma uma grossa camada sobre a areia. Vejo a sorte que tivemos e estou muito contente por causa do homem que apareceu para nos tirar dali.* (EDINGER, 1990, p. 87-88).

Vamos identificar nesse sonho as quatro fases descritas anteriormente:

- *Exposição*: A mulher está com os filhos em uma casa de praia e uma enorme onda se aproxima.

- *Enredo*: As paredes apresentam rachaduras, há um furo no teto; a situação se complica, uma onda invade a casa, mas depois retrocede; os banhistas morreram, o filho não apareceu.

- *Clímax*: Outra onda se aproxima; a mulher e a filha tentam tapar os buracos; dessa vez a onda passa por cima da casa; elas começam a fugir; o momento é de muita tensão.

- *Lysis:* Finalmente, ao sair pela porta dos fundos, elas são salvas por um velho amigo e a situação se acalma.

Às vezes, não é tão fácil distinguir as fases de um sonho, como neste, por exemplo, de um homem com pouco mais de trinta anos:

> *Estou sentado diante de um antigo entalhe que representa a crucifixão. É de metal, mas parcialmente recoberto por uma substância semelhante à cera que me leva a descobrir a presença de castiçais acima dele, um de cada lado; percebo que devo acendê-los e fazer a cera cair sobre o entalhe, bem como que isso tem a ver com o alimento ritual que estou prestes a comer.*
> *Acendo os castiçais e a cera desce, penetrando na fôrma vazia da crucifixão. Quando esta se acha cheia, tiro-a da parede acima de mim e começo a minha refeição. Tirei a cabeça da imagem, formada pelo preenchimento do entalhe, e a estou comendo. É uma substância semelhante ao chumbo – bastante pesada – e começo a imaginar se posso digeri-la. Imagino se os seres humanos podem digerir chumbo. Percebo que comemos um pouco todo dia e que também comemos prata. Penso, portanto, que é uma coisa que se pode comer sem problemas, mas tenho medo de comer demais. O sonho termina quando faço a refeição.* (EDINGER, 1992, p. 132).

A linguagem onírica nos parece, muitas vezes, obscura. Isso porque contrasta com a linguagem da consciência, que funciona analisando, separando, explicando, esclarecendo. É como se a luz da consciência ofuscasse a mensagem do sonho, "da mesma maneira que ao acendermos uma lâmpada elétrica, mal enxergamos uma lamparina" (VON FRANZ, 1992, p. 78).

Devido a esse contraste, há perda do material onírico e o sonho acaba não fazendo sentido. Tendemos a ignorá-lo ou, então, nos justificamos: "Sonhei com minha vizinha, porque a encontrei ontem" ou "Sonhei com um leão, pois ontem à noite assisti a um programa sobre o mundo animal na televisão" etc.

> Você se lembra de algum sonho recente e emocionante? Procure identificar as quatro fases em seu sonho, prestando atenção àquela parte que tem mais brilho, que emociona mais. Essa parte costuma conter o clímax do sonho.

Sonhamos com o professor da última aula do dia anterior, com outras pessoas conhecidas, com heróis da televisão, a pessoa amada, e também com coisas e pessoas completamente desconhecidas, que nunca vimos. Mas, entre tantas pessoas que encontramos e tantas imagens que vimos na rua e na televisão, por que o sonho escolhe determinadas figuras e não outras? Considerando que o sonho não é mero produto do acaso, *para que* sonhamos?

Figura 5.1 *Yasuo Kuniyoshi,* Dream *(1922).*

A função dos sonhos

Sigmund Freud, o pioneiro na exploração do inconsciente por meio da análise dos sonhos, descobriu, empiricamente, que a atividade onírica não é mero produto do acaso, mas liga-se a determinados problemas e ideias conscientes. Com a publicação de seu livro *Interpretação dos sonhos*, em 1900, Freud inaugurou um novo paradigma na medicina e na psiquiatria.

Refletindo um pouco, nos damos conta de que temos uma percepção limitada da realidade. Muitas vezes necessitamos de instrumentos científicos para conhecer melhor as coisas. Por exemplo, não somos capazes de enxergar algo muito pequeno ou situado a uma distância muito grande. Além disso, por mais sofisticados que sejam os telescópios e microscópios de que dispomos, nosso poder de conhecimento consciente é limitado.

E, quanto mais de perto examinamos as ocupações ou preocupações do dia a dia, mais vago se torna o significado e a importância emocional que elas têm para nós. Entretanto, percepções, pensamentos e sentimentos não valorizados e não registrados pela consciência, passando despercebidos quando estamos despertos, nos são revelados pelas imagens dos sonhos.

O sonho funciona como um regulador do equilíbrio psíquico. Pode-se afirmar que seu significado principal é estabelecer uma relação entre a vida consciente e a inconsciente. A imagem onírica é um símbolo que liga o ego do sonhador aos aspectos não percebidos dos acontecimentos, aqueles com os quais ele não tomou contato quando desperto.

Assim como nosso corpo reage a infecções, manifestando, por exemplo, uma febre, as funções psíquicas também reagem a distúrbios e perigos por meio dos sonhos. Sabe-se hoje que, se uma pessoa for impedida de sonhar, ela adoece. Podemos não nos lembrar do sonho, mas todos nós sempre sonhamos.

Em um período de mais ou menos oito horas de sono, há até quatro fases nas quais a pessoa sonha. Correspondem à fase de sono REM (*Rapid Eyes Movement*, "movimento rápido dos olhos"). Quem observar uma pessoa dormindo, notará que, em determinados períodos do sono, seus olhos movem-se rapidamente sob as pálpebras, mostrando uma espécie de tremor. Se for acordada nessa situação, a pessoa poderá relatar um sonho.

Contendo o complemento inconsciente da consciência, isto é, o material que a situação consciente constelou no inconsciente, os sonhos podem exercer uma grande influência sobre a vida mental consciente, produzindo alterações de humor. Quem já não passou um dia inteiro irritado ou chateado, após sonhar com algo desagradável, ou, ao contrário, acordou com muita energia, depois de um sonho maravilhoso? E não é horrível quando somos acordados na melhor parte do sonho?

A volta do desejo reprimido

De acordo com Freud, se o psicoterapeuta encorajar o sonhador a comentar as imagens de seus sonhos sem a preocupação de julgar as associações que faz, o motivo inconsciente de seus desejos reprimidos acaba por "se entregar". Esse motivo apareceria disfarçado no sonho. Por trás do conteúdo manifesto da imagem onírica existiria um conteúdo latente.

Freud desenvolveu a técnica da associação livre, por meio da qual, a partir de uma determinada imagem, a pessoa, deitada no divã, era instruída a deixar sair tudo o que lhe viesse à mente, por mais absurdo, esquisito ou vergonhoso que lhe parecesse. Como para Freud, energia psíquica e energia sexual significavam a mesma coisa, todos os conteúdos oníricos apresentariam um matiz sexual: se o sonho apresentasse a imagem de algum objeto pontiagudo, como um guarda-chuva, este seria interpretado como "pênis"; movimentos como uma "porta batendo ritmicamente" designariam o "ato sexual". A partir dessa interpretação, o sonho era decomposto em uma continuidade para trás: as verdadeiras causas de tais imagens seriam procuradas nos desejos sexuais reprimidos da infância. Esse método de interpretação é denominado *redutivo* ou *causal*: cada estrutura psíquica é o resultado de conteúdos psíquicos antecedentes.

Jung não discordava de Freud e também via o sonho em relação à vida consciente. Para ele, "nós sonhamos com nossas questões e dificuldades"

(JUNG, 1984, p. 3). Entretanto, ele não concordava com a ideia de que o sonho disfarça algo. Para ele, o sonho é uma manifestação natural, sendo a melhor expressão de si mesmo. Como símbolos da psique, os sonhos falariam por si e não pretenderiam significar "outra" coisa. Se, por exemplo, sonho com um leão, o leão é, antes de tudo, um leão. Não um leão genérico, mas *aquele* leão. Interpretá-lo como força, realeza animal, agressividade, arrogância, ambição, inveja ou desejo sexual vai depender de vários fatores.

É importante nos relacionarmos com o símbolo como ele é, pois o "roteirista" que produziu a sequência de imagens oníricas, mesmo que fragmentada, não colocou determinadas imagens juntas aleatoriamente. Existe uma intencionalidade. Nada na psique acontece por acaso. Antecipando o futuro desenvolvimento da personalidade, o sonho indica, de maneira simbólica, para onde está se dirigindo a energia psíquica. É o que Jung denominou *função prospectiva* dos sonhos.

Figura 5.2 *Tivadar Kosztka Csontváry, Cedro solitário (1907).*

A função compensatória

Segundo Jung, os símbolos que surgem no sonho contêm o complemento inconsciente da consciência e têm por objetivo a compensação da unilateralidade, dos erros, desvios e atalhos da atitude consciente. O inconsciente encarrega-se de registrar e fazer aflorar o que a consciência deixou passar despercebido. A esse procedimento Jung denominou *função compensatória*, do latim *compensare*, que significa "igualar", "balancear e comparar diferentes dados e pontos de vista, a fim de produzir um ajuste ou retificação".

Um jovem estudante de teologia, envolvido em uma crise de fé, relatou a Jung o seguinte sonho:

> *Vejo-me como o pupilo de um mago branco vestido de negro. Após instruir-me até um determinado ponto, o mago branco me indicou a necessidade de continuar meu aprendizado com o mago negro. Este, então, surge vestido de branco e me declara que havia encontrado as chaves do paraíso, mas precisava da sabedoria do mago branco para poder utilizá-las* (JUNG, 1969b, parágrafo 398).

Jung interpretou esse sonho como contendo o problema dos opostos, que, na filosofia taoista, encontrou uma solução muito diversa daquela que se costuma dar no Ocidente. Em contraste com a visão cristã, o taoísmo relativizou o bem e o mal, considerando-os forças, *yin* e *yang*. As duas figuras do sonho representam imagens do inconsciente coletivo que correspondem à natureza impessoal do problema religioso que opõe o bem ao mal. Por meio do sonho o inconsciente estaria alertando: "Olhe melhor! Um lado necessita do outro. O lado bom contém a semente do mal, e o lado ruim contém a semente do bem".

A maneira como a compensação funciona não é única: depende de cada situação e de como o indivíduo encara e lida com seus problemas. Como disse Jung (1968b, parágrafo 29), "a máscara do inconsciente não é rígida... reflete a face que lhe voltamos. Hostilidade lhe confere um caráter ameaçador, amabilidade suaviza suas feições".

Existem três maneiras de um sonho exercer a função compensatória, e estas têm a ver com a atitude consciente do indivíduo em relação a sua situação de vida.

- Quando a atitude consciente é muito unilateral, ou seja, muito radical, a compensação costuma ser mais evidente. Nesse caso, ocorre uma franca oposição à atitude consciente, surgindo os pesadelos ou sintomas. O inconsciente, então, toma o partido do lado oposto – aquele que foi reprimido –, revestindo os personagens do sonho com características negativas e "repudiando" o sonhador de maneira dolorosa. (Como no caso de uma paciente de Jung, aristocrática e arrogante, que sonhou com mulheres de pescadores, todas sujas, e prostitutas bêbadas; ou de um rapaz extremamente mimado e ligado à mãe, que tinha sonhos em que ela aparecia como uma bruxa ou um demônio que o perseguia.)

- Se a consciência estiver tendo uma atitude mais moderada nas situações da vida, ocorrem, nos sonhos, modificações sutis. Caso a consciência não registre a mensagem do sonho, este pode repetir-se, alertando o sonhador. São os sonhos recorrentes.

- Se a atitude consciente for adequada, a compensação pode até coincidir com ela e enfatizar as tendências e conteúdos da consciência. Nesse caso, os sonhos produziriam um reforço da atitude consciente.

Quando o sonho entra na consciência

Todo símbolo que se transforma em memória ou pensamento deixa de ser símbolo e passa a fazer parte da consciência. Isto é, a carga afetiva ligada à imagem é integrada à consciência, produzindo um efeito transformador. Dizemos que o símbolo foi *assimilado*. No entanto, quando se reduz apressadamente o significado de um sonho, interpretando-o de forma simplista, corre-se o risco de que ele nada acrescente à vida da pessoa.

Eventualmente, o sonho pode também alertar-nos sobre o perigo representado por nossas atitudes na vida real. Uma senhora bastante autoritária, que tinha um estilo de vida muito acima de suas possibilidades, procurou Jung porque estava tendo sonhos muito desagradáveis. Como ela insistia em não admitir o significado desses sonhos, as imagens foram se tornando cada vez mais ameaçadoras. Caminhadas que ela costumava fazer sozinha em um bosque, onde se entregava às suas fantasias, apareciam nos sonhos como uma situação ameaçadora, alertando-a para o perigo. Mas, indiferente aos "avisos" de seus sonhos, ela continuou a passear sozinha por esse bosque. Certa vez, ocorreu uma sincronicidade: durante um de seus passeios, foi atacada por um maníaco sexual. Por sorte, ela pôde ser socorrida por algumas pessoas que por ali passavam e ouviram seus gritos (JUNG, 1992, p. 50).

Tanto há quem subestima o valor de um sonho, como quem supervaloriza sua análise em detrimento da vida real. Uma pessoa pode ficar fascinada pelas imagens de seus sonhos e achar que *elas* é que irão dar conta de sua vida e resolver todos os seus problemas. Muitos acreditam que o sonho contém um propósito moral ou que ele adverte, repreende, conforta ou prediz o futuro. Isso não pode ser tomado como regra. A interpretação correta de um sonho depende sempre de muitos fatores. Cada situação deve ser vista e analisada considerando-se especificamente o sonhador e seu contexto de vida. Acreditando que o inconsciente sempre sabe mais que o consciente, podemos nos enganar. E se deixarmos que os sonhos nos indiquem as decisões a tomar, podemos nos desapontar, pois às vezes eles são triviais e desprovidos de sentido para o ego. As decisões cabem ao ego, que, para tomá-las, pode recorrer às imagens oníricas, mas como um elemento auxiliar.

Como, para muitas pessoas, os sonhos, em geral, não exercem influência radical na consciência, a compensação acontece subterraneamente no inconsciente e não tem efeito imediato. Entretanto, podemos aumentar seu efeito se os compreendermos. Durante um trabalho de psicoterapia profunda é realizada a elaboração simbólica dos conteúdos e das emoções despertadas pelo sonho. Como diz o *dictum* alquímico, "o que a natureza deixa imperfeito é aperfeiçoado pela arte".

Os grandes sonhos

Como vimos, a compensação visa, geralmente, o estabelecimento de um balanço psicológico normal, funcionando como uma espécie de autorregulador do sistema psíquico. Mas seu papel não é somente promover uma correção na consciência. Às vezes, ocorrem sonhos extremamente marcantes, que acabam tendo um profundo efeito transformador na personalidade. Para Jung, são momentos nos quais as leis universais do destino humano irrompem sobre os propósitos, expectativas e opiniões da consciência pessoal. Tais sonhos costumam ocorrer durante as fases críticas: antes da puberdade e na adolescência, na metade da vida e perto da morte.

Santa Perpétua, no ano de 203, antes de ser martirizada na arena de Cartago, teve o seguinte sonho:

> *Vi uma escada de bronze, de tamanho miraculoso, que alcançava o céu e era tão estreita que só uma pessoa de cada vez podia subir por ela. Em ambos os lados da escada, havia todo tipo de implementos de ferro – espadas, lanças, ganchos, adagas e arpões –, de maneira que os descuidados ou aqueles que não se mantivessem eretos enquanto subiam eram feitos em pedaços e ali ficavam, dependurados. Abaixo da escada, um gigantesco dragão, à espera daqueles que subiam, os assustava, pondo-os em fuga. Mas Sáturo subiu antes de mim [...] e, ao atingir o topo da escada, voltou-se para mim e disse: "Perpétua, estou te segurando, mas não deixe que o dragão te morda". E eu respondi: "Ele não me fará mal, em nome de Jesus Cristo".*
>
> *E o dragão retirou lentamente sua cabeça da parte inferior da escada, como se tivesse medo de mim e eu pisei nele, como se estivesse pisando o primeiro degrau da escada, e atingi o topo. Vi um vasto jardim e, sentado em seu centro, um alto homem grisalho, em roupas de pastor, ordenhava ovelhas, tendo ao seu redor muitos milhares de pessoas, vestidas de branco. E ele levantou a cabeça, olhou para mim e disse: "Que bom que tenhas vindo, filha". Ele me chamou para perto de si e me estendeu uma porção de queijo que obtinha. Eu o peguei com as mãos em concha e comi. E todos aqueles que se encontravam ao seu redor disseram: "Amém". Ao som dessa invocação acordei e tive consciência de ainda estar comendo algo doce*

que não sei o que era. E contei imediatamente essa visão ao meu irmão e compreendemos que ela significava a paixão vindoura. A partir daquele momento, passamos a não mais depositar esperanças neste mundo. (EDINGER, 1990, p. 155-156).

Jung fazia uma distinção entre esse tipo de sonhos e os do dia a dia, comparando-os à diferença que os elgonis da África Central veem entre os pequenos sonhos, do homem comum, e os grandes sonhos, ou grandes visões, do pajé ou do curandeiro, aqueles de importância coletiva, contados para toda a tribo. Pequenos sonhos são aqueles fragmentos noturnos de fantasia provenientes do campo da experiência pessoal ou subjetiva e cujo significado limita-se às ocorrências do dia a dia e às flutuações do balanço psíquico cotidiano. Os chamados *grandes sonhos* provêm das camadas mais profundas do inconsciente, o inconsciente coletivo, que contém imagens mitológicas, encontradas na história mental da humanidade. Segundo Jung, eles seriam estações na rota do processo de individuação. Ciente de sua importância coletiva, o sonhador, em geral, sente-se impelido a contá-los aos outros.

Antigamente, os sonhos tinham um papel social. Em Atenas, na Grécia antiga, o poeta Sófocles sonhou com um homem que roubara um vaso de ouro do templo de Héracles e o escondera em um determinado lugar. A princípio, ele não deu muita atenção ao sonho; mas, com sua repetição por mais duas vezes, achou que talvez os deuses estivessem querendo lhe comunicar algo importante. Então, foi ao aerópago (senado) e contou seu sonho recorrente. Uma busca foi realizada, o ladrão foi achado e o vaso recuperado (JUNG, 1984, p. 5).

O estado original e a crença em espíritos

Se a consciência estiver muito próxima do inconsciente, seu funcionamento estará sujeito a uma influência maior deste, pois o ego – centro da consciência – terá dificuldade para estabelecer a diferença entre sujeito e objeto.

A identidade entre sujeito e objeto provocada pela proximidade entre a consciência e o inconsciente é o estado original das coisas, que o antropólogo Lévy-Bruhl chamou de *participação mística*. É o modo de funcionar da mente da criança pequena, podendo ocorrer também com os artistas quando estão criando. Em algumas pessoas, essa identidade entre sujeito e objeto pode tornar-se um obstáculo à adaptação, como é o caso dos psicóticos e dos adultos em fusão com o ambiente. O mesmo ocorre nos estados de paixão ou de êxtase provocado por drogas.

Jung entendia que, nas mentes de funcionamento arcaico (ver explicação à p. 195 sobre *Imagem arcaica*), a imagem dos parentes é inconscientemente projetada. Quando eles morrem, a projeção continua a exercer influência, comportando-se como um espírito independente que retorna nos sonhos durante a noite. Quanto mais inconscientes de nossas projeções estivermos, maior será o número de "espíritos" ou **imagos** (ver glossário) que nos visitarão, pois trata-se de uma composição de elementos psíquicos derivados de nós mesmos. Daí nascem as superstições e os preconceitos.

Uma parte minha no outro

Dizemos que ocorreu uma projeção quando um conteúdo inconsciente surge no exterior, em um objeto ou em uma pessoa qualquer. Segundo Freud, projetamos somente os desejos e os impulsos reprimidos; já para Jung, qualquer conteúdo inconsciente pode ser projetado involuntariamente sobre um objeto externo.

Devido à projeção, quase sempre acreditamos que o outro é como o vemos, inconscientes de que nas relações pessoais cria-se uma imagem que apenas em parte corresponde àquilo que ele é de fato. Vemos nos outros características de comportamento que são nossas, boas e más, e que não percebemos em nós mesmos. Tendemos a considerar que o mundo é aquilo que vemos, do mesmo modo que, ingenuamente, supomos serem as pessoas o que imaginamos que elas são. Assim, a projeção transforma o mundo em uma réplica da face desconhecida de cada um, o que gera desentendimentos contínuos entre pessoas e grupos.

> Quantas daquelas críticas que costumamos fazer não dizem respeito, na verdade, muito mais a nossos próprios defeitos do que às pessoas que criticamos?
>
> Pode ser desconfortante, mas tente fazer uma lista de algumas das características que você detesta em uma pessoa próxima (pai, mãe, irmão, irmã, namorado, namorada). Escolha meia dúzia de características. Depois, reflita um pouco e responda sinceramente: você nunca se flagrou nessas atitudes que abomina?
>
> Mas lembre-se de que não projetamos apenas nossos defeitos. Muitas vezes, projetamos também nossas qualidades. Faça o mesmo exercício de reflexão com relação a alguém que você idolatra. Será que você não possui as qualidades que costuma observar e invejar nos outros?

Só é possível evitar confusão se reconhecermos como projeções de nossas próprias características de personalidade os defeitos ou as qualidades que tão facilmente enxergamos nos outros. Um bom exemplo de projeção é a paixão. Ela quase sempre é o resultado de uma projeção gigantesca feita sobre uma ideologia ou uma pessoa, a quem se endeusa ou se idolatra. Quando acaba, aparece uma grande discrepância entre a visão que se tinha do outro e aquilo que ele realmente é.

Complexos: a pedra no nosso sapato

Você já deve ter ouvido alguém dizer "fulano é complexado" ou "aquele sujeito tem complexo de inferioridade (ou de superioridade)". Ultimamente, as livrarias propagaram alguns novos complexos: de Peter Pan, o menino que não queria crescer; de Cassandra, a mulher intuitiva mas incapaz de se fazer acreditar etc. Essa palavrinha **complexo**, que passou para nossa linguagem do dia a dia, foi introduzida por Jung para definir determinados temas emocionais que, não conscientizados, nos atrapalham, e muito.

O interesse de Jung pelo estudo dos complexos nasceu de um acontecimento curioso. Certa vez, um colega contou-lhe sobre uma experiência que tivera durante uma longa viagem de trem pela Rússia. Embora desconhecesse o alfabeto cirílico (russo), ele começou a divagar em torno dos anúncios que avistava nas estações por onde passava. Praticando, involuntariamente, uma livre associação, entrou em um estado de devaneio, no qual imaginava toda espécie de significados para aquelas palavras. Uma ideia foi levando a outra e, como se estivesse tendo um sonho, embora acordado, muitas lembranças antigas começaram a emergir. Algumas situações desconfortantes, havia tempo esquecidas, voltaram à tona. Conteúdos que ele conseguira apagar tinham, para sua surpresa, retornado.

Tal relato inspirou Jung, que, nessa época, trabalhando como assistente de Bleuler na clínica psiquiátrica de Burghölzli, havia se tornado um perito na realização de experimentos de associação com palavras.

Experimentos de associação com palavras

Jung realizava os testes de associação com palavras (publicados no volume 2 de suas *Obras completas*, sob o título *Estudos experimentais*) com o intuito de pesquisar a estrutura psicológica da esquizofrenia. Nesses experimentos, o paciente deve associar a primeira palavra que lhe ocorre a algumas palavras-estímulo que o pesquisador vai apresentando. Registra-se o tempo que a pessoa demora para responder e observam-se as repetições e falhas nas respostas.

A partir dessas experiências, Jung descobriu que o inconsciente tem certa autonomia, sendo capaz de se impor à mente consciente. Essa autonomia é que fazia com que a pessoa dissesse coisas que não queria dizer conscientemente. Tais perturbações indicariam que a palavra-estímulo havia atingido um ponto sensível do inconsciente da pessoa. Os atos-falhos e lapsos de linguagem têm a ver com isso.

Suas observações levaram-no a descobrir no inconsciente um núcleo funcionando como uma espécie de ímã, com capacidade de atrair conteúdos da consciência para perto de si. Esse núcleo central seria constituído pelo arquétipo, ao redor do qual orbitam numerosas associações e ideias de conteúdo afetivo, dotadas de uma grande quantidade de energia psíquica acumulada. A esse conjunto, Jung denominou *complexo*.

> É possível alcançar o centro [do complexo] diretamente, de qualquer ponto de uma circunferência, seja a partir de um sonho, do alfabeto cirílico, das meditações sobre uma bola de cristal, de um moinho de orações lamaístas, de um quadro de pintor moderno ou, até mesmo, de um bate-papo ocasional. (JUNG, 1992, p. 28).

Os complexos atrapalham nossa vida consciente

Na prática, surgem dois problemas fundamentais decorrentes de nossos complexos. O fato de uma parte da totalidade da psique ser excluída da consciência é um axioma da psicologia profunda. Essa parte é inativada só aparentemente. Trata-se da nossa Sombra, onde estão os complexos que arquitetam os sonhos e pesadelos, produzem os sintomas neuróticos, nos induzem a cometer erros, a ter brancos na memória, a praticar atos falhos, a nos colocarmos em situações constrangedoras.

É possível comparar os complexos inconscientes com os espíritos que, de acordo com as crenças populares, atormentam os vivos. Para Jung, muito do que compõe o folclore e faz parte da cultura popular sobre peças que os espíritos pregam nos vivos, corresponde a comunicações emanadas do mundo inferior da psique. Nesse sentido, os complexos têm uma verdadeira autonomia, parecendo contar com vontade própria e com uma personalidade independente. Seriam o que algumas tribos indígenas chamam de *almas parciais*, ou os demônios, dos quais na Idade Média as pessoas eram possuídas. Têm relação com a figura do saci-pererê, que entra na cozinha quando a dona da casa não está e faz a maior bagunça. Ou com a cuca, que assusta os viajantes nas estradas, ou com o lobisomem, que surge nas noites de lua cheia. Convém lembrar aqui o que Jung comentou a respeito das mentes de funcionamento arcaico. Essas figuras são *imagos* – composições de elementos psíquicos derivados de nós mesmos –, e, quanto mais inconscientes estivermos das projeções de nossos conteúdos psíquicos, maior será o número de "espíritos" que nos visitarão.

Situações ou imagens corriqueiras podem nos levar a ter contato com nossos complexos. Tratando-se dos pontos sensíveis da psique, os complexos são como os nossos órgãos feridos, que reagem rápida e intensamente aos estímulos e perturbações externas. De fato, são a pedra no nosso sapato, a nossa ferida. Por essa razão, a maneira mais rápida, apesar de mais dolorosa, de percebermos um complexo é ficarmos atentos às situações em que somos levados por algum afeto.

Sempre que uma emoção nos domina, é sinal de que algum complexo foi ativado. Jung dizia que não somos nós que possuímos um complexo, ele é que nos possui. Enquanto o complexo estiver no inconsciente, isto é, enquanto não estivermos conscientes dele, estaremos sob seu poder, sujeitos às reações mais irracionais. Os complexos do inconsciente nos visitam entrando pela porta dos fundos, invadindo nossa intimidade nas horas mais inoportunas. Seu propósito é o de nos revelar o que menos gostamos de ver em nós mesmos: nossa Sombra.

São os amigos e as pessoas mais íntimas os que costumam enxergá-la e, mais facilmente, apontá-la. Se alguém nos faz ou nos fala algo que toca nossa Sombra, ficamos possuídos pela raiva, pela vergonha ou pelo medo. Ficamos sob tempestades emocionais, imersos em paixões que se voltam contra nós mesmos ou contra quem denunciou nosso lado sombrio, escondido da consciência. Nossa reação é devolver a crítica, manifestar intolerância, preconceito, acalentar desejos de vingança e, às vezes, aprontar muita confusão. Ou, então, ruborizamos, ou gelamos. Às vezes, também engasgamos, tossimos, emburramos. É comum, ao longo de nossas vidas, repetirem-se as situações e as reações de desconforto motivadas por nossos complexos. Quantas vezes voltamos a ter procedimentos que havíamos jurado nunca mais repetir? Nossos complexos nos levam a ter atitudes inadequadas, a falhar com os amigos, a fazer o que não queríamos. Finalmente, após inumeráveis confrontos com nossos erros, defeitos e inferioridades, nos livramos de sua influência. Ou, como dizia Jung, eles um dia nos abandonam.

Projetamos nossos complexos nos outros

Quanto menos consciente, mais facilmente determinado complexo é projetado em pessoas do mundo exterior que, de certa maneira, dizem respeito a características que ele apresenta. Enquanto forem construtivas, ajudando na adaptação ao mundo, as projeções terão um papel positivo. Pode-se mesmo dizer que o indivíduo com certo grau de autonomia mantém as projeções favoráveis à mão, evitando as desfavoráveis.

A projeção dos complexos pode ser construtiva em determinadas fases do desenvolvimento da personalidade. Em certos casos, pode causar problemas nas relações pessoais. Sempre que uma nova diferenciação entre sujeito e objeto se fizer necessária, o ego terá que se confrontar com o aspecto inconsciente que estava projetado no objeto e tentar integrar as projeções em sua própria personalidade.

Imagine, por exemplo, uma mulher extremamente ambiciosa, porém sem consciência desse aspecto de sua personalidade (que ficará armazenado na Sombra). Ela se apaixona e se casa com um homem muito rico, poderoso e bem-sucedido. Caso se acomode e passe a viver seus desejos ambiciosos por intermédio dele, podemos dizer que sua Sombra está projetada no marido. Enquanto durar o relacionamento, ela talvez não entre conscientemente em contato com seu lado sombrio, que permanecerá projetado. Mas, no momento em que houver uma crise na relação, a mulher deverá confrontar-se com seus desejos ambiciosos não elaborados e buscar algum meio de realizá-los por si mesma.

Um homem extremamente sensível, não consciente de sua sensibilidade, apaixona-se por uma artista plástica, passando a viver seu lado artístico projetado nela. Cedo ou tarde ele irá confrontar-se com sua Sombra e deverá desenvolver sua sensibilidade.

No caso de uma pessoa neurótica, sua relação com o mundo ao redor é tão intensa que ela não pode evitar que as projeções negativas de seus complexos sejam feitas sobre os objetos mais próximos, levando a conflitos. Por ser inconsciente, o valor dos objetos que contêm as projeções dos complexos é exagerado. Quantas vezes uma banalidade qualquer, uma pequena diferença de opinião ou uma simples contrariedade não transforma a relação entre duas pessoas em uma verdadeira guerra? O neurótico é forçado a se conscientizar dessas projeções, a reconhecer que o inimigo está dentro dele e não fora.

O mesmo não ocorre com o indivíduo em sintonia consigo mesmo, embora suas projeções sejam também perigosamente ilusórias.

Se uma pessoa ou um objeto se tornam alvo de alguma de nossas projeções, eles passam a ser portadores de nossas imagens e de nossos símbolos. Dessa forma, o objeto exterior assume as características do nosso complexo inconsciente e começa a exercer, de maneira mágica, pela via do inconsciente, uma influência direta sobre nós. Por meio do mecanismo da projeção, passamos a ver nossos aspectos inconscientes fora de nós e temos a ilusão de que nos livramos deles. Desse modo, há duas "vantagens": achamos que tais aspectos inconscientes não nos dizem respeito e, portanto, não nos sentimos obrigados a lidar com eles.

Você certamente conhece pessoas muito desconfiadas, que implicam com os outros o tempo todo e sem motivo aparente. É muito comum vermos um complexo projetado atuando de maneira neurótica nas fobias. Por exemplo, imagine uma pessoa que tem medo de gatos. Podemos dizer que, de maneira "mágica", algum complexo dessa pessoa foi associado a gato. Apavorada diante da possibilidade de contato com seu complexo inconsciente, ela fará de tudo para nunca cruzar com gatos. (Qualquer objeto pode ser depositário de nossos complexos.)

No relacionamento entre duas pessoas, a projeção dos complexos também pode trazer toda sorte de mal-entendidos. É comum cada um projetar no outro os próprios complexos. Por isso, quase sempre a separação dos casais é muito penosa, mesmo quando ambos querem terminar a relação. Cada um precisaria enxergar seus próprios complexos inconscientes projetados no outro, mas, em geral, nessa hora um acusa o outro de não admitir as próprias falhas, transformando-se em verdadeiros inimigos.

Um momento de crise em um relacionamento pode ser uma boa oportunidade para as pessoas tentarem identificar seus complexos, percebendo as projeções feitas sobre o outro. De fato, o desligamento completo e definitivo em relação à pessoa ou ao objeto que recebeu as projeções inconscientes só é possível quando o que foi projetado puder "voltar para casa", isto é, quando o valor simbólico que havia sido depositado na pessoa ou no objeto puder, por meio da conscientização, retornar ao sujeito, juntamente com seu significado. A única maneira de evitarmos as projeções é conscientizando-nos de nossos complexos e confrontando-os. Como afirmou Jung, o caminho da diferenciação da consciência e do ego deve, obrigatoriamente, passar pelo desligamento dos *imagos* que atribuem aos objetos um significado exagerado. Com o desligamento, o sujeito recupera a energia psíquica inconsciente e dissociada da qual ele necessita para seu desenvolvimento.

Em síntese, pode-se dizer que o complexo inconsciente nem sempre é um inimigo atroz, pois, embora crie situações desagradáveis, ajuda a pessoa a conhecer-se. Como diz o ditado popular, há males que vêm para bem. O inconsciente pode tornar-se nosso melhor aliado se formos capazes de aceitar suas mensagens, uma vez que em nossa Sombra estão também presentes os aspectos sadios e criativos de nossa personalidade que ainda não se desenvolveram.

Leitura complementar

1. [Sonho do aposento vermelho]

Pao Yu sonhou que estava em um jardim idêntico ao de sua casa. Será possível – disse – que haja um jardim idêntico ao meu? Acercaram-se dele umas donzelas. Pao Yu, atônito, disse a si mesmo: "Alguém possuirá donzelas iguais a Hsi-Yen, a Pin-Erh e a todas as da casa?". Uma das donzelas exclamou: "Aí está Pao Yu. Como terá chegado até aqui?". Pao Yu pensou que o haviam reconhecido. Adiantou-se e lhes disse: "Estava caminhando e, por casualidade, cheguei até aqui. Caminhemos um pouco". As donzelas riram. "Que desatino! Confundimos-te com Pao Yu, nosso amo, porém não és tão garboso como ele." Eram donzelas de outro Pao Yu. "Queridas irmãs" – lhes disse – "eu sou Pao Yu. Quem é vosso amo?". "É Pao Yu" – responderam. "Seus pais lhe deram esse nome, composto dos caracteres Pao (precioso) e Yu (jade), para que sua vida fosse longa e feliz. Quem és tu para usurpar seu nome?" E se foram, rindo.

Pao Yu ficou abatido. "Nunca me trataram tão mal. Por que me detestaram as donzelas? Existirá, de fato, outro Pao Yu? Tenho que averiguar." Movido por esses pensamentos, chegou até um pátio que lhe era familiar. Subiu a escada e entrou em seu quarto. Viu um jovem deitado; ao lado da cama, rindo, umas mocinhas realizavam tarefas domésticas. O jovem suspirava. Uma donzela lhe disse: "Que sonhas, Pao Yu? Estás aflito?". "Tive um sonho muito esquisito. Sonhei que estava em um jardim e que vocês não me reconheciam e me deixavam só. Eu as segui até a casa e me encontrei com outro Pao Yu dormindo em minha cama." Ao ouvir o diálogo, Pao Yu não se conteve e exclamou: "Vim em busca de um Pao Yu; és tu?". O jovem levantou-se e o abraçou, gritando: "Não era um sonho; tu és Pao Yu". Do jardim, uma voz chamou: "Pao Yu!". Os dois Pao Yu estremeceram. O sonhador se foi; o outro dizia: "Volta logo, Pao Yu". Pao Yu despertou. Sua donzela Hsi-Yen lhe perguntou: "Que sonhavas, Pao Yu? Estás aflito?". "Tive um sonho muito esquisito. Sonhei que estava em um jardim e que vocês não me reconheciam..."

> (HSUE-KING, Tsao. Sonho infinito de Pao Yu ou Sonho do aposento vermelho. In: BORGES, Jorge Luis. *Livro dos sonhos.* São Paulo: Difel, 1979, p. 13-14).

2. [José interpreta o sonho do faraó]

Dois anos depois sucedeu que Faraó teve um sonho: ele estava de pé junto ao Nilo e viu subir do Nilo sete vacas de bela aparência e bem cevadas, que pastavam nos juncos. E eis que atrás delas subiram do Nilo outras sete vacas, feias de aparência e mal alimentadas, e se alinharam ao lado das primeiras, na margem do Nilo. E as vacas feias de aparência e mal alimentadas devoraram as sete vacas bem cevadas e belas de aparência. Então Faraó acordou.

Ele tornou a dormir e teve um segundo sonho: sete espigas subiam de uma mesma haste, granosas e belas. Mas eis que sete espigas mirradas e queimadas pelo vento granosas e cheias. Então Faraó acordou: era um sonho! [...]

Então Faraó mandou chamar José, e depressa ele foi trazido da prisão. Ele se barbeou, mudou de roupa e se apresentou diante de Faraó. Faraó disse a

José: "Eu tive um sonho e ninguém pode interpretá-lo. Mas ouvi dizer de ti que quando ouves um sonho podes interpretá-lo". José respondeu a Faraó: "Eu não conto! É Deus quem dará a Faraó uma resposta favorável [...]

"Deus mostrou ao Faraó o que vai realizar: eis que vêm sete anos em que haverá grande abundância em toda a terra do Egito; depois lhes sucederão sete anos de fome e se esquecerá toda a abundância na terra do Egito; a fome esgotará o país, e não mais se saberá o que era abundância no país, em face dessa fome que se seguirá, pois ela será duríssima. E se o sonho de Faraó se renovou duas vezes, é porque o fato está bem decidido da parte de Deus e Deus tem pressa em realizá-lo.

"Agora, que Faraó escolha um homem inteligente e sábio e o estabeleça sobre a terra do Egito. Que o Faraó aja e institua funcionários no país, tome a quinta parte dos produtos da terra do Egito durante os sete anos de abundância, e eles reúnam todos os víveres desses bons anos que vêm, armazenem o trigo sob a autoridade de Faraó, coloquem os víveres nas cidades e os guardem. Esses víveres servirão de reserva ao país para os sete anos de fome que se abaterão sobre a Terra do Egito, e o país não será exterminado pela fome."

(BÍBLIA, V.T. Gênesis. Português. Bíblia Sagrada. São Paulo: Paulinas, 1985. Cap. 41, vers. 33).

3. [Provérbios e cantares]

Ontem eu sonhei que via a Deus e que a Deus falava; e sonhei que Deus me ouvia. Depois sonhei que sonhava.

À noite sonhei que ouvia a Deus, gritando-me: Alerta! Logo era Deus quem dormia e eu gritava: Desperta!

(MACHADO, Antonio apud BORGES, J. L. *Livro dos sonhos*. São Paulo: Difel, 1979, p. 137).

Atividades

1. Faça uma experiência semelhante à que teve o amigo de Jung (citado no tópico "Complexos: a pedra no nosso sapato"). Escolha uma figura de revista, de preferência colorida e com muitos detalhes (por exemplo, uma fotografia aérea de uma cidade, uma paisagem, uma praia), e sente-se, relaxadamente, olhando-a. Procure deixar a mente livre e, tentando não conduzir suas ideias, atenha-se às suas memórias... deixe acontecer... e, se visualizar cenas pouco agradáveis, não se assuste. Procure registrar algumas das lembranças. Faça isso em grupo. Depois, troque impressões com os colegas.

2. Você, por acaso, já teve um grande sonho, cheio de imagens mitológicas? Inspirado na figura a seguir, crie a história de um sonho. Poderá tratar-se de um pequeno sonho, de caráter mais pessoal, ou de um grande sonho, de caráter mais coletivo e mitológico.

Figura 5.3 *Antonio Pereda, O sonho do cavaleiro (1640).*

Fonte: Wikimedia Commons

3. Procure aplicar o conceito de função compensatória ao material surgido nas atividades 1 e 2. Lembre-se de que, como regra, há três modos de os sonhos compensarem as atitudes conscientes.

4. Há um filme conhecido no qual a projeção de complexos em um relacionamento se torna doentia: *Lua de fel* (Roman Polansky). Assista ao filme e, utilizando os conceitos do capítulo, levante questões para debate.

5. Sugerimos que você assista a outros dois filmes que tratam de temas relacionados ao capítulo: *Dormindo com o inimigo* (Joseph Ruben) e *Sonhos* (Akira Kurosawa).

Questões

1. Descreva resumidamente as quatro fases em que se dá a narrativa dramática de um sonho, citando um exemplo.

2. Qual é a função principal dos sonhos?

3. Descreva sucintamente os três principais modos pelos quais os sonhos realizam a função compensatória.

4. O que é projeção? Quando uma projeção pode tornar-se um problema?

5. O que é complexo? De que maneira um complexo pode interferir em nossa vida consciente?

Para saber mais

- *Livro dos sonhos*, Jorge Luis Borges. São Paulo: Difel, 1979.
- *Manifestos do surrealismo*, André Breton. São Paulo: Brasiliense, 1985.
- *O ar e os sonhos*, G. Bachelard. São Paulo: Martins Fontes, 1990.
- *Hoje à noite eu sonhei*, Medard Boss. São Paulo: Summus, 1979.

- *Interpretação dos sonhos*, Sigmund Freud. Rio de Janeiro: Imago, 1987.
- *O homem e seus símbolos*, Carl G. Jung. Rio de Janeiro: Nova Fronteira, 1992.
- *As mil e uma noites* (contos), René R. Khawan (org.). 8 v. São Paulo: Brasiliense, 1990.

6. Arquétipos e inconsciente coletivo

Não se pode chegar aos limites da alma caminhando;
mesmo que se percorra às pressas todas as ruas,
seu sentido é por demais profundo.

Heráclito

Raízes comuns a todos

Desde a mais tenra infância, Jung costumava ter sonhos povoados de imagens mitológicas, que não conseguia explicar simplesmente como memórias pessoais. Muitos anos depois, ele encontrou situações paralelas a essas imagens na história das religiões.

Quando começou a clinicar, observou que imagens mitológicas típicas costumavam ocorrer em sonhos e visões de pessoas que nunca tinham tido acesso a tal conhecimento. Um de seus pacientes, esquizofrênico, tinha alucinações nas quais enxergava um fálus ereto no sol. Em seu delírio, o paciente achava que, ao mover sua cabeça para os lados, "o fálus também se moveria, produzindo o vento" (JUNG, Símbolos, p. 151). Na época, Jung não fazia a menor ideia a respeito da fonte na qual se inspirariam tais visões. Alguns anos depois, deparou-se com um antigo texto sobre o mitraísmo, religião de mistérios da época helenística (século I a.C.) que cultuava o Sol. No texto, encontrou uma passagem que descrevia, de modo exato, a visão que seu paciente tivera: "pode-se observar, pendendo do disco solar, uma espécie de tubo, que é a origem do vento". (JUNG, 1967a, parágrafo 149). Certamente o paciente não poderia ter entrado em contato com tais escritos, desconhecidos e não traduzidos até então. Além disso, tratava-se de um homem simples, que tinha apenas o Ensino Fundamental completo.

A partir de suas próprias experiências e das experiências de seus pacientes, Jung foi percebendo que, além das memórias pessoais, estão presentes no inconsciente de cada indivíduo outro tipo de fantasia: as constituintes das possibilidades herdadas da imaginação humana. Tais estruturas, inatas e capazes de formar ideias mitológicas, foram denominadas *arquétipos*. O mundo dos arquétipos é o mundo invisível dos espíritos, deuses, demônios, vampiros, duendes, heróis, monstros e todos os personagens das épocas passadas da humanidade sobre os quais foi depositada forte carga de afetividade.

Os arquétipos constituem uma espécie de matriz, uma raiz comum a toda a humanidade e da qual emerge a consciência. Essa descoberta significou o reconhecimento de duas camadas no inconsciente: a *pessoal* e a *impessoal*, ou *transpessoal*, o *inconsciente coletivo*.

> *Lado a lado com as fontes pessoais, a fantasia criativa também desenterra a mente primitiva com suas imagens, encontradas nas mitologias de todas as épocas e de todos os povos. A totalidade dessas imagens constitui o inconsciente coletivo, uma herança potencialmente presente em todos os indivíduos. Trata-se do correlato psíquico da diferenciação do cérebro humano.* (JUNG, 1967a, p. XXIX).

Nós já nascemos com o inconsciente coletivo e criamos o inconsciente pessoal depois do nascimento. Sendo o depósito e, ao mesmo tempo, a condição da experiência do homem, o inconsciente coletivo é a camada mais profunda do inconsciente e corresponde a uma imagem do mundo que levou eras e eras para se formar. Nessa imagem cristalizaram-se os arquétipos ou as leis e princípios dominantes e típicos dos eventos que ocorreram no ciclo de experiências da alma humana.

Não podemos ver o inconsciente coletivo. Podemos apenas inferir sua existência, a partir das várias imagens e símbolos que, independentemente de raça ou cultura, surgem de modo recorrente nos mitos, nos contos de fadas, nos sonhos e no folclore de todas as épocas e lugares. O inconsciente coletivo é, em si mesmo, um campo invisível que pode tornar-se visível em situações específicas.

Imagem arcaica

Para diferenciar as imagens coletivas provenientes dos arquétipos das imagens de caráter pessoal, Jung denominou primordial toda imagem que tem paralelos mitológicos de caráter coletivo e arcaico. Segundo ele, arcaico "tem o sentido de relíquia e representa todos aqueles traços que possuem as qualidades do modo de pensar inconsciente" (1971, parágrafo 684). Assim, são arcaicos:

- o pensamento associativo e a fantasia;

- a identidade entre o eu e os objetos, ou a participação mística;

- a fusão de funções psicológicas, como sentir e pensar ao mesmo tempo;

- o pensamento e o sentimento concretos;

- os estados de êxtase e de possessão.

Figura 6.1 *Dançarinos Zulu.*

Representações coletivas inconscientes

Arquétipos são conceitos vazios, não preenchidos. São formas universais coletivas, básicas e típicas da vivência de determinadas experiências recorrentes, que expressam a capacidade criativa única e autônoma da psique. São conteúdos coletivos todos os instintos e formas básicas de pensamento e sentimento, tudo aquilo que consideramos universal e que pertence ao senso comum.

Se imaginarmos a psique como um enorme campo eletromagnético, os arquétipos seriam como "núcleos ativados dentro desse campo, cuja função seria organizar representações simbólicas em determinados padrões de comportamento" (VON FRANZ, 1992, p. 104). Desse modo, eles nos predispõem a experimentar a vida de acordo com alguns padrões estabelecidos na psique. Por seu intermédio, somos levados a repetir certas situações típicas de comportamento e adquirir determinadas experiências. Entretanto, o arquétipo não é uma experiência que se herda, mas o potencial de repetição dessa experiência. Como diz Von Franz (1992a, p. 106), os arquétipos são "dinamismos [...] que criam as representações coletivas conscientes, sem contudo ser idênticos a elas". Eles formam os símbolos ao revestirem-se das experiências do indivíduo, tanto conscientes quanto inconscientes.

Por meio dos símbolos, os arquétipos mostram como a energia psíquica percorreu seu curso invariável iniciado em tempos imemoriais. Jung comparou o arquétipo ao leito de um rio por onde flui a energia psíquica do homem. Ele não apenas dá expressão à energia psíquica, como também possibilita e organiza sua manifestação fornecendo um significado simbólico que integra a percepção sensorial externa às vivências internas, liberando a energia psíquica e guiando nossas ações de acordo com esse significado.

Desse modo, o arquétipo canaliza o instinto puro para formas mentais, fazendo a conexão entre natureza e espírito. Como contrapartida do instinto, ele é o precursor da ideia, ou seja, o princípio de uma determinada experiência concreta.

Jung comparou o conceito de arquétipo com o conceito platônico de ideia, descrito no mito da caverna em *A república*: aquilo que o homem enxerga na entrada da caverna, acreditando que se trata de coisas reais, nada mais são que sombras de figuras projetadas nas paredes interiores. Acima do ilusório mundo das formas que os sentidos veem, existe o mundo das ideias gerais, consideradas essências imutáveis. Para Jung, as essências imutáveis descritas por Platão seriam comparáveis aos arquétipos.

Figura 6.2 *O mito da caverna.*

A comparação feita por Jung leva a considerar que o arquétipo não provém dos fatos físicos. Por meio de nossas imagens, o arquétipo mostra a maneira como a psique experimenta as ocorrências físicas, tratando-se, assim, de impressões produzidas por reações subjetivas. Como tudo o que há na psique, o arquétipo é uma entidade bipolar que abrange tanto a dimensão biológica quanto a espiritual. Assim, as imagens arquetípicas ou imagens primordiais podem ser tomadas metaforicamente como conceitos intuitivos dos fenômenos físicos.

O pano de fundo de nossas experiências

Muito mais do que gostaríamos de admitir ou sonhar, pode-se dizer que vivemos arquetipicamente, isto é, somos guiados, queiramos ou não, por arquétipos.

Todos nós possuímos uma predisposição arquetípica para desempenhar papéis (mãe, pai, filho, filha, irmão, irmã, amigo, amiga, professor, aluno etc.). Impulsionados pelos arquétipos, fazemos escolhas, criamos, enfrentamos heroica, ou covardemente, as mais diversas situações. Com loucura ou sabedoria respondemos às várias solicitações da vida.

Como já vimos, o que é herdado não é a experiência, e sim o potencial para experimentar papéis e situações de uma determinada maneira. Um arquétipo não é idêntico a suas manifestações, mas funciona como um pano de fundo da experiência. São as experiências do indivíduo que irão preenchê-lo. Por isso, sua forma muda continuamente. Pode-se compará-lo a "um vaso que nunca podemos esvaziar nem preencher totalmente" (JUNG, 1969b, parágrafo 301). Não podemos conhecer um arquétipo, apenas perceber suas manifestações, que tomam basicamente a forma de metáforas. As manifestações do arquétipo são princípios organizadores que facilitam a compreensão da experiência.

A numinosidade do arquétipo

Os arquétipos não são conceitos com valor apenas teórico. Ganham vida em nossa experiência concreta quando se manifestam em nossa tonalidade emocional particular. Nós os experienciamos por meio das imagens dos sonhos e fantasias e dos vários rituais que desempenhamos ao longo da vida, nas projeções ou na carga afetiva de um complexo. Sempre que surge um determinado arquétipo em um sonho, em uma fantasia ou na vida, devido à sua carga energética própria, ele traz consigo certo poder de influência, exercido por meio de um efeito **numinoso** (ver glossário) ou fascinante. O efeito numinoso é a tonalidade emocional que leva o indivíduo a agir como se estivesse possuído por um instinto ou demônio desenfreado. Imagine alguém "loucamente" apaixonado... É a força do arquétipo que se manifesta.

Figura 6.3 *Gustav Doré,* Rosa Celeste: Dante e Beatriz contemplam o mais alto dos céus, o Empíreo *(século XIX): o fascínio provocado pela energia do arquétipo.*

A energia específica de um arquétipo, quando este é ativado, atrai, como que por imantação, conteúdos da consciência, acumulando em torno de si as ideias e experiências emocionais que compõem o complexo pessoal. Como vimos, o complexo é dotado de carga energética, conferida por um arquétipo situado em seu núcleo central.

Um arquétipo pode ser ativado no indivíduo quando este se vê em uma situação ou próximo de uma pessoa que apresente similaridade com ele.

Por exemplo, a mãe ou a pessoa que estiver cuidando de uma criança pequena ou amamentando-a tem uma conduta própria do arquétipo da **Grande Mãe**. Este é a configuração da maternidade, ou seja, representa a maneira típica como as experiências da maternidade foram acumuladas na psique humana desde tempos imemoriais. Como foi dito, essa representação universal reveste-se de peculiaridades próprias da cultura, tempo e lugar em que o arquétipo se manifesta.

Para que essa experiência se desenvolva de maneira saudável, é necessário, primeiro, que se esteja em contato com pessoas e em situações apropriadas (rituais) para a ativação do arquétipo e, segundo, que tais pessoas e situações estejam de alguma forma em sintonia com o funcionamento predeterminado do arquétipo.

O bebê, ao mesmo tempo que vivência o arquétipo da Grande Mãe no contato íntimo com a própria mãe, vai desenvolvendo seu complexo materno, que reunirá todas as experiências, emoções e imagens correlatas, boas e más, dessa fase de desenvolvimento. O complexo materno diz respeito tanto à experiência do bebê relativa ao arquétipo da Grande Mãe quanto à experiência do relacionamento com a própria mãe. Posteriormente esse complexo materno poderá ser projetado em figuras femininas próximas, como a irmã, a namorada, a professora ou, então, em instituições, como a Igreja, a escola, o partido político.

O mesmo se dá com a figura do pai: vivenciando o arquétipo do Pai no contato íntimo com o próprio pai ou com uma figura que desempenhe tal papel, o bebê vai desenvolvendo seu complexo paterno, que, posteriormente, poderá ser transferido ao irmão, professor, namorado e figuras que representem a autoridade. Isso é válido tanto para os meninos quanto para as meninas. Assim, ma, ma-ma, mami, mamãe, mãe, má, pá, pa-pá, papi, pai, papai, são manifestações dos arquétipos parentais.

Figura 6.4 *O arquétipo da Grande Mãe é ativado em situações apropriadas.*

O arquétipo pode trazer a cura ou o veneno

Quando atuam positivamente, os arquétipos estão por trás de toda atividade criadora humana, sendo fonte de inspiração nas artes e nas ciências, dando forma a ideias e imagens características de um determinado momento cultural. Muitas vezes, inspirado por um arquétipo, o indivíduo pode ter a experiência de uma revelação, iluminação ou achar que teve uma ideia redentora.

> A seguir, veja alguns exemplos de situações e experiências nas quais você poderá identificar alguns arquétipos e sua atuação positiva. Como exercício, procure perceber o significado de cada uma dessas situações e experiências arquetípicas.
>
> - Lembre-se de sua primeira paixão. Imagine-se dentro da mais heroica missão ou tente recordar-se de algum sonho maravilhoso.

> - Coloque-se no lugar de um líder famoso de uma banda musical ou dos jogadores de futebol ao conquistar o pentacampeonato de futebol.
> - Tente sentir a emoção do astronauta que pisou pela primeira vez na Lua ou de algum atleta que quebrou um recorde olímpico.
> - Imagine que você é um cientista que descobriu a cura para a aids, um grande reformador, como Gandhi, ou um artista famoso.

Quando atua de maneira negativa, o arquétipo manifesta-se como rigidez, fanatismo e possessão. Por exemplo, conforme Jung mostrou, na psique dos milhares de pessoas que aderiram ao movimento nacional-socialista alemão, "a antiga imagem arquetípica de Wotan, o deus da mitologia germânica, tinha sido reativada resultando em um estado de possessão guerreira" (VON FRANZ, 1992a, p. 109). Para ele, o holocausto provocado pelo nazismo foi uma espécie de psicose coletiva, na qual o arquétipo do mal emergiu e foi projetado pelos nazistas sobre os judeus e outras minorias, que se tornaram seus bodes expiatórios.

Podemos comparar a consciência e o ego com a flor e o fruto de uma planta cujas raízes fincam-se profundamente nos arquétipos, que representariam a porção do solo de onde as raízes da planta retiram seus nutrientes básicos. O conjunto das camadas mais profundas do solo representa o inconsciente coletivo. Quanto mais unilateral e rígida for a consciência, ou seja, quanto menor o contato da flor e do fruto com suas raízes, menores serão suas chances de adaptação.

> Procure agora vivenciar alguns arquétipos em seu lado destrutivo.
>
> Imagine-se um ditador em guerra, um inquisidor caçando bruxas na Idade Média, um terrorista, um pregador religioso fanático ou um canibal fazendo um sacrifício humano.

Se o ego do indivíduo não for capaz de integrar a consciência às suas raízes, se ele não for capaz de reconhecer o arquétipo, este formará um complexo que será projetado para fora e o inimigo passará a ser visto nos outros. Pode-se dizer que a projeção do arquétipo do mal sobre o outro está presente em todas as formas de racismo. Muitas das guerras ideológicas e perseguições religiosas do passado e do presente devem-se a esse estado de possessão.

Um exemplo claro de possessão exercida pelos arquétipos do inconsciente coletivo pode ser visto nos sintomas agudos de uma psicose. Os arquétipos, com sua força, invadem a consciência e tomam o lugar do ego. O sujeito passa a se sentir dotado de poderes extraordinários, podendo considerar-se o salvador do mundo, um profeta, ou achar que se comunica com seres extraterrestres. Ou, então, vê-se extremamente ameaçado e perseguido por forças do mal, monstros e demônios de toda ordem.

Não podemos nos esquecer de que um arquétipo nunca se esgota nem pode ser reduzido a uma fórmula qualquer. Mesmo as melhores interpretações são apenas tentativas de explicá-lo; são traduções razoáveis em uma linguagem metafórica. Uma boa tradução de um arquétipo implica a possibilidade de fazer uma conexão significativa entre a consciência e o inconsciente, por meio da compreensão e integração do símbolo criado por ele. Sendo um órgão psíquico vital ao nosso equilíbrio, o arquétipo pode fornecer tanto o veneno quanto a cura. Uma falha cometida pelo ego na tradução do arquétipo resultará em uma atitude que lhe será inadequada, como se o arquétipo respondesse com uma injúria ao tradutor. Uma tradução adequada trará a inspiração criativa e a transformação.

Do ponto de vista empírico, os arquétipos mais caracterizados são aqueles que, com frequência maior, afetam o ego: Grande Mãe, Pai, Persona, Sombra, *Anima*, *Animus*, Herói e Self (Si-Mesmo).

Lembre-se de que todos eles são estruturas bipolares, que apresentam aspectos criativos e estruturantes e aspectos negativos e destruidores. Para a totalidade psíquica não existe a noção de Bem e Mal que a nossa consciência e a moral judaico-cristã costumam impor. Vejamos agora suas principais características.

Persona

Do mesmo modo que o indivíduo não é um ser único e separado, sendo também um ser social, a psique humana não é fechada como um fenômeno individual; ela também é coletiva. A personalidade consciente seria um segmento da psique coletiva, consistindo em um conjunto de atributos da consciência coletiva vivenciados como pertences pessoais: nome, títulos, nível socioeconômico, *status* e outras características sociais. Esse segmento arbitrário da psique coletiva é o que Jung denominou **Persona**. A palavra vem do grego e representava originalmente a máscara usada pelos atores para indicar o papel que eles representavam.

Figura 6.5 *Aborígene australiano: a Persona pode ser uma extensão de nosso ser social.*

Como máscara, o arquétipo da Persona diz respeito principalmente ao que é esperado socialmente de uma pessoa e à maneira como ela acredita que deva parecer ser. Trata-se de um compromisso entre o indivíduo e a sociedade.

Funcionando como uma roupagem do ego, a Persona tem a importante função de anunciar aos outros como determinada pessoa deseja ser vista. Muitas vezes, o sucesso da adaptação social vai depender da Persona adequada. Por exemplo, nas sociedades não letradas, é a máscara que diferencia o curandeiro ou xamã do restante da tribo. Sendo conhecedor de rituais secretos, o xamã segrega-se do resto da comunidade e cria seu modo de vida, expressivo de seu papel social. Sua capacidade de identificar-se com sua máscara e seus ornamentos implica prestígio mágico e está diretamente ligada ao sucesso de sua posição.

Quando, por exemplo, identifico-me com minha roupa, escola, trabalho ou profissão, estou funcionando como o curandeiro em relação a seus apetrechos, como se eu fosse a totalidade dos complexos fatores que dão forma a minha Persona, como se esta fosse uma extensão do meu ser. Há sempre algo de individual na escolha e no delineamento de uma determinada Persona. A maneira como nos vestimos e nos movimentamos, nossa postura corporal e tudo o que fazemos voltados para o exterior relaciona-se a esse arquétipo. Sabemos que roupas, joias e ornamentos, adereços, tatuagem, jaqueta ou tênis são importantes como afirmação da identidade. Ao mesmo tempo que nos vestir como os demais nos assegura um lugar em um determinado grupo, a criatividade ligada a pequenas nuances e variações fornece um significado pessoal e expressa nossa marca registrada. Esse jeito de ser diz respeito ao aprendizado das regras sociais e à maneira como cada um lida com elas. Por exemplo, cumprimentar com um aperto de mão, com um abraço, com um, dois ou três beijos, além de ser expressão de afeto, pode ter a ver com a Persona.

A máscara pode tanto expressar como esconder

Desde muito cedo, aprendemos a nos moldar às expectativas dos pais, dos professores e da sociedade. Por uma série de razões adaptativas, por necessidade de segurança e de afeto, vamos selecionando qualidades e traços que consideramos desejáveis e mais adequados. Nossa capacidade de aprendizado por meio da imitação e da sugestão são de grande utilidade para tais propósitos.

É muito comum vermos pessoas que se comportam de um jeito em casa e de outro no trabalho, na escola ou com os amigos. São duas Personas. Por outro lado, há aqueles que apresentam muitas máscaras até por falta de uma. É o caso dos "camaleões", que vão a um determinado lugar e misturam-se com o ambiente, procurando imitar os outros. O filme *Zelig*, de Woody Allen, exemplifica muito bem essa situação.

A Persona ideal é flexível, permite adequação a diferentes situações sociais. Teoricamente, quanto mais "roupas" soubermos usar, maiores chances de adaptação teremos. Isso, porém, desde que, ao mesmo tempo, essas máscaras possam responder também às características de nossa personalidade que estão por trás do ego, na Sombra. A Persona pode contribuir tanto para o desempenho brilhante de uma pessoa carismática quanto para o desempenho de um charlatão. Há políticos e pessoas importantes que, por intermédio de sua Persona, são capazes de arrebanhar milhares de votos, mas, depois de eleitos, mostram o lado escondido sob a máscara. Você conhece alguém assim?

A Persona costuma estar presente em declarações do tipo "Quem manda aqui sou eu!", "Eu sou durão!", "Quem você pensa que é?", "Sou um homem de verdade", "Sei que sou sensual", "Sou artista", "Sou bonita", "Sou inteligente", "Você sabe com quem está falando?", e assim por diante.

Mas ela também se manifesta em expressões como "Ninguém gosta de mim porque sou pobre", "Sou um joão-ninguém", "Ninguém me ama, ninguém me quer", "Sou um simples empregado", "Não sou desejada". É a Persona do coitadinho. Na maioria das vezes em que em pregamos o verbo *ser*, devemos estar atentos para não confundir nossa verdadeira identidade como pessoas com os papéis que adotamos socialmente.

A Persona pode encobrir nossa verdadeira natureza e esconder as características que não costumam ser aceitas e que tendemos a rejeitar. Isso se torna um problema quando a máscara estiver compensando nossas deficiências e funcionando de modo a criar uma falsa imagem de nós mesmos. É o que ocorre quando, por razões neuróticas, uma pessoa assume um papel social inadequado ou tenta manter uma imagem que não condiz com a sua individualidade, identificando-se com sua máscara para esconder suas dificuldades e defeitos. Nesse caso, dizemos que a imagem está grudada à máscara. O romance *O retrato de Dorian Gray*, de Oscar Wilde, é um bom exemplo. Vale a pena ler.

Apesar da identificação do ego e da consciência com a Persona, o Si-Mesmo inconsciente, que é a personalidade autêntica, está sempre presente e se faz sentir, direta ou indiretamente, por meio da função compensatória do inconsciente.

Para dar um exemplo da identificação do ego com o arquétipo da Persona, Nise da Silveira, renomada analista junguiana brasileira, cita um conto de Machado de Assis, *O espelho*. Após apresentar a teoria de que o homem possui duas almas – uma que olha de dentro para fora e outra que olha de fora para dentro –, o narrador conta o caso de um jovem que, ao ser nomeado alferes da Guarda Nacional, identificou-se de tal maneira com sua patente que o militar eliminou o homem.

Certo dia, vendo-se obrigado a permanecer sozinho em uma casa de campo onde não havia sequer uma pessoa para prestar-lhe as devidas honrarias, o alferes sentiu-se completamente vazio. Até sua imagem no espelho tornou-se enfumaçada e sem contorno. Isso o levou ao pânico. Desesperado, o alferes lembrou-se de vestir a farda. "O vidro, então, reproduziu a figura integral, nenhuma linha a menos, nenhum contorno diverso; era eu mesmo, o alferes que achava, enfim, a alma exterior" (SILVEIRA, 1983, p. 90-1).

Quando analisamos a Persona, desconstruímos a máscara, descobrimos que aquilo que parecia ser individual é, na verdade, coletivo. Alcançamos, então, a Sombra da personalidade. Mas isso não é nada fácil, porque "quanto mais a Persona aderir à pele do ator, mais dolorosa será a operação psicológica para despi-la" (SILVEIRA, 1983, p. 91).

Sombra: o avesso do avesso?

A Sombra possui algo de especial: é um dos arquétipos que mais influenciam o ego. O nome é bem sugestivo, pois faz pensar naqueles conteúdos privados da luz da consciência. Uma vez que esses conteúdos são algo que já pertenceu algum dia à consciência, o ego sente, inconscientemente, que está em débito com tais aspectos negligenciados. Por essa razão, negligenciar nossa própria Sombra nos traz um sentimento de culpa.

De modo geral, a Sombra desenvolve-se com qualidades que se opõem às da Persona, com a qual mantém uma relação compensatória. Por isso, nos sonhos, esse arquétipo costuma aparecer personificado em figuras dotadas de atributos negativos ou características sinistras, opostas àquelas socialmente aceitas. A Sombra também pode surgir na forma de um animal, um monstro ou uma força destrutiva.

Em geral, tendemos a esconder e a afastar de nossa consciência e dos outros tudo o que é demoníaco em nós mesmos: sentimentos de poder, ideias cruéis e assassinas, impulsos asquerosos e ações moralmente condenáveis. Ou, então, escondemos aquilo que a cultura considera feio e desadaptado, nossas fraquezas e os sentimentos que podem trazer frustração: inveja, cobiça, ambição, ciúme, desamparo, impotência, derrota, solidão, sofrimento. Escondemos também a dor de conviver com esses sentimentos.

Figura 6.6 *Hieronymus Bosch,* Os sete pecados capitais e os quatro novíssimos do homem (c. 1500): *tendemos a esconder e a negar o que é temido em nós.*

Os aspectos da personalidade menos valorizados são nossas inferioridades, ou nossos complexos afetivos, que têm, como vimos, uma natureza emocional, uma espécie de autonomia ou vida própria e, consequentemente, um poder de possessão. Como os complexos dizem respeito, geralmente, aos setores em que a adaptação é mais frágil, isto é, àqueles em que há certo grau de subdesenvolvimento da personalidade, a vivência da própria Sombra costuma ser dolorosa. Nesse nível inferior, as emoções costumam ser mais descontroladas, nos comportamos de modo mais arcaico, sendo, muitas vezes, incapazes de julgamento e autocrítica. Tornamo-nos vítimas de nossos próprios complexos afetivos.

Vamos ver o caso de um rapaz de dezesseis anos que procurou Jung. Ele havia tido um pesadelo, que se repetira duas vezes, no qual a Sombra aparecia representada na figura do diabo:

> *Estou andando em uma rua desconhecida. Está escuro e ouço passos atrás de mim. Amedrontado, me apresso. Os passos aproximam-se e meu medo aumenta. Começo a correr, mas parece que os passos vão alcançar-me. Finalmente, ao me virar, defronto-me com o diabo. Aterrorizado, salto no ar e permaneço em suspensão.* (JUNG, 1967b, parágrafo 285).

Após esse sonho, o jovem desenvolveu uma grave neurose obsessiva: passou a ter manias de limpeza e a praticar rituais, seguindo uma rigorosa observância de regras. Ocupado com os rituais de limpeza, ele se colocava em um estado provisório e incontaminado de pureza, "em suspensão", invalidando todas as suas relações com o mundo. Sem os rituais, entrava em um estado de alta ansiedade.

Jung interpretou o sonho da seguinte maneira: caso o jovem desejasse descer novamente à terra, deveria fazer um pacto com o diabo. Ou seja, entrar em contato com sua própria Sombra, nesse caso personificada em uma figura com significado coletivo, a representação de todo o pecado e de todo o mal.

A dificuldade em lidar com o arquétipo da Sombra é que, em vez de reconhecer nossas próprias "diabruras" e deficiências, preferimos preservar nossa imagem idealizada de bonzinhos. Assim, para lidar com a Sombra é preciso, em primeiro lugar, levarmos seriamente em conta sua existência e aceitá-la. Depois, estaremos informados a respeito de suas intenções e qualidades, pois, no dizer de Jung, uma pessoa não se ilumina simplesmente imaginando figuras de luz, mas iluminando a escuridão. E, para isso, é necessário que façamos com nossa Sombra várias negociações, muitas vezes longas e difíceis.

Figura 6.7 *Caravaggio,* Cabeça de medusa *(c. 1597):*
a difícil negociação com os aspectos não iluminados da Sombra.

As várias maneiras de lidar com a Sombra

Vários são os recursos ou expedientes que o ego utiliza para não se confrontar com a Sombra. São os mecanismos de defesa inconscientes, como a projeção, a negação e a repressão, que atuam mantendo os conteúdos da Sombra dissociados da consciência. Falemos um pouco de cada um desses mecanismos.

- A projeção, da qual já tratamos, é extremamente atraente para o ego. Por meio dela, "descobrimos" onde está o mal que nos aflige: fora, no outro! É sempre o chefe, a namorada ou namorado, o pai ou a mãe, o sistema, a economia ou o governo o responsável por nossos males.

- A negação é um mecanismo mais arcaico, sem nenhuma elaboração. É usado, por exemplo, pela criança pequena: basta fechar os olhos para afastar o bicho-papão ou qualquer outro monstro ou fantasma ameaçador. Faz parecer que a ameaça não existe mais. Simplesmente nega-se a existência do problema.

- A repressão funciona como um porteiro que só deixa passar convidados portadores de senha. Esse mecanismo de defesa expulsa da consciência aquilo que não lhe convém, mantendo os conteúdos excluídos no inconsciente.

Figura 6.8 *A Projeção / A Negação / A Repressão.*

Após várias tentativas de excluir os conteúdos da Sombra, tais estratégias defensivas podem começar a falhar, e a pessoa vê-se obrigada a perceber que o custo para mantê-los afastados da consciência é elevado. Surgem, então, sentimentos de culpa, ansiedade ou depressão, além da manifestação de uma série de sintomas corporais. Essa é uma das principais razões pelas quais várias pessoas procuram a psicoterapia.

Quanto maior a repressão, mais forte e atuante ela será. Como mostra o conto *O estranho caso de Dr. Jekyll e Mr. Hyde*, de Robert Louis Stevenson, que o escreveu em três dias inspirado por um sonho. Tratava-se de um médico respeitável e bondoso que tinha dupla personalidade, sendo seu outro lado capaz de toda espécie de maldades.

Mas nem sempre ocorre cisão entre o ego e a Sombra, como no caso do personagem de Stevenson. O mais comum é projetarmos inconscientemente a Sombra em alguém, em alguma situação, em uma instituição ou em um objeto qualquer.

Com a projeção, há uma grande **resistência** (ver glossário) à assimilação da Sombra. Como vimos, a causa de uma determinada emoção é colocada fora, e, com isso, a pessoa acha que a Sombra não lhe diz respeito. No entanto, a projeção faz a pessoa isolar-se de seu ambiente, levando-a a um sentimento de incompletude, pois sua relação com o meio que a circunda passa a não ser real, mas ilusória. Cria-se um círculo vicioso, com o sentimento de vazio aumentando o isolamento. Quanto mais a pessoa ataca ou critica sua projeção inconsciente, mais a projeção se volta contra ela, criando situações de embaraço ou desconforto.

De acordo com Jung, "o homem que não atravessa o inferno de suas paixões também não as supera. Elas se mudam para a casa vizinha e poderão atear o fogo que atingirá sua casa sem que ele perceba". Se abandonarmos a Sombra, deixando-a de lado, corremos o risco de vê-la ressurgir com violência redobrada. Esse ressurgir é o exemplo mais comum de função compensatória inconsciente.

Entretanto, despir-se da roupagem e da máscara protetora da Persona para olhar cruamente no espelho o homem primitivo que há dentro de nós implica um ato de coragem. Por essa razão, confrontar a Sombra e torná-la consciente requer um considerável esforço moral.

Figura 6.9 *Algumas maneiras de lidar com a Sombra.*

Nem sempre, porém, a Sombra apresenta os aspectos negativos da personalidade. Muitas vezes, pode ocorrer de as qualidades positivas da personalidade terem sido reprimidas, ou porque as condições externas foram desfavoráveis ou porque o próprio ego as desprezou, por preconceito ou baixa auto-estima.

O encontro com a Sombra é uma das passagens essenciais na análise junguiana, pois por meio dele é que os complexos poderão ser integrados, as projeções retiradas e a energia necessária para o desenvolvimento do ego restituída. Em nossa Sombra é que se encontram as ferramentas e os tesouros necessários ao desenvolvimento de nossa personalidade. Ao ser confrontada, a Sombra diminui seu poder e seu tamanho e pode tornar-se uma força positiva, um aliado. Ou seja, nossa Sombra pode tornar-se um bom inimigo, aquele que nos desperta para o nosso lado obscuro, possibilitando-nos aprender com nossos erros. Como disse Goethe, "nossos amigos nos mostram o que podemos fazer, nossos inimigos nos ensinam o que devemos fazer".

Quanto mais conscientes nos tornamos com o autoconhecimento, se com isso mudamos nosso modo de agir, menos espessa vai ficando a camada do inconsciente pessoal, ou seja, nossa Sombra. Com isso emerge uma consciência não mais egoisticamente aprisionada pelos desejos, temores, esperanças e ambições pessoais que sempre necessitam de uma compensação inconsciente, uma consciência que passa a ser uma função de relação, participando livremente no mundo dos interesses objetivos.

Anima e Animus: *ponte para o inconsciente*

Algumas características físicas e hormônios do homem estão presentes no corpo da mulher e vice-versa. Esse fato biológico expressa-se também psicologicamente: ambos os sexos contêm elementos um do outro. Assim, no inconsciente de cada homem encontra-se uma personalidade feminina, e no de cada mulher, uma personalidade masculina.

A descoberta de Jung é relatada em suas *Memórias*. Certo dia, naquela fase crítica de seu confronto com o inconsciente, quando fazia anotações sobre suas fantasias, ouviu dentro de si uma voz feminina. Ficou extremamente intrigado com a voz de uma mulher que provinha de seu íntimo, misturando-se a seus pensamentos.

> *Refleti que se tratava da alma, no sentido original do termo. Compreendi posteriormente que essa figuração feminina em mim correspondia a uma personificação típica no inconsciente do homem e designei-a pelo termo* Anima. *À figura correspondente, no inconsciente da mulher, chamei* Animus. (JUNG, 1978, p. 165).

Como personificação do princípio feminino no inconsciente do homem, a *Anima* condensa as experiências que o homem teve relacionando-se com a mulher ao longo de milênios. Como toda imagem inconsciente, ela estará inicialmente projetada, e a primeira mulher que recebe a projeção da *Anima* é a mãe, ou qualquer pessoa que desempenhe tal papel. Com o crescimento, essa imagem poderá ser transferida à professora, à irmã, a uma atriz, a uma cantora e, principalmente, à namorada ou esposa.

Em toda projeção há sempre algum exagero. Assim, existe uma desproporção entre a mulher amada, como ela é, de fato, e a fantasia criada pela *Anima*, o que pode trazer decepções e criar complicações em um relacionamento a dois, principalmente se o homem não houver conseguido retirar sua projeção de *Anima* de seu primeiro objeto, ou seja, da mãe. Nesse caso, a *Anima* é transferida sob forma de imago materna para a namorada, esposa ou amante, levando-o a querer repetir com a companheira a relação infantil que teve ou esperava ter tido com a mãe. Nessa situação, em que o homem espera que a amada cuide dele maternalmente, fala-se em complexo materno.

Como todo arquétipo, a *Anima* pode manifestar-se positiva ou negativamente. De maneira negativa, quando o homem tem uma vaidade exagerada, alterações de humor, explosões emocionais, caprichos. De maneira positiva, quando a *Anima* do homem se expressa por meio da sensibilidade, sensualidade, ternura e paciência, representando sua própria criatividade, sua musa inspiradora – como *Gala*, para Salvador Dalí, ou *Mona Lisa*, para Leonardo da Vinci.

Figura 6.10 *Botticelli*, O Nascimento de Vênus *(1483): a* Anima.

O *Animus* é a personificação dos aspectos masculinos no inconsciente da mulher. Do mesmo modo que a *Anima*, condensa experiências vivenciadas ao longo dos milênios, tratando-se, porém, das experiências da mulher na sua relação com o homem. Esse arquétipo corresponde ao modelo de homem que a mulher almeja encontrar.

O primeiro objeto do arquétipo do *Animus* é o pai, posteriormente transferido ao professor, ao irmão, ao avô, a um ator ou cantor, a um campeão de esportes, a um político ou até a Deus. Nos contos de fadas, por exemplo, o *Animus* costuma ser representado pela figura do sapo enfeitiçado pela bruxa que é libertado pelo beijo da princesa, transformando-se em príncipe.

De maneira negativa, o *Animus* manifesta-se em uma mulher pela retórica, intelectualidade indiferenciada, rigidez e autoritarismo nas opiniões. Positivamente, desempenha um importante papel no desenvolvimento da criatividade, funcionando como mediador entre a consciência e o inconsciente e conferindo sensação de autoconfiança e força intelectual.

Figura 6.11 *Théodore Gericault,* O Ferreiro *(1813): o* Animus.

É muito importante o desenvolvimento da *Anima* e o do *Animus* positivos, uma vez que sua função psicológica principal é estabelecer uma ponte entre os mundos consciente e inconsciente, possibilitando uma relação dialética entre ambos.

> A Anima *do homem é carregada de um caráter eminentemente histórico. Como personificação do inconsciente, é embebida de história e pré-história. Encerra os conteúdos do passado e substitui no homem o que ele deveria conhecer de sua pré-história. Toda a vida que se foi no passado e que nele ainda vive constitui a* Anima. *Em relação a ela sempre tive a impressão de ser um bárbaro que no fundo não possui história, como um ser saído do nada, sem passado nem futuro.* (JUNG, 1978, p. 251).

Além de estabelecer essa ponte com nossas raízes históricas, tanto a *Anima*, no homem, quanto o *Animus*, na mulher, são arquétipos envolvidos no relacionamento com o sexo oposto e funcionam na relação afetiva com o mundo exterior. Juntos representam os arquétipos da união ou coniunctio conjugal.

Figura 6.12 *Coniunctio: a união dos opostos masculino e feminino na alquimia.*

Em muitas discussões de casal, o que entra em cena é a animosidade desses arquétipos brigando entre si. A situação é tão arquetípica que, em geral, se perguntarmos ao homem ou à mulher o que cada um falou e ouviu durante a briga, dificilmente irão se lembrar. É uma discussão que não tem fim! Como afirmou Jung, "nenhum homem consegue argumentar por mais do que cinco minutos com um *Animus* negativo, sem se tornar vítima de sua própria Anima".

Figura 6.13 *Casal discutindo.*

Nessa situação, a famosa frase "Quando um não quer dois não brigam" faz bastante sentido. Caso o homem não receba a forte argumentação como algo pessoal, contra ele, quando o *Animus* da mulher estiver atacando, a batalha nem começa. Do mesmo modo, se a mulher não reagir aos caprichos de uma *Anima* negativa atuando no homem, é bem provável que ele reencontre o bom senso.

Si-mesmo ou Self

Potencialmente, a personalidade de cada indivíduo já está presente nele no seu nascimento e cada um já vem ao mundo com determinado equipamento arquetípico que, encontrando os estímulos adequados no meio ambiente, vai permitir sua adaptação à realidade. Esse programa arquetípico que constitui nosso ser em potencial, ao qual Jung denominou **Self** ou **Si-Mesmo**, abrange a personalidade total, com sua parte consciente e inconsciente.

Como um diretor de teatro, o Si-Mesmo é uma espécie de organizador central que coordena as inúmeras ações, trocas e relações de vários personagens: os aspectos da personalidade. Ele é responsável pela caracterização da individualidade de cada pessoa, buscando sua melhor adaptação possível nas diversas fases do desenvolvimento ao longo da vida.

Por expressar nossa totalidade em um campo muito maior do que aquele que a mente consciente e o ego conhecem, em geral projetamos o Si-Mesmo em instituições ou pessoas de prestígio, tais como chefes de Estado, ou, então, em figuras mitológicas de deuses e no próprio Cosmos.

Nos sonhos, o Si-Mesmo pode aparecer personificado em figuras das quais emana sabedoria e superioridade, como deuses, deusas e a figura do Velho Sábio. Pode expressar-se ainda por meio de figuras quaternárias, como o quadrado, a cruz e o próprio número 4 (as quatro estações, os quatro pontos cardeais), além dos símbolos que representam a totalidade, como o círculo ou o mandala.

Figura 6.14 *Rembrandt*, O Profeta Jeremias lamentando a destruição de Jerusalém *(1630): o velho sábio.*

> **Quaternidade**
>
> Diz respeito a uma composição envolvendo quatro objetos ou pessoas. Pelo fato de considerar as quatro divisões do espaço cósmico (em cima, embaixo, à esquerda e à direita), a quaternidade é um indicador da totalidade, da unidade global.

O simbolismo do mandala

Durante a Primeira Guerra Mundial, Jung prestou serviço militar trabalhando como médico do exército suíço. Entre 1918 e 1919, todas as manhãs ele fazia um desenho de um mandala em um caderno para expressar seu estado emocional. Baseado nessas imagens, podia observar, a cada dia, as transformações psíquicas que nele se operavam. Só aos poucos ele foi percebendo o significado do mandala: "formação-transformação, eis a atividade eterna do eterno sentido". Mandalas representam a totalidade em ação e correspondem "à natureza microcósmica da psique" (JUNG, 1975, p. 173-174).

Jung observou o surgimento de mandalas na produção inconsciente – os sonhos e as fantasias –, bem como os efeitos que eles produziam em vários de seus pacientes. Em uma série de quatrocentos sonhos de uma de suas pacientes, o mandala apareceu na forma de símbolos de quaternidade nada menos do que 71 vezes. Todas as imagens simbolizando o deus interior (veja a seguir: o Si-Mesmo como *imago dei*).

O mandala, que em sânscrito significa "círculo mágico", é representado por imagens dispostas ao redor de um centro ou por figuras radiadas. O círculo mágico é um antigo dispositivo de encantamento, utilizado para proteger uma pessoa contra as influências externas que podem atacar qualquer um que tenha um objetivo secreto.

> Releia, na página 64, o sonho de Jung ali relatado.
>
> Depois, tente fazer um desenho da praça radiada com os quarteirões ao redor e, no centro, o lago, a ilha e a árvore. Trata-se da imagem de um mandala.

Os mandalas são utilizados, particularmente no budismo tibetano, para meditação e contemplação. No centro dessas figuras, que corresponde ao núcleo central da personalidade, costumam aparecer símbolos: uma estrela, uma flor, uma cruz, uma pedra preciosa, uma figura humana – a imagem do *Anthropos*, o "homem-luz" ou ser original que no mito gnóstico corresponde à divindade suprema. O centro do mandala representa "tanto a unidade quanto a multiplicidade do mundo dos fenômenos, sendo o equivalente empírico do conceito metafísico de Unus Mundus" (VON FRANZ, 1992a, p. 198-199).

A analista junguiana Marie-Louise von Franz fornece várias referências a respeito do simbolismo do mandala: a roda de doze raios, a flor de lótus, a cidade de ouro, Cristo cercado dos símbolos dos quatro evangelistas, o jardim do Éden dividido em quatro partes e a esfera.

Os primeiros cientistas naturais, assim como os grandes matemáticos e filósofos, também utilizaram o mandala como modelo da divindade e do cosmos, princípio ordenador do caos. "Mais recentemente, a [*sic*] mandala refletiu-se no modelo do átomo de Niels Bohr e Walter Boehm, que sugeriram a esfera infinita com o centro onipresente como modelo estrutural do elétron", observa Von Franz (1992a, p. 124). A essa imagem da esfera devemos a frase da filosofia hermética e do misticismo cristão: "Deus é uma esfera espiritual cujo centro está em toda parte e cuja periferia não está em parte alguma" (VON FRANZ, 1992a, p. 119).

196 ARQUÉTIPOS E INCONSCIENTE COLETIVO

Figura 6.15 *Mandala Kalachakra.*

O Si-Mesmo como imago Dei

Para Jung, a psicologia moderna leva a uma compreensão mais abrangente daquilo que constitui o ser humano.

> *No princípio, os deuses viviam com um poder e uma beleza sobre-humanos, no alto de montanhas nevadas ou na escuridão das cavernas, das florestas e mares. Mais tarde formaram juntos um só deus, que veio a se tornar homem. Mas, atualmente, mesmo esse Deus-homem parece ter descido do trono e estar em vias de se dissolver no homem comum.* (VON FRANZ, 1992a, p. 125).

Jung chamou de Si-Mesmo ou *Self* a esse arquétipo do "Deus-homem interior". Segundo ele, Deus é um conceito, definido como imago Dei, ou seja, é uma ideia dotada de extremo valor psicológico existente dentro de cada um de nós. Trata-se de uma imagem psíquica da totalidade transcendente do ser humano.

O objeto que recebe a imagem projetada do Si-Mesmo adquire poderes sobrenaturais. É assim que ocorrem as idolatrias e idealizações. Com esse arquétipo, endeusamos teorias, sistemas religiosos, a figura de um professor, analista, médico, mulher, criança, político, cantor de *rock*, esportista, animal de estimação, assim como dinheiro, poder, máquinas, carro, computador ou celular. Dessa forma, Deus pode ser adorado sob muitos aspectos: "o homem é livre para decidir se Deus será um espírito ou um fenômeno natural, como o apego de um viciado à morfina" (JUNG, 1970b, parágrafo 142).

Essa projeção torna-se fascinante porque a dimensão psíquica inconsciente impõe-se ao ego como uma realidade maior e mais forte que a consciência. Trata-se de algo que está dentro de nós e que nos compele ao medo, à submissão ou à devoção.

Em uma entrevista ao repórter John Freeman, da BBC de Londres, quando este lhe perguntou se ele ainda acreditava em Deus, Jung, já maduro, respondeu: "É difícil responder. Eu sei! Eu não preciso acreditar, porque sei, quer dizer, eu conheço". Isso não significa que Jung fosse ateu. Na realidade, ele era profundamente religioso. Apenas percebeu a relação existente entre o arquétipo do Si-Mesmo e Deus, em sentido religioso. Na época dessa entrevista, as questões que antes levantava nas discussões com o pai, o velho pastor Paul, a respeito do conflito entre razão e fé estavam bastante elaboradas.

Se o conhecimento dessa relação entre o arquétipo do Si-Mesmo e Deus estiver inconsciente, o indivíduo corre o enorme risco de identificar-se com o poder divino que sente dentro de si. As pessoas ligadas a profissões de ajuda, como médicos, analistas, professores, orientadores e padres, precisam estar especialmente atentas às projeções "divinas" que se costuma fazer sobre elas.

Quem se identifica com esse poder que lhe é transferido, pode se ver em maus lençóis por estar cometendo *hybris*. Na Grécia antiga, toda vez que uma pessoa tentava se igualar em feitos a algum deus, dizia-se que ela cometia *hybris*. Então, por ter ultrapassado o seu *métron*, isto é, a sua medida humana, era punida com um castigo divino. A *hybris* é o que, em psicologia, denominamos **inflação da personalidade** (ver glossário).

Um exemplo de situação de inflação da personalidade é mostrado no mito grego de Prometeu. Esse herói, tendo ultrapassado seu métron e roubado o fogo sagrado dos deuses para dá-lo aos mortais, é condenado a uma eterna tortura. Muitas vezes, porém, sem a tentativa de procurar ultrapassar as medidas, isto é, sem a ousadia que permite superar a velha ordem e chegar a uma nova, não há avanço, não existe desenvolvimento. Prometeu foi um herói, entregando o fogo – a consciência, o conhecimento – da criatividade divina aos homens.

Herói e adolescência

Veremos agora o arquétipo do Herói, tão fundamental ao desenvolvimento pessoal e da cultura. Ele será enfocado aqui em atuação na fase da adolescência, mas vale lembrar que em qualquer época da vida, em qualquer idade, todas as grandes transformações pelas quais passamos são, ao se iniciarem, impulsionadas pela busca heroica da diferenciação entre a consciência do ego e a totalidade da psique. É esse arquétipo que dá forças ao ego quando ele acha que não vai conseguir enfrentar uma situação nova. Por seu intermédio é que nos sentimos seguros e confiantes para enfrentar novos desafios. Sem ele, fica difícil enfrentar o vestibular, o Enem, participar de uma competição esportiva, conseguir um novo emprego ou estabelecer um namoro.

Para ser capaz de se desenvolver e desempenhar a contento os diferentes papéis que precisa exercer no mundo adulto, o ego necessita de certo grau de autonomia. Principalmente na adolescência, o arquétipo do Herói é ativado no inconsciente de meninos e meninas, empurrando-os para a iniciação, ritual pelo qual todos passam ao sair da infância, que deve morrer para que nos tornemos adultos. Para adquirir independência, encontrar um lugar no mundo, começar a exercer uma profissão e atrair um parceiro ou uma parceira, os laços infantis com o passado e com os pais devem ser gradualmente desfeitos, o desenvolvimento sexual completado e algum sentido de identidade conquistado.

A adolescência é uma fase da vida na qual não sabemos quem somos. Por isso, empregamos grande parte da nossa energia na busca de autoafirmação e autonomia, a fim de entrar na vida adulta dotados de segurança e autoestima. É uma crise na qual o jovem se vê obrigado a diferenciar-se de seus pais e ir ao encontro de sua identidade profunda.

Mesmo estando sempre em mudança, é fundamental que o ser humano se sinta único e idêntico a si mesmo, a fim de poder seguir o caminho do desenvolvimento. Ao mesmo tempo, essa busca solitária, vivida na adolescência basicamente como uma afirmação de si mesmo, é complementada pela vivência do coletivo, do sentimento de pertencer a um grupo e da identificação com uma turma. É por essa razão que a maioria dos adolescentes gosta de andar em bandos e formar gangues, busca os mesmos ídolos na música, veste o mesmo modelo de jaqueta, usa brincos e tatuagens. Quer dizer, todos apresentam uma Persona bastante semelhante.

A pessoa, por assim dizer, tomada pelo arquétipo do Herói, sente-se dotada de uma força e autoconfiança às vezes sobre-humanas. Como vimos, é esse sentimento que nos permite enfrentar o desafio e o perigo de entrar no desconhecido que se apresenta na fase da adolescência. Se, por um lado, necessitamos desse empurrão vindo de dentro, por outro, essa mesma força, se mal direcionada, pode causar uma inflação da personalidade e levar a aventuras muito perigosas e a acidentes, como os que ocorrem, por exemplo, nos "rachas" em alta velocidade.

A grande revolução da adolescência

Para compreender o drama das façanhas e realizações do adolescente, vamos ver o que frequentemente ocorre na sua psique.

A adolescência é uma fase de muitas mudanças. Em primeiro lugar, os arquétipos do Pai e da Mãe, ou arquétipos parentais – que dominaram durante toda a infância –, começam a perder seu predomínio. Surge, então, o arquétipo do Herói, que, com toda sua pujança, empurra o ego para se identificar e se integrar com um grupo.

Ao mesmo tempo, com as rápidas transformações corporais provocadas pelos hormônios sexuais, são ativados também os arquétipos da *Anima* na psique do menino, e do *Animus*, na da menina. Vimos que tais arquétipos são responsáveis pelos relacionamentos. Inicia-se, então, uma forte atração pelo sexo oposto ou pelo mesmo sexo.

O papel dos pais nesse período quase sempre se transforma. O ideal é que os pais sejam não só capazes de perceber que os filhos e as filhas não estão mais na infância, mas também possam abrir mão da sua própria identificação com os arquétipos parentais.

O que vai possibilitar o contato saudável do menino ou da menina com os arquétipos do Herói, da *Anima* e do *Animus* – que, ativados, propiciam uma entrada mais adequada na adolescência – é a força poderosa do simbolismo do ritual de iniciação, que assegura uma transformação psíquica radical. Os novos arquétipos, se incorporados à psique do iniciado, dão uma sensação de segurança e permitem a afirmação da nova identidade.

Em algumas tribos indígenas, quando está na puberdade, o menino é afastado da mãe e da casa e se submete a uma série de provações, enfrentando os mais diversos perigos, confrontando seus medos, temores e limites. Após passar por essa experiência de morte e sacrifício da infância, ele recebe os ensinamentos secretos e uma lança, em um ritual sagrado em que é ferido. Tem, então, um dente arrancado ou sofre circuncisão ou pequenas mutilações, ou ganha uma tatuagem, marcas que o identificarão como homem da tribo.

Hoje em dia, é frequente observar o florescimento de trabalhos terapêuticos com grupos de homens com vistas a resgatar o simbolismo dessa passagem para a vida adulta vivido nas experiências dos rituais de iniciação.

Pelo fato de a menina construir sua identidade com a mãe desde pequena e poder continuar mantendo com ela intimidade e contato corporal, a passagem da infância para a adolescência, e depois para a fase adulta, não é para ela tão radical quanto a passagem sofrida pelos meninos. A iniciação feminina se dá quando, com a primeira menstruação, a mulher ingressa na fase reprodutiva de sua vida. Ela adquire então consciência de sua criatividade e do "acesso a mistérios que o homem jamais poderá conhecer" (STEVENS, 1993, p. 189). Como na maioria das culturas atuais essa nova consciência feminina não é ritualizada, a mulher espera que a presença íntima do homem a desperte do sono letárgico de sua condição infantil. Essa é a situação da heroína dos contos de fadas, que, como em *A bela adormecida*, espera ser acordada pelo beijo de um príncipe.

Pelo fato de essas passagens terem deixado de ser ritualizadas nas sociedades letradas, vários problemas podem ocorrer. Sem o ritual de iniciação, o menino ou a menina permanecem aprisionados em sua condição infantil, e, muitas vezes, a psicoterapia é que vai desempenhar essa função de ajudar a promover a busca da identidade e da diferenciação.

Figura 6.16 *O eterno adolescente.*

Progressão e regressão: o velho e o novo

Você nunca se viu tensionado por essas duas forças opostas e poderosas, a progressão e a regressão? Uma força impulsiona o adolescente para as façanhas, as realizações e as conquistas, empurrando-o para diante, para o desenvolvimento. Ela atua como um puxão, uma arrancada para o crescimento. Outra força puxa-o para trás, para o comportamento de uma época em que a responsabilidade que agora lhe é exigida era exercida por outros e havia tempo para passar horas brincando no computador, vendo televisão, jogando botões ou *video game*, lendo gibis ou brincando de casinha e com bonecas. A ela se deve a saudade de algo que não volta mais, a nostalgia, a inércia, a preguiça, a vontade de não fazer nada, de "dar um tempo".

> *Progressão e regressão*
>
> *Progressão* é a força que impulsiona para a frente, em direção ao desenvolvimento e à adaptação no mundo exterior.
>
> *Regressão* é a força que puxa para trás, para o mundo das imagens e fantasias inconscientes do mundo interior.

Na passagem pela adolescência é muito importante que os pais tenham desempenhado adequadamente seus papéis arquetípicos. Já na infância, pode-se detectar o quanto os pais procedem ou não de modo adequado em seu relacionamento com os filhos. Ao perguntarmos sobre os pais, muitas crianças dão respostas que permitem saber se estão sendo bem cuidadas ou não. Não se trata de cuidado exclusivamente material: muitas vezes os pais são felizes, bem adaptados e proporcionam todo conforto aos familiares, mas não são capazes de atender às peculiaridades dos filhos, por não terem conseguido reconhecer suas próprias identidades profundas.

O relacionamento entre o pai e a mãe também influi no sucesso ou no fracasso dos filhos na escolha de parceiros. O marido machista e grosseiro vai estimular no filho o desprezo pelas mulheres e desenvolver nas filhas uma baixa autoestima. A mulher castradora e dominadora vai colocar os filhos contra o pai, e, se este for passivo no relacionamento com ela, os filhos posteriormente terão todo tipo de dificuldade em situações nas quais se fizer necessário o confronto com figuras de autoridade. A história tende a se repetir: "pais afetuosos são filhos de avós também afetuosos e formarão filhos que constituirão casais igualmente afetuosos" (STEVENS, 1993, p. 175).

Evidentemente, a responsabilidade não é só dos pais ou avós. Como filhos, esperamos que nossos pais sejam seres sobre-humanos, capazes de atender a todas as demandas de nosso Si-Mesmo, e nos frustramos ao perceber que, como seres humanos, eles também erram e possuem limites. Portanto, cabe aos filhos retirar as projeções feitas sobre os pais e enfrentar corajosamente as solicitações de seu próprio processo de desenvolvimento. Por essa razão, todo adolescente, para se desligar dos laços infantis com o pai e a mãe, necessita de uma dose de ousadia que lhe permita compensar a falta de experiência. Simbolicamente, isso implica, muitas vezes, a necessidade de romper com valores tradicionais e buscar o novo.

Um aspecto a ser considerado é o de que, na cultura, deve haver uma espécie de equilíbrio entre o velho e o novo. Se o rompimento desse equilíbrio se der de modo muito radical, corre-se o risco de jogar fora a sabedoria acumulada ao longo de muitas gerações. Outro grande perigo nessa batalha é o filho ou a filha, devorados pelos complexos parentais, não conseguirem se desvencilhar de um pai superprotetor, castrador, ou de uma mãe dominadora, possessiva. E se a ação dos pais for muito inadequada ou caracterizada pela ausência, o filho ou a filha correm o risco de continuar pela vida afora em busca dos pais que não tiveram. Transformam-se no que se denomina *puer aeternus* ou *puella aeterna*. O menino ou a menina não conseguem transpor a adolescência e continuam sendo eternamente crianças.

O mito do herói solar

Os mitos eram vistos por Jung como fenômenos psíquicos que revelam a natureza da psique e condensam as experiências milenares pelas quais os humanos passaram e ainda passam repetidamente. Como diz Nise da Silveira (1983, p. 128), "os mitos resultam da tendência incoercível do inconsciente para projetar as ocorrências internas, que se desdobram invisivelmente em seu íntimo, sobre os fenômenos do mundo exterior, traduzindo-as em imagens".

Outro mito que simboliza a passagem pela adolescência é o mito do herói. O tema do herói existe em várias mitologias: um jovem destrói o monstro devorador e vence os poderes das trevas para conquistar a princesa, sua futura esposa, ou o tesouro com o qual se tornará o futuro rei.

Esses mitos retratam a missão do herói, bem como os perigos que ele vai enfrentar para cumpri-la; e simbolizam sua batalha em meio às duas forças – de progressão e regressão – que o dominam. Mostram, na realidade, o triunfo da consciência sobre as forças aprisionadoras do inconsciente.

Atendendo ao apelo da aventura, o herói despede-se do lar e da rotina. Atravessa o mar durante a noite e participa de uma série de aventuras e provações até o momento da batalha principal, que é a luta com o monstro devorador. Esse é o enredo do mito do herói engolido pela baleia-dragão (JUNG, 1967b, parágrafo 160) e da história bíblica de Jonas.

O herói representa simbolicamente o movimento da energia psíquica. A viagem dá-se, em geral, em direção ao Oriente, pelo mar da noite, que simboliza o próprio inconsciente. Ser engolido ou penetrar no ventre da baleia representa uma regressão ao útero e um afastamento do interesse pelo mundo exterior, ou seja, significa mergulhar no inconsciente. Foi o que fez Jung, heroicamente, após seu desligamento da psicanálise e de "papai Freud".

Dentro da barriga do monstro, o herói deve procurar alimento e calor, o que simboliza o esforço de adaptação às condições do mundo psíquico interior, o mundo dos desejos, das emoções e dos instintos. Vencer a partir de dentro a baleia-dragão, o monstro que simboliza as forças devoradoras do inconsciente, é exatamente a conquista da adaptação a esse mundo interno.

O herói, então, corta algum órgão vital do monstro, que é obrigado a emergir do fundo do mar, indo morrer em uma praia. Em terra firme, rasgando o ventre do monstro, o herói se salva, libertando ainda todos aqueles que também haviam sido engolidos, isto é, libertando das trevas da inconsciência outros aspectos "engolidos" de sua personalidade. A saída do herói do ventre da baleia costuma se dar com a ajuda de um pássaro, o que representa o reinício da progressão e a chegada do novo. Isso acontece ao nascer do sol, símbolo da consciência que emerge novamente do mar e da noite (inconsciente).

Figura 6.17 *Esquema do mito do herói-solar (Jonas).*

Ao vencer o turbilhão de seus desejos, emoções e instintos, o herói adquire algum conhecimento e, agora renascido, pode enfrentar novos monstros e continuar na busca de sua autonomia e individualidade. E esse mito, apesar de ser típico da passagem pela adolescência, serve de modelo também para situações em que, como adultos, precisamos enfrentar novos desafios.

Pode-se dizer que a cada movimento de progressão da energia psíquica segue-se outro de regressão. A volta do ego e da consciência ao "útero" do inconsciente é denominada **incesto** psicológico. Na maioria das vezes, não se trata de um passo retrógrado no sentido negativo, mas de uma fase necessária ao desenvolvimento.

Enquanto Freud via o incesto apenas como um tabu, pois enfocava exclusivamente a ameaça de sua realização concreta, Jung considera que o desejo do menino pela mãe e o da menina pelo pai devem ser vistos de forma simbólica: é preciso que a mulher e o homem se voltem para o seu próprio inconsciente e busquem no pai e na mãe internalizados aquilo que de mais precioso ficou "para trás".

Nesse sentido a regressão é necessária, sendo inerente ao processo de crescimento e desenvolvimento psíquicos. Sempre que o indivíduo estiver diante de desafios que lhe pareçam intransponíveis, ele poderá estrategicamente regredir, recuar para tomar fôlego e tentar um salto maior à frente. Quantas vezes não sentimos vontade de voltar para casa só para poder recarregar as baterias e concentrar-nos para a batalha seguinte?

Para ajudar na heroica tarefa do desvencilhamento dos laços maternos, a figura do pai é de fundamental importância. É a que irá funcionar como uma espécie de ponte entre a nostalgia do paradisíaco "lar, doce lar" e o mundo exterior, estimulando as habilidades do adolescente que serão utilizadas na vida adulta. Mas há também situações em que é a mãe quem protege o herói contra um pai muito castrador, como mostra, por exemplo, o mito do nascimento de Zeus.

> *Cronos é avisado por sua mãe, Geia, que um de seus filhos o destronaria. Para se precaver, Cronos, o pai devorador, engolia todos os seus filhos. Quando nasce Zeus, Rea, esposa de Cronos e mãe protetora, esconde o filho do pai dando a este uma pedra em seu lugar. Zeus é criado em uma ilha afastada e posteriormente retorna para destronar o pai [...]. Novamente é a mãe quem o ajuda, permitindo-lhe entrar certa noite no quarto em que Cronos dormia, após ter tido uma relação sexual com ela. Zeus, então, aproveita o sono do pai para castrá-lo, tomando-lhe o poder e instaurando a Idade do Ouro. Com isso os deuses olímpicos são elevados ao poder.* (BRANDÃO, Junito, 1986, p. 198-200 e p. 332-335).

Evidentemente, o drama do herói apresenta consequências. Um dos perigos, já citados, é o indivíduo ter sua personalidade inflada e achar-se dotado de poderes e superior aos outros, o que, muitas vezes, pode levar a acidentes fatais. É uma inflação para cima. Ou, então, sua própria exigência em satisfazer pretensões exageradas pode levá-lo a confrontar-se repetidamente com seus limites, o que lhe dá um sentimento de inferioridade e o faz assumir o papel de derrotado. Trata-se de uma inflação para baixo. Nesse caso, a superexigência em cumprir a missão com sucesso leva à frustração e ao sentimento de fracasso. Se o indivíduo ficar preso a essa situação, dizemos que ocorreu uma involução, ou um retrocesso, como se dá no caso das neuroses, em que partes do ego não se desvinculam de fases anteriores do desenvolvimento (tal situação é chamada de *fixação*).

Se fracassar em matar o monstro, o indivíduo não será capaz de se libertar da barriga da mãe (baleia) ou da ameaça do pai (Cronos, o devorador) e ficará preso no inconsciente, sob as garras de seu complexo materno ou paterno. Terá, então, que buscar ou esperar pela próxima oportunidade para cumprir essa etapa em sua rota da individuação. Assim, os sofrimentos do herói renovam-se sem cessar. Ele fica dividido entre a luta pela vitória da consciência e o fascínio e a redução que o atraem para os braços do inconsciente.

Entretanto, o adolescente, tendo ou não passado pelos ritos de iniciação, cresce e seu corpo se transforma. E, quanto mais etapas ele houver saltado, mais difíceis serão sua adaptação e o estabelecimento de sua identidade no mundo adulto.

Figura 6.18 *Antonio Pollaiolo,* Hércules e a Hidra *(c.1475).*

Leitura complementar

1. [Eros e Psique]

Conta a lenda que dormia
Uma Princesa encantada
A quem só despertaria
Um Infante, que viria
De além do muro da estrada.

Ele tinha que, tentado,
Vencer o mal e o bem,
Antes que, já libertado,
Deixasse o caminho errado
Por o que à Princesa vem.

A Princesa Adormecida,
Se espera, dormindo espera,
Sonha em morte a sua vida,
E orna-lhe a fronte esquecida,
Verde, uma grinalda de hera.

Longe o Infante, esforçado,
Sem saber que intuito tem,
Rompe o caminho fadado,
Ele dela é ignorado,
Ela para ele é ninguém.

Mas cada um cumpre o Destino
Ela dormindo encantada,
Ele buscando-a sem tino
Pelo processo divino
Que faz existir a estrada.

E, se bem que seja obscuro
Tudo pela estrada fora,

E falso, ele vem seguro,
E vencendo estrada e muro,
Chega onde em sono ela mora,

E, inda tonto do que houvera,
À cabeça, em maresia,
Ergue a mão, e encontra hera,
E vê que ele mesmo era
A Princesa que dormia.

(PESSOA, Fernando. *Obra poética*. Rio de Janeiro: Nova Aguilar, 1986, p. 181).

2. [História de Gilgamesh]

Gilgamesh, dois terços deus, um terço homem, vivia em Erech. Invencível entre os guerreiros, governava com mão de ferro; os jovens o serviam e ele não deixava incólume uma só donzela. O povo rogou a proteção divina, e o senhor do Armamento ordenou a Aruru (a deusa que havia modelado o primeiro homem com argila) que modelasse um ser capaz de enfrentar Gilgamesh e tranquilizar seu povo.

Aruru formou uma criatura a quem deu o nome de Enkidu. Era peludo, tinha longas tranças, cobria-se com peles, vivia com as feras e comia erva. Dedicou-se também a destroçar armadilhas e salvar animais. Quando Gilgamesh se inteirou disso, ordenou que se enviasse a ele uma donzela nua. Enkidu possuiu-a durante sete dias e sete noites, no final das quais as gazelas e as feras o desconheceram e ele notou que suas pernas já não eram tão ligeiras. Havia se transformado em homem.

A menina achou que Enkidu tinha se tornado formoso. Convidou-o a conhecer o templo resplandecente onde o deus e a deusa se sentavam juntos, assim como toda Erech, onde Gilgamesh imperava.

Na véspera do Ano-Novo, Gilgamesh preparava-se para a cerimônia da hierogamia, quando apareceu Enkidu e o desafiou. A multidão, embora surpreendida, sentiu-se aliviada.

Gilgamesh havia sonhado que estava de pé sob as estrelas, quando do firmamento caiu sobre ele um dardo que não se podia arrancar. Depois, uma tocha enorme se incrustava no centro da cidade.

Sua mãe lhe disse que o sonho previa a chegada de um homem mais forte do que ele e que se tornaria seu amigo. Lutaram os dois e Gilgamesh foi atirado ao pó por Enkidu. Este compreendeu, todavia, que seu contendor não era um tirano jactancioso e, sim, um valente que não se desviava. Levantou-o, abraçou-o e ambos firmaram amizade.

Espírito aventureiro, Gilgamesh propôs a Enkidu cortar um dos cedros do bosque sagrado. "Não é fácil" – respondeu-lhe este –, "pois está guardado pelo monstro Humbaba, de voz de trovão e com um único olho cuja mirada petrifica a quem observa; vomita fogo e seu hálito é uma praga."

"Que dirás aos teus filhos quando eles te perguntarem o que fazias no dia em que tombou Gilgamesh?" Isso convenceu Enkidu [...]. Gilgamesh e Enkidu chegaram à floresta dos cedros. O sono venceu-os. O primeiro sonhou que uma montanha desabava sobre ele, quando um homem bem apessoado liberou-o da pesada carga e ajudou-o a pôr-se de pé.

Disse Enkidu: "Está claro que derrotaremos Humbaba".

Enkidu, por sua vez, sonhou que o céu retumbava e a terra estremecia, que imperavam as trevas, que caía um raio e ocorria um incêndio e que a morte chovia do céu, até que a resplandecência diminuiu, apagou-se o fogo e as centelhas caídas se transformaram em cinza.

Gilgamesh interpretou isso como uma mensagem adversa, porém convidou Enkidu a continuar. Derrubou um dos cedros e Humbaba se precipitou sobre eles. Pela primeira vez Gilgamesh sentiu medo. Os dois amigos, porém, dominaram o gigante e lhe cortaram a cabeça. [...]

Em uma ilha nos confins da terra vivia Utnapishtin, um homem muito, muito velho, o único mortal que havia conseguido escapar da morte. Gilgamesh decidiu buscá-lo e aprender com ele o segredo da vida eterna. [...]

– Gilgamesh, nunca encontrarás o que buscas. Os deuses criaram os homens e lhe deram a morte por destino; para eles mesmos reservaram a vida.

Saberás que Utnapishtin vive em uma ilha longínqua, além do oceano da morte. Mas eis aqui Urshanabi, seu barqueiro, que se encontra na pousada.

Tanto insistiu Gilgamesh que Urshanabi concordou em transportá-lo, não sem antes preveni-lo de que por nenhum motivo tocasse as águas do oceano.

Muniram-se de cento e vinte varas, mas foi necessário que Gilgamesh utilizasse sua camisa como vela. Quando chegaram, Utnapishtin lhe disse:

– Ah, jovem, nada há eterno na terra. A mariposa vive somente um dia. Tudo tem seu tempo e época. [...] Gilgamesh compreendeu que o ancião não possuía nenhuma fórmula para lhe dar. Era imortal, mas somente por um favor único dos deuses. O que Gilgamesh buscava não poderia ser achado deste lado da sepultura.

(BORGES, Jorge Luis. *Livro dos sonhos*. São Paulo: Difel, 1979, p. 8-12).

3. [Eu, etiqueta]

Em minha calça está grudado um nome que não é meu de batismo ou de cartório, um nome... estranho.

Meu blusão traz lembrete de bebida que jamais pus na boca, nesta vida. Em minha camiseta, a marca de cigarro que não fumo, até hoje não fumei.

Minhas meias falam de produto que nunca experimentei mas são comunicados a meus pés. Meu tênis é proclama colorido de alguma coisa não provada por este provador de longa idade. [...]

Estou, estou na moda. É doce estar na moda, ainda que a moda seja negar minha identidade, trocá-la por mil, açambarcando todas as marcas registradas, todos os logotipos do mercado. Com que inocência demito-me de ser eu que antes era e me sabia tão diverso de outros, tão mim-mesmo, ser pensante, sentinte e solidário com outros seres diversos e conscientes de sua humana, invencível condição. Agora sou anúncio, ora vulgar ora bizarro, em língua nacional ou em qualquer língua (qualquer, principalmente). E nisto me comprazo, tiro glória de minha anulação. Não sou – vê lá – anúncio contratado.

Eu é que mimosamente pago para anunciar, para vender em bares, festas, praias, pérgulas piscinas, e bem à vista exibo esta etiqueta. [...]

Hoje sou costurado, sou tecido, sou gravado de forma universal, saio da estamparia, não de casa, da vitrina me tiram, recolocam, objeto pulsante mas objeto que se oferece como signo de outros objetos estáticos, tarifados. Por me ostentar assim, tão orgulhoso de ser não eu, mas artigo industrial, peço que meu nome retifique. Já não me convém o título de homem. Meu nome novo é coisa. Eu sou a coisa, coesamente.

(ANDRADE, Carlos Drummond de. *Poesia e prosa*. Rio de Janeiro: Nova Aguilar, 1988, p. 1018-1019).

4. [A infinitude vazia]

Sem começo, sem fim,
Sem passado, sem futuro.
Um clarão de luz circunda o mundo do espírito.
Esquecemo-nos uns dos outros, puros, silenciosos, vazios e onipotentes.
O vazio é atravessado pelo brilho do coração celeste.
Lisa é a água do mar e a lua se espelha em sua superfície.
Apagam-se as nuvens no espaço azul; lúcidas, cintilam as montanhas.
A consciência se dissolve em contemplação.
Solitário, repousa o disco da Lua.

(JUNG, Carl G.; WILHELM, Richard. Livro da consciência e da vida. In: *Segredo da flor de ouro*. Petrópolis: Vozes, 1988, p. 142).

Atividades

1. Faça uma lista dos principais atributos ou características que você identifica em sua Persona mais habitual. Experimente trocar sua lista com algum colega e, se possível, tente usar a Persona dele por alguns dias.

Como você se sente sem a sua Persona habitual? Como é para você estar com a Persona de outra pessoa?

2. Faça uma pesquisa a respeito dos rituais de iniciação de algumas tribos indígenas brasileiras.

3. Faça uma pesquisa investigando os arquétipos presentes nos desenhos animados e histórias em quadrinhos.

4. Assista ao filme *O império contra-ataca* (Irvin Kershner, 1980) e, baseado no mito do herói apresentado no capítulo, discuta-o com os colegas.

5. Relacione a história de Gilgamesh, contada no texto de Jorge Luis Borges, ao mito do herói solar. Você se sente como Gilgamesh? Justifique. Faça o mesmo exercício com relação ao conto de fadas *A bela adormecida*.

Questões

1. Identifique os principais arquétipos dos poemas "Eros e Psique", "Eu, etiqueta", "A infinitude vazia" e do conto babilônio "História de Gilgamesh".

2. Como é possível identificar uma imagem arcaica em um sonho? Quais são seus atributos?

3. De acordo com Jung, podemos dividir o inconsciente em duas camadas: uma mais superficial e outra mais profunda. Descreva-as.

4. Cite dois mecanismos de defesa utilizados pelo ego para não entrar em contato com a Sombra. Explique.

Para saber mais

- *O poder do mito*, Joseph Campbell (sobretudo o capítulo V, "A saga do herói"). São Paulo: Palas Athena, 1990.

- *Mitologia grega*, Junito de Souza Brandão. 3 v. Petrópolis: Vozes, 1986-7.

- *No palácio do rei Minos*, Nikos Kazantzaki. Porto Alegre: Marco Zero, 1986.

- *Animus e Anima*, Emma Jung. São Paulo: Paulinas/Cultrix, 1991.

- *O homem e seus símbolos*, C. G. Jung. São Paulo: Nova Fronteira, 1992.

- *A história sem fim*, Michael Ende. 6. ed. São Paulo: Martins Fontes, 1993.

- *Os ritos de passagem*, Arnold van Gennep. Petrópolis: Vozes, 1976.

- *Identidade feminina*, Malvina Muszkat e Zelita Seabra. Petrópolis: Vozes, 1985.

- *Pai ausente, filho carente*, Guy Corneau. São Paulo: Brasiliense, 1991.

7. Elaboração simbólica: o *opus* e a individuação

> *Um indivíduo encontra sua descrição mais profunda no símbolo... Este não apenas descreve um ser individual sua ontologia pessoal, mas o move na direção energética de sua elaboração. Encontramos nosso símbolo a partir de nosso mundo, e ele se torna o sinal "secreto" de cada um, nossa personalidade simbólica.*
>
> Arthur Burton

Nossas origens

Pode-se dizer que, ao nascermos, o ego existe apenas potencialmente dentro do Si-Mesmo. Este seria a prefiguração inconsciente do ego, agindo sobre ele como uma ocorrência objetiva independente da vontade. É somente devido a essa dimensão psíquica, o Si-Mesmo, que a consciência pode existir.

O ego, centro da consciência, vivencia o Si-Mesmo como "outro", estando subordinado a ele. O que forma a consciência é a separação entre o ego e o outro, o confronto com o diferente, que funciona como um ponto de reflexão. Assim, para adquirir autonomia, o ego precisa separar-se do Si-Mesmo. Enquanto isso não ocorrer, e o ego não se diferenciar da totalidade consciente-inconsciente, haverá uma fusão ou identidade entre o eu e os objetos. Esse é o estado original das coisas: não há distinção, nem diferenças.

Os mitos da criação do mundo a partir do caos descrevem um processo de diferenciação (separação) relativo a um estado primordial, no qual as coisas estão misturadas. Eis o relato de Ovídio, escritor romano:

> *Antes de o mar, as terras e o céu que está acima de todos existirem, a face da Natureza era uma só em toda a sua abóbada, estado que os homens denominaram caos: uma massa grosseira e desordenada de coisas... E, embora houvesse terra, mar e ar, ninguém podia percorrer essa terra, nem nadar nesse mar, e o ar era sombrio. As formas das coisas se encontravam em constante mutação; todos os objetos estavam errados, porque, em um só corpo, coisas frias se chocavam com coisas quentes, o úmido com o seco, coisas duras com coisas moles, coisas pesadas com coisas sem peso. Deus – ou a delicadíssima Natureza – ordenou essa confusão; porque separou a terra do céu, e o mar da terra [os opostos], e apartou os céus etéreos da densa atmosfera. Tendo então libertado os elementos, tirando-lhes o jugo do cego amontoado de coisas, ele os colocou a cada um em seu próprio lugar e os prendeu vigorosamente em harmonia.* (Apud EDINGER, 1990, p. 199).

Do mesmo modo, pode-se afirmar que nossa origem é um estado indiferenciado de identidade, no qual o ego se encontra em fusão com o inconsciente, e caminhamos para uma diferenciação que implica uma separação dos opostos eu–outro, ou consciente–inconsciente. Sem a diferenciação é impossível exercer nossas funções psicológicas de maneira direcionada.

Como disse Jung (1968a, parágrafo 24), "o desenvolvimento da personalidade [...] é uma questão de dizer sim a si mesmo, de se considerar a mais importante das tarefas, de ser consciente de tudo o que se faz, mantendo-se constantemente diante dos olhos em todos os nossos dúbios aspectos".

Todos possuímos um eixo

Esse processo de diferenciação no sentido da organização da consciência e formação do ego "é o principal produto de toda a atividade arquetípica"

(BYINGTON, 1988, p. 14). Tal processo é intermediado pela ação dos símbolos. O que operacionaliza essa ação dos símbolos na estruturação da consciência é conhecido como eixo **ego–Si-Mesmo**. O eixo ego–Si-Mesmo é a via de comunicação entre o inconsciente e a consciência, realizada por meio dos símbolos que unem esses dois sistemas. Expressamos, exercemos e elaboramos nossos símbolos por intermédio das funções psicológicas, que atuam nesse eixo.

Vimos que, como uma planta que cresce a partir do inconsciente, a consciência desenvolve-se recebendo nutrientes de suas raízes arquetípicas. Os símbolos são a seiva que circula pela planta, sua energia.

Sempre que um arquétipo é acionado, ele força, por bem ou por mal, a direção da consciência a partir do inconsciente, obrigando-a a encontrar naquele estágio de diferenciação uma nova interpretação que permita uma conexão da vida atual com as raízes do passado que existe em cada um de nós. Como vimos, os arquétipos são uma espécie de prontidão para produzir inúmeras vezes os mesmos padrões, ou ideias míticas semelhantes, e funcionam empiricamente como agentes que tendem à repetição das mesmas experiências. Uma vez que esse repertório de experiências é teoricamente infinito, sempre que se fizer necessária uma nova orientação e adaptação da consciência, é ativado um arquétipo que representa a imagem primordial da necessidade daquele momento.

Conforme avança o processo de amadurecimento e o eixo ego–Si-Mesmo vai se formando, o ego adquire, gradualmente, um sentido de independência em relação ao Si-Mesmo, sem, contudo, perder sua íntima conexão com ele. Pouco a pouco, o ego transforma-se no sujeito da consciência e o Si-Mesmo no sujeito da totalidade psíquica, incluindo o inconsciente.

A partir daí o ego passa a funcionar como um administrador e executivo que promove a intermediação entre a realidade objetiva do mundo e das pessoas e a realidade subjetiva do Si-Mesmo, situando-se entre o mundo exterior e o mundo interior. Ganha a responsabilidade de, por meio das funções psicológicas, operacionalizar os símbolos no eixo ego–Si-Mesmo. Se durante sua formação esse eixo tiver sofrido algum dano, o indivíduo poderá crescer com uma autoestima muito baixa ou de não aceitação de si mesmo e, nas situações nas quais esse dano foi maior, poderá sentir dificuldade em afirmar-se ou achar que não merece viver.

Para Jung, a formação e o desenvolvimento do eixo ego–Si-Mesmo ocorrem durante a primeira metade da vida. A máxima separação entre o ego e o Si-Mesmo se daria em uma espécie de clímax, que ele denominou *metanoia*. Então, o ego inicia sua descida para, na segunda metade da vida, integrar-se novamente ao Si-Mesmo, alcançando um estado de sabedoria. O ciclo se completaria com a morte.

Figura 7.1 *O eixo ego-Si-Mesmo.*

O amanhecer e o entardecer da consciência

O filósofo Schopenhauer comparou a vida a um bordado. Durante a primeira metade da vida, enxergamos um dos lados do bordado, o lado "melhor", e durante a segunda metade, o "outro" lado, não tão produtivo, porém mais instrutivo, já que, "só então, é possível se observar a maneira como os fios vinham trabalhando juntos" (WILMER, 1987, p. 198).

A imagem da formação e diferenciação do eixo ego–Si-Mesmo também representa o caminho do desenrolar da vida, do nascimento à morte, comparado por Jung à trajetória do sol, que surge cedo no horizonte, atinge o ápice no céu ao meio-dia e, então, inicia sua viagem de retorno:

> *Cedo, pela manhã, o sol emerge do mar noturno do inconsciente e contempla o vasto mundo luminoso da consciência, em um movimento que atinge seu pico no meio do céu. Então, ao meio-dia inicia-se a descida, que representa a inversão de todos aqueles ideais e valores acalentados pela manhã. O sol entra em contradição consigo mesmo e, ao invés de emitir os seus raios, é como se ele os recolhesse. A luz e o calor diminuem para, por fim, acabar se extinguindo.* (STEVENS, 1993, p. 95-96).

Jung divide a trajetória da consciência durante a vida em quatro fases:

- da infância até a puberdade, quando predomina a vida instintiva;
- da puberdade até a meia-idade, período da vida adulta, quando o ego completa sua separação do inconsciente, firmando sua autonomia, e o indivíduo integra-se à sociedade;
- a meia-idade, quando a adaptação se volta do mundo exterior para o interior;
- a velhice, em que se dá a preparação para a morte (ver Figura 3.4, p. 105).

Durante as duas primeiras fases, período que vai do nascimento ao meio da vida, o indivíduo estaria às voltas com aquilo que Jung denominou *objetivo natural*. A preocupação maior nessa fase relaciona-se à conquista de uma identidade, autonomia, adaptação social, aquisição de recursos e, usualmente, o estabelecimento de uma família e a criação dos filhos. A adaptação ao coletivo é uma condição necessária ao crescimento psicológico. Voltando à imagem da planta, esta, para crescer, necessita primeiramente enraizar-se no solo.

Na segunda metade da vida, o indivíduo estaria principalmente envolvido com o *objetivo cultural*, que diz respeito mais às questões inconscientes que conscientes. É quando temos, segundo Jung, a oportunidade de encontrar o significado de nossa vida.

Metanoia: a busca de um sentido

Jung detectou que, se a coletivização, por um lado, é um estágio necessário ao desenvolvimento, por outro, um dos principais problemas que o homem moderno enfrenta é exatamente a perda da individualidade em favor da massificação. Ele vê a crise da sociedade moderna sob uma perspectiva histórica. Para ele, o homem de nosso tempo vive em profunda desarmonia consigo mesmo. Não só o indivíduo está doente, mas a própria sociedade, que vive em estado de alienação. Uma das principais causas externas dessa crise espiritual do homem moderno consistiria na crescente subordinação do indivíduo às grandes organizações coletivas. Hoje em dia, a febre de consumo e a velocidade com que nos empenhamos em nossos projetos seriam um sintoma dessa alienação.

Muitos dos pacientes de Jung o procuravam em razão da falta de um significado nas suas vidas, que não tinham conseguido encontrar nem na ciência, nem na filosofia, nem na religião. Muitos adultos que não se voltam para essa busca de significado, ao entrarem na segunda metade da vida defrontam com um vazio existencial e passam a repensar o que fizeram, a lamentar as oportunidades e os relacionamentos perdidos. Alguns pais experimentam a síndrome do ninho vazio: quando os filhos saem de casa, ou até muito antes, quando eles começam a namorar, entram em depressão ou em um estado de ansiedade. Há pessoas que se agarram desesperadamente à maneira como viveram anteriormente e negam o envelhecimento, tentando esconder as mudanças. Vemos adultos comportando-se como eternos adolescentes, procurando o mesmo tipo de autoafirmação de outrora, e até mesmo competindo com os filhos que já cresceram.

A metanoia é novamente uma fase heroica, de enormes desafios. Uma época em que muitos dos valores construídos e conquistados, e que tanto serviram ao crescimento e à diferenciação, precisam ser deixados de lado. É necessário permitir a morte do velho para que, outra vez, o novo tenha lugar.

A individuação

Ao longo do processo de desenvolvimento e diferenciação da consciência podemos, com o amadurecimento, perceber que nossas experiências, em um nível mais profundo, estão subordinadas a certo objetivo, como se estivessem arranjadas em uma espécie de plano. Pode-se afirmar que em nosso caminhar pela vida existe uma intencionalidade, um objetivo a ser alcançado: o da realização da totalidade individual, com a integração de todos os aspectos de nossa personalidade originária. A esse processo, o pilar de sustentação de toda a nossa busca, Jung denominou *individuação*, termo que significa tornar-se um "indivíduo", aquele que não se divide. Implica tornar-se Si-Mesmo, ou seja, aquilo que de fato somos – o que nada tem a ver com individualismo, com o sentimento que leva a enfatizar alguma peculiaridade particular em detrimento de considerações e obrigações coletivas.

Como disse Jung, a individuação se faz entre os homens. Uma vez que o indivíduo não é um ser separado, sua existência pressupondo sempre uma relação com o outro, o processo de individuação deve levar a relações coletivas mais intensas e não ao isolamento. Para ele, a cultura também se desenvolve e se transforma, mas depende para isso de indivíduos que estejam sempre um passo à frente do coletivo, pois é somente no indivíduo que novas ideias, sejam inspirações artísticas, sejam intuições científicas, podem ser gestadas. Apenas depois de germinar e desenvolver-se no indivíduo, pode o novo passar ao coletivo para nele configurar uma nova forma de comportamento.

A individuação é a realização do vir-a-ser do homem, cujo objetivo final é a integração de consciência e inconsciente. Nesse caminho, a posição do ego fica relativizada pela sua conciliação com o inconsciente. De um lado, a identidade pessoal livra-se dos invólucros da Persona, através da qual fugimos de nossa individualidade, muitas vezes adotando um papel social rígido e artificial. De outro, a personalidade livra-se do poder sugestivo das imagens primordiais, ou seja, da possessão pelos arquétipos. O ego é, então, assimilado ao

Si-Mesmo. Essa integração total do Si-Mesmo, embora seja um ideal de perfeição impossível de ser alcançado, pode ser buscada como meta.

Com a individuação, muitos dos problemas que surgem já não são mais os conflitos egoicos do desejo, mas as dificuldades que dizem respeito a questões fundamentais coletivas, morais, filosóficas e religiosas.

A individuação não é algo que ocorre passivamente. Exige a colaboração ativa do ego consciente, que deve buscá-la e conquistá-la com empenho, engajamento, paciência e coragem. É preciso sermos capazes de sacrificar e fazer morrer aquilo que já não serve mais, para continuarmos vivos e inteiros, para não correr o risco de nos tornarmos "mortos-vivos".

A questão básica que Jung coloca ao homem é: qual o tipo de atitude moral necessária em certo momento para lidar com as influências perturbadoras do inconsciente? Nesse sentido, a individuação ou realização do Si-Mesmo é um conceito permeado de significados morais e éticos. Sua ênfase está na autonomia e responsabilidade do indivíduo no mundo. Assim, o papel do terapeuta é muito mais o de facilitar e encorajar o paciente a encontrar seu próprio caminho do que lhe indicar o que fazer, ou dizer o que é certo ou errado.

A psicoterapia junguiana

Percebendo o mal que um enquadramento rígido poderia fazer ao desenvolvimento individual de uma pessoa, Jung não preconizava nenhuma receita para a individuação. Para ele, cada indivíduo é sempre único. Assim, também é único o caminho de cada um para a resolução de seus conflitos e para a busca do significado de suas experiências. O objetivo final da psicoterapia não seria a cura, mas "em primeiro lugar [...] um reajuste da atitude psicológica adquirido com a ajuda do terapeuta" (JUNG, 1969c, parágrafo 142).

A metodologia empregada por Jung era rigorosamente apoiada no empirismo, ou seja, na experiência. Intuição e empatia por parte do terapeuta são fundamentais, mas é necessário um cuidadoso exame das manifestações e expressões simbólicas do cliente. Como diz o analista junguiano Mario Jacoby, "na prática, a psicoterapia junguiana consiste no encontro entre duas pessoas com a finalidade de tentar entender o que está ocorrendo no inconsciente de uma delas" (JACOBY, 1987, p. 13).

Cada encontro com o cliente no consultório é único. Ao contrário do que ocorre na medicina alopata tradicional, na psicoterapia o diagnóstico funciona apenas como uma referência e não deve nunca ter mais importância que a pessoa em sua totalidade, pois sua priorização pode acabar sendo causa da perpetuação de várias doenças (iatrogenias).

Vimos que o elemento central para a compreensão da fenomenologia do inconsciente é o *símbolo*. Existem várias maneiras de chegar até ele: os sintomas, os sonhos, as fantasias, a relação analítica e, enfim, qualquer situação da própria vida. Os analistas junguianos costumam enfatizar os sonhos, para obter uma compreensão dos símbolos e uni-los à história individual do cliente e, em especial, ao seu ponto de vista consciente. Portanto, a direção do tratamento deve derivar principalmente dos sonhos e da relação terapêutica entre analisando e terapeuta.

Vejamos como se dá essa relação entre cliente e terapeuta dentro do consultório. A comunicação verbal e não verbal entre ambos ocorre em vários níveis: entre os egos do cliente e do terapeuta, entre seus inconscientes, entre o inconsciente do cliente e o ego do terapeuta e vice-versa. Assim, ambos podem mais que falar e escutar um ao outro – podem também captar e compartilhar sentimentos. Essas quatro possibilidades de interação são comuns a todos os tipos de relacionamento humano. O que diferencia uma sessão de psicoterapia no consultório das outras relações pessoais é o fato de cliente e terapeuta terem concordado em colocar uma lente de aumento ou um amplificador no material que ali surge, com o intuito de ajudar o cliente.

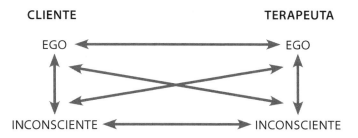

Na prática, poucas são as pessoas que buscam espontaneamente algum tipo de ajuda psicoterápica para o autoconhecimento. A maioria chega motivada por uma situação de crise. É comum terem tido sonhos marcantes antecedendo ou seguindo alguma situação emocional muito intensa. Em geral, tais sonhos dizem respeito à situação que as leva ao consultório.

A eclosão de uma crise interior ou uma situação de desadaptação intensa ativam um novo arquétipo em nosso inconsciente. Funcionando como uma espécie de ímã, o arquétipo exerce, como vimos, uma atração irresistível sobre a consciência, influenciando-a. Essa situação pode, muitas vezes, tornar-se perigosa, constituindo um estado de desequilíbrio psíquico. Se, contudo, a consciência for capaz de assimilar, compreender e integrar os novos conteúdos que estão emergindo, o mesmo arquétipo pode levar a uma reorganização mais saudável da personalidade. Como dizem os antigos chineses, crise tanto pode significar perigo quanto possibilidade de mudança.

Portanto, em toda crise há um lado prospectivo (criativo), uma vez que no desequilíbrio há uma tentativa de substituição do funcionamento defeituoso da consciência pela atividade autônoma e instintiva do inconsciente, que está buscando um novo equilíbrio. Pode-se dizer que, de certo modo, todos precisamos de dificuldades para manter nossa saúde mental e é bastante improvável que uma terapia acabe com todos os nossos problemas. Vale lembrar que, na psicoterapia junguiana, também os sintomas e expressões doentias são vistos como símbolos, embora de modo algum se dispense o uso de psicofármacos e de outras formas de tratamento, quando necessário.

Vejamos agora, resumidamente, as etapas básicas de uma psicoterapia junguiana. Tais fases não são necessariamente sucessivas; apenas caracterizam os vários aspectos do processo analítico. Segundo Jung haveria quatro estágios na psicoterapia: a *confissão*, a *elucidação*, a *educação* e a *transformação*.

Confissão: o segredo pessoal

Uma crise costuma ter relação com o fato de um acontecimento desagradável ou um afeto reprimido, um segredo, ter se deslocado para a Sombra e passado a funcionar como um fardo pesado que carregamos, causando, além da sensação de isolamento, sentimentos de culpa, angústia, ansiedade e vergonha.

No capítulo anterior vimos que, em razão de esses conteúdos já terem algum dia pertencido à consciência e sido partes integrantes da personalidade, sua perda para o inconsciente produz um sentimento de inferioridade moral, uma espécie de ressentimento. Há um débito inconsciente com relação a tais aspectos negligenciados pelo ego. O peso desse fardo pode não estar na consciência, mas mantê-lo na inconsciência é pior, já que não seremos capazes de detectar a fonte do mal-estar. Muitas vezes esse segredo é doloroso e causa um terrível desconforto. Reprimir nossos incômodos somente adia o problema, fazendo-o crescer no inconsciente. Ali, como vimos, o material reprimido forma um complexo, que desenvolve vida própria e interfere em nossas ações e em nossos relacionamentos, agindo contra nossa vontade e produzindo toda espécie de sintomas neuróticos.

Se, por um lado, o segredo é pré-requisito fundamental para a diferenciação individual, como nos rituais secretos de iniciação, por outro, conforme disse Jung, "a posse de um segredo funciona como um veneno psíquico que aliena seu possuidor da comunidade" (JUNG, 1968b, parágrafo 57). Não se trata aqui de um conflito com a moral coletiva, mas da pessoa consigo mesma. Esse conflito exige que, por razões de equilíbrio psíquico, o déficit seja compensado.

Assim, buscando o lado criativo de toda e qualquer expressão simbólica, Jung aponta que a presença de um sentimento de inferioridade moral indica não apenas a necessidade, mas também a possibilidade de assimilar um conteúdo inconsciente.

Do mesmo modo que na confissão religiosa, muitos conteúdos inconscientes podem ser trazidos à consciência. O paralelo com a confissão é válido, pois, ao contar seu segredo e desabafar, o paciente livra-se da pressão, produzindo uma espécie de limpeza, ou aquilo que se denomina **catarse** (ver glossário), com resultados frequentemente surpreendentes. Isso ocorre porque, ao falarmos, a carga emocional associada ao segredo e ao complexo é liberada. Muitas vezes, entre contar e não contar um segredo a alguém há um verdadeiro abismo.

Para remediar um estado de adaptação reduzida, o indivíduo necessita apropriar-se do valor energético correspondente à intensidade da emoção ligada ao conteúdo inconsciente. Para isso, ele primeiro deve conscientizar-se de seu conflito interior. Esse é o ponto de partida de qualquer análise. Mas, infelizmente, na maioria das vezes não é nada fácil resgatarmos e desvendarmos, por um simples ato da vontade, nossos medos, culpas e vergonhas mais profundos. Devido ao medo de lembrar eventos vergonhosos e dolorosos ou ao receio de continuar sozinho seu caminho, sem o terapeuta, o cliente costuma sempre apresentar algum tipo de resistência para entrar em contato com seus segredos e relatá-los. Além disso, como vimos, o material inconsciente é projetado, tornando-se difícil admitir a própria Sombra. Portanto, o método catártico, por si só, é bastante limitado.

Em geral, é nos sonhos que surgem os elementos não explícitos do problema. Como disse Freud, os sonhos são a via régia para o inconsciente. Eles nos dão uma "fotografia" do complexo inconsciente. As imagens dos sonhos nos mostram o que, naquela situação, está se passando na psique. São como a radiografia que um ortopedista usa para descobrir o que aconteceu com uma articulação que amanheceu inchada após uma torção. Por meio da imagem radiológica, ele poderá constatar se algum osso foi quebrado ou se se trata apenas de uma lesão de ligamentos.

Elucidação e transferência

Com a confissão do conflito interior, surge o segundo estágio da análise, que requer uma técnica de abordagem profunda do inconsciente. Além de investigar o que está ocorrendo entre a situação consciente do cliente e suas compensações inconscientes, cedo ou tarde torna-se importante considerar o que está ocorrendo entre as duas pessoas envolvidas no processo terapêutico. Após ter sido capaz de confessar seu segredo e aliviar-se de seus sintomas por meio da catarse, a pessoa se vê, de algum modo, "atada" ao terapeuta. Isso pelo fato de ele conhecer seu segredo, pelo receio de uma recaída ou, ainda, devido ao fascínio exercido por seu próprio inconsciente e seus sonhos.

Nesse estágio, surge um problema muito bem formulado por Freud: como o cliente vive essa ajuda terapêutica?; quem é o terapeuta para ele?

As experiências do passado são revividas não como pertencentes ao passado, mas no processo de serem referidas ao terapeuta. Algumas ligam-se mesmo a peculiaridades próprias do terapeuta. Esse fenômeno, que Freud denominou *transferência*, consiste na tendência que há de desejos reprimidos do passado transferirem-se para um novo objeto, no caso, o terapeuta. Esse processo implica uma dependência psicológica do terapeuta. Segundo Freud, as exigências e desejos que o cliente espera que sejam satisfeitos pelo terapeuta correspondem, na realidade, à reedição das necessidades e conflitos da primeira infância. Repetem-se em relação ao terapeuta o amor, a satisfação, o ódio, a agressividade e a frustração que o cliente sentiu quando criança em relação aos pais.

Para Freud, o trabalho do terapeuta consistiria, então, na interpretação dos motivos causadores dessa dependência, isto é, da transferência. Este deve mostrar ao cliente que seu amor ou ódio por ele procedem, na maioria das vezes, de vivências da primeira infância, sendo repetições de experiências anteriores. A interpretação seria a transformação dessas repetições em memória. Na realidade, em qualquer relacionamento humano sempre existe transferência. Entretanto, enxergar com uma lente de aumento, na relação analítica, as projeções que fazemos, fornece-nos a possibilidade ímpar de tentar elaborá-las e integrá-las em nossa personalidade.

Mas retirar as projeções implica um considerável esforço moral. Segundo Jung (1969a, parágrafos 14-19), são necessários alguns passos para que uma projeção possa ser assimilada pela consciência:

- em um primeiro momento há um fascínio pelo objeto e a projeção não é percebida, sendo vivenciada como a percepção da própria realidade;

- se houver algum questionamento, o indivíduo começa a fazer distinção entre a projeção e o objeto real;

- ocorre um julgamento moral sobre a validade do conteúdo da projeção;

- a projeção é vista como um erro ou ilusão;

- o indivíduo finalmente se questiona sobre a origem dessa percepção falseada e busca reconhecê-la como um conteúdo de sua própria personalidade.

> Imagine uma pessoa de quem você tem muita raiva. Faça uma lista das características dessa pessoa e procure perceber se elas não estariam presentes em sua própria personalidade. Depois, faça o mesmo em relação a alguém que você admira muito.

Examinando de perto suas fixações anteriores, a pessoa pode torná-las conscientes e organizar melhor seu mundo interno. Assim, a transferência, ocorrendo no aqui e agora de uma sessão psicoterápica, é um veículo importantíssimo de acesso ao simbólico: é uma vivência imediata cujas testemunhas são o cliente e o terapeuta. Em razão desse caráter imediato e direto, é grande o seu poder de transformação.

Ao traçar o caminho de formação das fixações até alcançar suas origens inconscientes na infância, o cliente chega a uma posição insustentável. Munido do conhecimento de suas próprias deficiências, ele se vê, então, obrigado a buscar uma nova atitude diante delas.

> *Fixação*
>
> Na teoria freudiana, designa o modo como certas experiências, imagos ou fantasias persistem no inconsciente de forma inalterada e às quais a libido permanece presa. Satisfação ou frustração, amor ou ódio excessivos podem ser algumas das causas da fixação.

O trabalho com os sonhos: a amplificação

Lidar com os sonhos é lidar com o desconhecido. Por essa razão, antes de começar a análise de um sonho, Jung, geralmente, costumava dizer a si mesmo que não fazia ideia do que as imagens significavam. Ao não adotar nenhum pressuposto e abrir mão de ideias preconcebidas, humildemente, admitindo a própria ignorância, podia preparar-se para algo inteiramente inesperado.

Compreender um sonho requer bem mais do que as fórmulas prontas encontradas nos manuais de interpretação: empatia psicológica, habilidade para coordenar ideias, intuição, conhecimentos acerca do mundo e das pessoas e, sobretudo, uma astúcia especial, que depende de uma ampla compreensão e de uma "inteligência do coração".

Com a descoberta do inconsciente coletivo, Jung demonstrou que, assim como nosso corpo, nossa mente também comporta traços de seu desenvolvimento filogenético. Nossa psique funciona como qualquer órgão do corpo, como o coração, os intestinos ou os pulmões. Cada ser humano, em um certo sentido, representa a história da humanidade. Essa história está inscrita em nosso repertório de imagens arquetípicas. E, enquanto a anatomia e a fisiologia permitem obter conhecimentos sobre o corpo humano, a psicologia dos sonhos possibilita compreender o desenvolvimento e a estrutura da psique humana.

> Observe atentamente a ilustração a seguir e deixe a mente bem livre... O que você observa? Imagine que se trata da imagem de um sonho de uma mulher de 31 anos... Que interpretações você daria a essa imagem?

Figura 7.2 *Símbolos e imagens arquetípicas presentes em um sonho.*

Como interpretar um sonho

Inicialmente, para interpretar um sonho é de fundamental importância conhecer as experiências que precederam o sonho e, pelo método das associações do sonhador, traçar os antecedentes de cada elemento do quadro onírico.

Esse método consiste em pedir à pessoa que teve o sonho que estabeleça relações entre as imagens que nele aparecem e fatos e situações de sua vida cotidiana, de seu passado, ou ainda suas fantasias sobre o futuro. O exame do contexto, isto é, da situação consciente do momento do sonho, é fundamental para interpretar um sonho corretamente.

Em seguida, estabelece-se um vínculo maior entre as imagens do sonho e as situações que geraram as associações. Trata-se de um trabalho simples, quase mecânico, de caráter preparatório ao procedimento seguinte e em que se aplica o mesmo método utilizado para se decifrar um texto difícil, a hermenêutica.

De início, geralmente uma ou outra pista parece significativa, devendo ser mais bem investigada, aplicando-se, então, o método da **amplificação** (ver glossário). Esse método consiste em analisar os conteúdos oníricos e as associações por intermédio de um estudo comparativo das imagens e em traçar paralelos entre elas e os símbolos primitivos e históricos. Usa-se a amplificação para estender o campo de significados e de relações afetivo-emocionais de um sonho. Se quisermos abordar os sonhos com propriedade, precisamos de um equipamento interpretativo laboriosamente apanhado em todas as áreas do conhecimento, principalmente na mitologia e na história das religiões, das artes e da civilização.

Coletamos as analogias oferecidas pelas associações até tornar-se evidente que os diferentes motivos dizem respeito às várias facetas de um mesmo tema básico. Como se olhássemos para uma figura geométrica de muitos lados e cada vez enxergássemos um pedacinho dela. Imagine, por exemplo, essas bolas espelhadas que ficam girando nos salões de bailes; às vezes, cada pequena parte do sonho se traduz em um verdadeiro mundo. Com esse procedimento aproximamo-nos da constelação arquetípica daquele sonho, naquele momento.

Figura 7.3 *O mundo dos sonhos.*

A própria narrativa, ou seja, a sequência em que as figuras são introduzidas no sonho, fornece pistas para a seleção dos símbolos a serem amplificados. Lembra-se das quatro fases do sonho (apresentação, enredo, clímax e desfecho)? Por isso, é importante prestar atenção na maneira como o sonho é contado. Por exemplo: "Tive um sonho estranho...", ou "Esse sonho não tem nada a ver...", ou, ainda, "Tive um sonho incrível...". Essa introdução fornece dicas a respeito do clima emocional do sonho e dos efeitos que ele causou no sonhador e indica se este está mais (ou menos) aberto à mensagem enviada pelo inconsciente. Como no caso da elaboração das projeções, no sonho poderá haver maior ou menor resistência à compreensão dos seus conteúdos.

Uma vez que, teoricamente, toda a experiência de vida pessoal pode ser encontrada em cada sonho, a questão que se coloca é até onde avançar nas associações. Coletamos as associações até extrairmos um significado válido. Comumente, devemos deixar que cada conteúdo, ou seja, cada símbolo, fale por si mesmo.

Sonhar com números significa sorte? E com acidentes, morte?

Só depois de enriquecermos o sonho por meio da amplificação é que vem a interpretação, que consiste em sua tradução e sua ligação com a experiência psíquica atual do sonhador. A interpretação só funciona se for levado em conta o valor emocional contido no sonho. Se uma interpretação for meramente intelectual, jamais será eficiente. Vale lembrar que interpretar é intermediar, fazer uma ponte entre a consciência e o conteúdo inconsciente. Há duas maneiras básicas de interpretar um sonho: o *método redutivo*, ou causal, e o *método sintético*, ou finalista.

O *método redutivo*, ou causal, decompõe o sonho em partes, reduzindo-as aos desejos infantis reprimidos. O método psicanalítico é um exemplo. Como na maioria das vezes a psicoterapia e, consequentemente, a interpretação dos sonhos devem iniciar-se por um estudo minucioso das fantasias e fatos da vida pessoal – experiências do indivíduo em seus vários relacionamentos com pais, irmãos, parentes, amigos, professores etc. –, costuma-se empregar a interpretação redutiva durante algum tempo. O efeito dos sonhos seria, então, trazer novamente à consciência os elementos arcaicos de pensamento, sentimento e instinto que ela havia rechaçado e deixado para trás.

Com o aprofundamento do significado do sonho, constatamos que, na realidade, a imagem do sonho tem pouca correspondência com o objeto exterior, tratando-se muito mais de um conjunto de elementos da psique da pessoa (fatores subjetivos), que se moldaram de acordo com aquele objeto. Essa maneira de interpretar as imagens oníricas situando-as no nível subjetivo, foi denominada por Jung *método sintético*: cada estrutura psíquica tem um significado e um sentido de finalidade no processo psíquico atual do indivíduo.

Todos os personagens e elementos de um sonho contêm aspectos da psique do próprio sonhador, projetados. Por exemplo, você faz uma visita a um museu que está expondo objetos de arte do Oriente, muito antigos. Na mesma noite você sonha com um belíssimo vaso chinês de porcelana, azul e dourado, todo rico em detalhes e figuras mitológicas de dragões e cavaleiros. Ao acordar, a imagem do vaso ainda está muito nítida e lhe causa uma profunda sensação de bem-estar. Na abordagem sintética, o vaso pode representar algum aspecto de sua personalidade muito valioso. Assim, o método sintético considera que o sonho pertence ao sonhador e todo o trabalho de sonhar é essencialmente subjetivo. É um teatro no qual o sonhador é, ao mesmo tempo, o cenário, o ator, o palco, o produtor, o autor, o público e a crítica.

Orientada pelo método sintético, a interpretação pergunta para que (com que finalidade) você sonhou com um vaso chinês. Pelo método redutivo, a interpretação questiona por que (a causa).

O método redutivo, ou causal, não tem como prosseguir no momento em que os símbolos não são mais passíveis de redução a conteúdos pessoais, ou seja, quando as imagens do inconsciente coletivo começam a surgir. Nesse sentido, ele seria complementar ao método sintético.

Alguns conteúdos não adquirem nenhum sentido se forem simplesmente decompostos, mas podem revelar riqueza de significados se o ego se dispuser a reforçá-los e ampliá-los com os meios conscientes à sua disposição.

No caso do inconsciente coletivo, imagens e símbolos têm seu significado único e primordial esclarecido principalmente quando abordados pelo método sintético, que possibilita sua integração à totalidade psíquica. Uma vez que muitos sonhos contêm as sementes do desenvolvimento da personalidade, o método sintético pode ajudar a descobrir a verdade psicológica do indivíduo que sonhou. É como libertar um homem aprisionado pela magia convencendo-o de que sua força espiritual não reside nos objetos de seus ancestrais e fetiches, mas nos recursos de seu mundo interno.

Como chegar a um significado

Jung afirmava que a interpretação de um sonho é um depoimento psicológico a respeito de alguns de seus conteúdos. Esse depoimento nunca é completo, já que o sentido de um sonho não pode ser esgotado. Por isso, a função da interpretação é intermediar a atitude consciente e sintonizá-la de modo a permitir a entrada de uma centelha de luz na consciência, provocando emocionalmente no sonhador um *insight*, ou seja, uma reação do tipo "Ah! então era isso que o sonho queria dizer... !".

É o próprio sonho, além da sensibilidade do sonhador e de quem interpreta, que nos indica se devemos abordá-lo objetivamente – relacionando-o a acontecimentos da realidade exterior do sujeito – ou subjetivamente – compreendendo-o como aspectos da personalidade do sonhador.

Na prática, é sempre necessário um duplo ponto de vista, causal e final, ou seja, a redução analítica deve ser sempre seguida por uma síntese. A opção por um método ou outro depende do tipo de material, do estado de desenvolvimento psicológico do sonhador e do juízo do intérprete quanto ao que é necessário para o desenvolvimento do cliente naquele momento. Aqui entra a criatividade do terapeuta, que deve desenvolver constantemente suas técnicas.

O objetivo da interpretação é, portanto, fazer com que o ego possa compreender e apreciar, até onde for possível, o sentido dos sonhos e outras manifestações do inconsciente. Assim, evita-se uma oposição entre o inconsciente e o ego, que, como vimos, pode tornar-se perigosa, e permite-se que a função compensatória atue de forma mais completa.

A resistência à compreensão do sonho pode surgir tanto do lado do cliente – se ele obstinadamente se mantiver agarrado às ilusões ou demandas infantis – quanto do lado do terapeuta – se ele não for suficientemente capaz de empatizar de maneira adequada com o símbolo que o cliente está trazendo. Uma interpretação correta poderá ser confirmada por meio de sonhos indicativos de progresso. Do contrário, se interpretamos o sonho de maneira errônea, desfavorável ao equilíbrio psíquico, é comum o mesmo símbolo ressurgir em outros sonhos, como se estivesse buscando esclarecer ou "corrigir" a interpretação.

Vejamos dois exemplos da abordagem junguiana dos sonhos.

Um alto executivo que buscou a ajuda de Jung por sentir tonturas, palpitações e cansaço – sintomas que este relacionou com as ambições do executivo e com o mal das alturas nos alpinistas –, teve o seguinte sonho:

> *Encontrava-me no povoado onde nasci e era uma figura negra, muito solene, enfronhada em um largo abrigo, com livros grossos sob o braço. Um grupo de jovens que reconheço como antigos colegas de classe me dizem: "Esse cara não aparece muito por aqui".*
> (JUNG, 1966a, parágrafos 297-305).

Ele provinha de um meio camponês pobre, mas havia ascendido rapidamente e esperava continuar escalando posições cada vez mais elevadas e que lhe dessem mais prestígio.

A interpretação que Jung fez do sonho foi redutiva: para evitar seu passado, o executivo raramente se lembrava de suas origens. O sonho obrigou-o a enfrentar um fato reprimido desagradável: apesar de seu progresso profissional, ele devia reconhecer suas limitações.

Tal interpretação foi, sem dúvida, penosa para o professor. Pode-se até supor que, para ele, reconhecer suas origens humildes podia significar um retrocesso, uma ameaça ao êxito em sua escalada profissional. Mas continuar ascendendo em sua carreira e identificar-se apenas com seu sucesso (Persona), sem olhar para sua história e suas carências (Sombra), significava um avanço muito unilateral. O sonho, então, compensatoriamente, atraiu a atenção do professor para um aspecto sombrio de sua vida que ele devia considerar ao empenhar-se na realização de seus objetivos conscientes.

Em outra ocasião, Jung foi procurado por um rapaz inteligente e refinado, de mais ou menos vinte anos, apreciador de arte, com acentuados interesses intelectuais e estéticos, mas aparentando atraso no seu desenvolvimento psicológico. A intenção do rapaz era tratar do conflito em relação à sua homossexualidade. Na noite anterior à primeira entrevista, teve o seguinte sonho:

> *Estou em uma imensa catedral, cheia de uma misteriosa luminosidade. Me dizem ser a Catedral de Lourdes. No centro, há um poço profundo no qual eu devo descer.* (JUNG, 1967b, parágrafo 167).

O rapaz fez as seguintes associações:

- Lourdes é a fonte mística da cura fazendo lembrar tratamento, e poço diz respeito a buraco muito fundo.

- Fascinado pela catedral de Colônia (Alemanha), lembrou-se da primeira vez que a mãe lhe falara a respeito dela: "Gostaria muito de ser um padre em uma igreja como essa".

A interpretação de Jung foi a seguinte: superficialmente, o sonho representava uma espécie de formulação poética do estado de ânimo que antecedeu o dia da primeira sessão. O rapaz estava vivenciando o início da psicoterapia como uma espécie de ritual sagrado, realizado dentro de um santuário. As ideias de cura (fonte mística de Lourdes) e do procedimento desagradável relacionado ao tratamento (descer por um buraco profundo) surgem no sonho de maneira poética, provavelmente como uma forma positiva de compensação ao desconforto de suas impressões a respeito de seus problemas de identidade. A catedral aparece como uma analogia da mãe, representando um substituto espiritual, mais elevado, para sua ligação puramente natural ou carnal com os pais.

Um dado importante foi revelado em suas associações: o rapaz lembrou-se de que, ao lhe falar acerca da catedral, a mãe não mencionara nem a figura do padre nem a de algum instrutor, ou seja, não se referira a nenhum representante do mundo masculino.

A nostalgia de um modelo masculino, um pai que o tirasse das mãos da mãe, tomou a forma de suas tendências homossexuais e sua busca concreta do relacionamento sexual e afetivo com homens. Como costuma ocorrer em alguns casos de homossexualidade, tratava-se de um complexo materno, expresso no atraso de desenvolvimento do rapaz. O herói não havia conseguido "matar o monstro devorador", ficando aprisionado na barriga da mãe, conforme as analogias apresentadas no capítulo anterior. O sonho indicava que, para ele, o início do tratamento significava buscar um sentido para a sua homossexualidade, ou seja, uma iniciação no mundo masculino.

Logo após a primeira entrevista, o rapaz teve um segundo sonho bastante significativo. Quase uma continuação do primeiro, o que veio reforçar as interpretações de Jung:

> *Estou em uma catedral gótica e há um padre no altar. Estou de pé atrás dele com meu amigo, segurando uma estatueta japonesa que seria batizada. De repente surge uma velha que tira o anel da fraternidade de meu amigo e o coloca em seu dedo. Ele teme que isso possa prendê-lo a ela de algum modo. Mas ao mesmo tempo há um som maravilhoso de órgão.* (JUNG, 1967b, parágrafo 175).

Eis a interpretação de Jung: evidentemente esse sonho complementava o primeiro, indicando que o rapaz estava pronto para começar a sair de sua condição infantil e ingressar no mundo adulto por meio do batismo ou iniciação, agora com a presença de uma figura masculina.

Jung percebeu que as imagens desse segundo sonho confirmavam suas intuições sobre a estratégia terapêutica a ser adotada na análise do rapaz. Por meio do ritual analítico, ele poderia ajudá-lo a libertar-se das fixações do mundo materno e a ingressar no mundo masculino. Para isso, a homossexualidade da qual o rapaz se queixava deveria ser vivida simbolicamente em uma transferência. Como representante do mundo masculino, seu papel de psicoterapeuta seria semelhante ao do instrutor (figura paterna) ausente no sonho da catedral. Assim, o desenvolvimento da estratégia terapêutica estava perfeitamente de acordo com os objetivos das imagens arquetípicas que surgiram nos dois sonhos.

Uma vez iniciada a análise, o rapaz teria a chance de viver simbolicamente a relação afetiva com uma figura masculina e retomar o caminho do herói, necessário ao seu crescimento no processo de individuação.

Entretanto, no sonho surge um fator que atrapalha: a figura da velha que tira o anel, tomando para si o símbolo da ligação homossexual do rapaz com o amigo. A ligação passava a ser heterossexual, porém com uma velha, que era "como uma mãe para ele", conforme ele próprio associou. Em outras palavras: como resultado do início da análise, vivenciada pelo rapaz como um ritual de iniciação, a ligação homossexual havia sido cortada, sendo substituída por uma amizade platônica com uma figura materna – um estágio intermediário, anterior ao da masculinidade. A progressão é confirmada pela maravilhosa música de órgão.

Considerando que o conteúdo das duas sessões não passou de uma coleta geral de dados acerca da história pessoal do rapaz (anamnese), os dois sonhos tiveram um caráter antecipatório, prospectivo, de ótimo prognóstico e, ao mesmo tempo, compensatório à maneira de funcionamento de sua consciência, na qual o medo e a resistência em trabalhar a homossexualidade eram muito grandes.

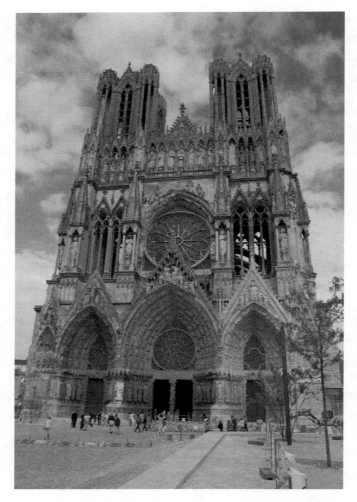

Figura 7.4 *Catedral de Notre-Dame de Paris, símbolo da Grande Mãe.*

A função transcendente

Quanto mais profundamente penetramos nas camadas do inconsciente, mais próximos do inconsciente coletivo estaremos. Abre-se, então, um mundo interior constituído de imagens que brotam da memória que herdamos da vida de nossos antepassados, suas experiências, alegrias e realizações, dores e frustrações.

Tais imagens exigem ser moldadas individualmente por cada ser humano. Mas, uma vez que, de maneira geral, elas se opõem à mente consciente, não podendo ser traduzidas diretamente para o nosso mundo, necessitam de uma mediação que permita fazer a ponte entre a consciência e o inconsciente.

Desde o nascimento do indivíduo, o Si-Mesmo envia símbolos para sua consciência, mas, como esta tende a se concentrar exclusivamente na adaptação ao mundo externo coletivo, os conteúdos inconscientes que não dizem respeito a essa adaptação acabam negligenciados, formando a Sombra. Por outro lado, muitos conteúdos inconscientes não têm uma carga energética suficientemente forte para penetrar no campo da consciência.

Devido a esses dois fatores, o ego pode desenvolver uma unilateralidade, em desacordo com a totalidade da psique. Seria como andar apoiado em uma perna só. Para que isso não ocorra, a psique, com sua capacidade de formar símbolos, torna organicamente possível uma mudança de atitude do ego sem perda do material inconsciente. Jung chamou **função transcendente** a esse fenômeno da psique, que promove a união entre os conteúdos da consciência e do inconsciente.

Sempre buscando ultrapassar o dualismo mente–matéria, desde o início de seu trabalho, Jung se baseou fundamentalmente nas polaridades consciente-inconsciente e natureza–espírito, concebendo a psique como um sistema constituído de pares de opostos que podem intercambiar-se, quer dizer, um polo é capaz de transformar-se no outro e vice-versa. Assim, enfocando a consciência e o inconsciente com o mesmo valor, Jung visualizou a importância de uma troca entre os dois sistemas. Segundo ele, a pedra fundamental para a construção da realidade objetiva seria essa capacidade de diálogo interior.

Nessa interação de consciente e inconsciente, cada parte dá crédito à outra e o ponto de vista de uma pode ser sucessivamente modificado pelo ponto de vista da outra e vice-versa. Pela comparação e discussão, um polo iria distinguindo-se do outro (diferenciação). Isso significa que ambos, ego e inconsciente, estarão em uma posição de igualdade, com a mesma autoridade e o mesmo crédito, sendo capazes de estabelecer um diálogo. É essa troca de argumentos e afetos entre os dois lados que representa a função transcendente dos opostos, um movimento para além da suspensão entre os opostos, criando uma nova situação.

Foi justamente tendo como modelo e fundamento a função transcendente, isto é, o processo natural pelo qual a psique elabora a unificação dos opostos, que Jung propôs um método de tratamento do material surgido do inconsciente por meio dos sonhos ou da fantasia: provocar intencionalmente o que a natureza produz inconsciente e espontaneamente e integrar tal material à consciência.

> Você pode organizar um caderno de sonhos ou uma espécie de diário e registrar o material que estava reprimido ou esquecido. É um bom começo! E, além de procurar manter as imagens na consciência, isto é, na memória, pode trabalhar com elas, de modo a permitir que o inconsciente complete sua função compensatória e de algum modo "sinta" que o ego está disposto a dialogar com ele.

Com o símbolo na consciência, o ego pode enxergar suas possibilidades e continuar seu caminho de crescimento e diferenciação, em um movimento rítmico da consciência, que regride/ progride, regride/progride sem cessar. A função transcendente não acontece aleatoriamente, sem propósito e objetivos. Leva à revelação da essência de cada um, produzindo uma compreensão por meio da experiência. Em cada indivíduo esse processo assume as mais variadas formas.

Como disse Jung, o único fator comum a todos nós nesse processo é a emergência de certos arquétipos definidos, como Sombra, Herói, Velho Sábio, *Anima*, *Animus*, Grande Mãe e Criança, entre outros.

Deve-se dar atenção especial aos arquétipos ligados ao processo de desenvolvimento (Criança, Mãe, Pai, Herói, *Anima*, *Animus*), embora eles não apareçam necessariamente de forma linear. O processo de desenvolvimento consiste em um trajeto em espiral, como se a cada volta o indivíduo passasse novamente pelas mesmas questões, só que em um patamar mais elevado, quer dizer, diferenciado do anterior.

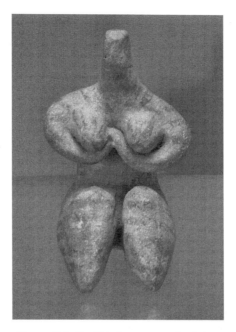

Figura 7.5 *Fertilidade: estatueta feminina.*

Veja, por exemplo, este sonho de uma mulher no qual a consciência e o inconsciente se unem como em um verdadeiro casamento (coniunctio) interior, que permitirá a realização final e transcendente (áurea) do processo de integração entre o ego e o Si-Mesmo (individuação):

> *Entro numa caverna subterrânea dividida em salas que continham destiladores e outros aparatos químicos de aparência misteriosa. Dois cientistas trabalham no processo final de uma prolongada série de experimentos, que esperam levar a uma conclusão bem--sucedida com minha ajuda. O produto final deveria ter a forma de cristais de ouro, a serem separados do líquido-mãe resultante das muitas soluções e destilações precedentes. Enquanto os químicos trabalhavam com o vaso, deito-me com meu amante em uma sala contígua, fornecendo com nosso abraço sexual a energia essencial para a cristalização da inavaliável substância dourada.* (EDINGER, 1990, p. 233-234).

Figura 7.6 *Camille Claudel*, Sakuntala *(1888)*.

A imaginação ativa

Uma das técnicas empregadas por Jung para desenvolver a função transcendente é uma espécie de diálogo interior que ele denominou **imaginação ativa**: "processo meditativo de concentração na fantasia que permite a confrontação entre os conteúdos do inconsciente e da consciência, mobilizando a possibilidade de emergir um terceiro ponto centralizador na psique" (STEVENS, 1993, p. 346).

O ponto de partida é criar um estado de colaboração entre a consciência e o inconsciente, em um processo em que o ego possa ajudar na realização da função transcendente (união dos opostos). Antes de tudo, é necessário dispor do material inconsciente, que poderá surgir por meio dos sonhos, atos falhos, ações sintomáticas e fantasias espontâneas.

O passo seguinte é enfocar um determinado estado emocional e torná-lo o mais consciente possível, eliminando qualquer julgamento, e nele mergulhar, procurando registrar todas as fantasias e associações que possam surgir. Caso não haja uma emoção claramente disponível, devemos produzir artificialmente uma introversão da energia psíquica, criando técnicas para invocar as fantasias inconscientes. Algumas medidas e algum treino devem ser desenvolvidos para lidar com esse material.

A atenção crítica deve ser eliminada, produzindo uma espécie de vácuo na consciência, como na meditação. A consciência, com seus meios de expressão, coloca-se à disposição do inconsciente, e este, então, fala. Enquanto a consciência observa, participando sem direcionar, cooperando mas sem selecionar ou avaliar, o inconsciente pode expressar o que quiser, à sua maneira. Dependendo da pessoa, o material inconsciente poderá surgir por meio dos mais variados canais e linguagens: imagens que mudam rapidamente, assumindo formas míticas em uma poesia, escultura ou dança.

O objetivo da formulação criativa é descobrir os conteúdos carregados afetivamente (complexos). Uma vez mobilizado o material, deve-se continuar o processo de elaboração simbólica. Segundo Carlos Byington (1987, p. 22-25), "o ego decompõe o símbolo discriminando aquilo que lhe é próprio e lhe pertence, daquilo que é do outro".

Pode-se dar forma ao material simbólico utilizando-se as mais diversas técnicas expressivas: visualizando imagens, escutando palavras interiores ou a própria voz, escrevendo (escrita automática dos surrealistas – veja leitura complementar) ou expressando-se plasticamente, mediante desenho, argila, movimento, dança. O material que emerge pela formulação criativa costuma ser acompanhado por imagens, cores e percepções ligadas a todos os sentidos, além de fantasias, memórias e emoções. Não há limite nem garantias. As imagens visuais e as vozes internas movem-se repentinamente de uma coisa a outra. Muitas vezes, o material provém não do nível pessoal, mas do arquetípico – o inconsciente coletivo.

Com a utilização dessas técnicas, a fantasia inconsciente é mobilizada e se expressa. Ganha vida e forma estética. Podemos relacioná-la a fatos passados, liberar emoções. A partir daí, cabe ao ego confrontar a emoção e a imagem associada, relacionando-as a seu momento existencial e a seu processo psicológico.

A imaginação ativa é um trabalho que leva as pessoas a uma percepção profunda de si mesmas. Trata-se claramente de um estado de consciência muito diferente daquele que temos em geral no dia a dia. Nesse estado alterado de consciência, o sujeito é capaz de manter um ponto de vista consciente e, ao mesmo tempo, permitir que o material do inconsciente flua para a consciência.

Mas somente descobrir os complexos e desenhá-los, pintá-los ou esculpi-los não é suficiente para o processo de elaboração simbólica por meio da imaginação ativa. É preciso dar continuidade à elaboração, buscando a compreensão psicológica dos complexos. Assim, não se trata apenas de entrar em um estado alterado de consciência, mas também de poder trazer essa experiência para a consciência, avaliando-a e fornecendo-lhe um sentido, a fim de integrá-la no dia a dia.

As duas formas de elaboração, a criação estética (formulação criativa) e a compreensão do significado, complementam-se, sendo uma necessária à outra. O ideal é ambas poderem coexistir ou, então, alternarem-se ritmadamente.

Após dar forma e compreender o significado do conteúdo inconsciente, resta saber de que maneira o ego irá relacionar-se com esse significado. E, também, como o ego e o inconsciente chegarão a um acordo, ou seja, como os opostos irão se unir para a produção de um terceiro ponto: a função transcendente.

Nessa relação dialética que se estabelece na imaginação ativa entre consciente e inconsciente, Jung adverte para o perigo da ocorrência de três formas de defesa:

- a pessoa pode cair em uma livre-associação e ficar enredada na teia dos próprios complexos;

- pode haver um interesse meramente estético com a produção do material, sem percepção do significado simbólico;

- pode ocorrer uma invasão da consciência por conteúdos do inconsciente, configurando-se uma psicose.

Por isso, é de grande importância estabelecer na técnica da imaginação ativa uma espécie de ritual de saída. É fundamental que o terapeuta ajude a pessoa a voltar. O ritual de saída é feito pedindo-se ao cliente que retorne de sua "viagem" devagar, começando por sentir o próprio corpo, depois espreguiçando-se, percebendo a respiração, fixando-se nos objetos à volta, ou abrindo os olhos, caso estejam fechados. Esses procedimentos propiciam o retorno do estado alterado de consciência no qual a pessoa esteve mergulhada ao praticar a imaginação ativa. A verbalização também ajuda.

A imaginação ativa é uma técnica avançada, empregada no processo psicoterápico só depois que o cliente dispõe de um mapeamento de seus complexos e apresenta uma boa noção de como operam os seus mecanismos de defesa.

A educação

Vimos que, em um primeiro momento, por meio da confissão e da catarse, o indivíduo livra-se da culpa e da sensação de isolamento que sentia por considerar-se portador de um segredo rejeitado e recriminado pela moral coletiva. Com a elucidação, o indivíduo começa a se dar conta de que era ele próprio que recriminava seus dotes e desejos mais profundos. Começa a retirada das projeções e ele passa a perceber que o "inimigo" está dentro e não fora dele.

Ao compreender suas projeções como erro ou ilusão e ao se questionar sobre a origem dessa percepção falseada, cabe ao indivíduo reconhecê-la como um conteúdo de sua própria personalidade, pois dificilmente nos livramos de algo incômodo ou constrangedor simplesmente compreendendo suas causas.

Foi Alfred Adler, contemporâneo de Jung e de Freud, quem enfocou essa questão e propôs um método de tratamento baseado na reeducação terapêutica. Essa visão pedagógica de Adler na psicoterapia inspirou Jung, que, didaticamente, definiu a terceira fase da psicoterapia como a *educação do indivíduo na qualidade de ser social*.

Jung refere-se ao reconhecimento direto, isto é, consciente, da importância de assimilar os conteúdos inconscientes do Si-Mesmo. Se isso não ocorre por vontade direta do ego, dá-se indiretamente, por meio das neuroses. Como ele afirmou, em última instância a questão da análise do inconsciente é uma questão moral.

O que está em jogo aqui é a atitude do ego em relação à sua produção inconsciente. Não se trata de produzir pensamentos e fantasias "imorais, indecentes ou criminosos". O que importa é o que se faz ou o que deixa de ser feito com tais fantasias e pensamentos. É a atitude consigo mesmo e com relação aos outros que expressará aquilo que aprendemos com a análise de nossos complexos e projeções.

Eis como Jung resume essas três primeiras fases do processo psicoterápico.

> *A confissão ou catarse diz: "finalmente chegamos, tudo veio à tona, o último terror foi vivido, e de agora em diante tudo vai estar bem". Com igual convicção, a elucidação afirma: "agora nós sabemos de onde provém a neurose, desenterramos as memórias mais antigas, e a transferência nada mais é que um desejo infantil de preencher a fantasia do paraíso perdido; abre-se a porta para uma vida sem ilusões". Para completar, vem a educação alertando que isso tudo que foi aberto e descoberto só levará ao crescimento com treino acurado.* (JUNG, 1966a, parágrafo 153).

Alfred Adler

Médico austríaco (1870-1937), viveu em Viena. Filho de um mercador de cereais judeu, de classe média baixa, trabalhou inicialmente como clínico geral, mas suas preocupações voltavam-se para uma medicina mais social. Elegeu um único instinto como fundamental, "a vontade de poder", a partir do qual elaborou sua teoria e seu método psicoterápico: consciente de sua vontade de poder, o cliente deve insistir e esforçar-se deliberadamente para buscar uma mudança de atitude ao lidar com os seus problemas.

A transformação

Como vimos, por meio da análise do inconsciente pessoal a consciência é banhada por material coletivo que traz os elementos da individualidade e da identidade profunda. Jung descobriu que, ao serem despertados pelo relacionamento analítico, esses conteúdos coletivos ou arquetípicos, além dos conteúdos pessoais, também são projetados sobre o terapeuta, podendo conferir-lhe um grande poder. As figuras mais comumente projetadas são as do mágico, do xamã, do guru, do feiticeiro e do Velho Sábio.

Em razão dessa projeção, o terapeuta poderá ser idealizado tanto de maneira positiva quanto negativa, representando para o cliente a imagem de um curador-divino que tudo sabe e tudo controla, ou de um monstro destruidor capaz das mais terríveis atrocidades.

Figura 7.7 *Projeção sobre o analista.*

Além disso, a atividade no inconsciente do cliente provoca igual reciprocidade no inconsciente do terapeuta, formando um elo que vai além do elo convencional consciente–consciente entre os dois. Desse modo, o terapeuta sempre estará sujeito ao perigo de se contaminar com os entraves psíquicos do cliente. Jung foi o primeiro a propor a ideia de que o terapeuta também precisaria ser submetido a uma análise pessoal e que essa vivência seria fundamental em sua formação.

Sua percepção acerca do que ocorre no encontro analítico foi muito além. Ele traçou um paralelo entre o processo de transformação psíquica pelo qual passava a personalidade do alquimista e o processo analítico: em nível inconsciente, tanto terapeuta quanto cliente participam de uma espécie de comunhão (coniunctio), como aquela descrita pelos alquimistas que ocorria entre duas substâncias químicas.

Da mesma maneira que duas substâncias se atraem por afinidade, se combinam e se transformam, a psicoterapia promoveria a transformação mútua das duas pessoas envolvidas, terapeuta e analisando. Esse seria, então, o quarto estágio da psicoterapia, que englobaria análise e síntese, conforme o dito alquímico: *solve et coagula* (dissolve e coagula).

A arte estaria na separação – dissolução dos complexos e retirada das projeções – e na consolidação – síntese de uma identidade adaptada e enraizada na própria individualidade, ou seja, no Si-Mesmo.

Leitura complementar

1. [O primeiro e último jato]

Mande trazer com que escrever, quando já estiver colocado no lugar mais favorável possível para concentração do seu espírito sobre si mesmo. Ponha-se no estado mais passivo, ou receptivo, dos talentos de todos os outros. Pense que a literatura é um dos mais tristes caminhos que levam a tudo. Escreva depressa, sem assunto preconcebido, bastante depressa para não reprimir, e para fugir à tentação de se reler.

A primeira frase vem por si, tanto é verdade que a cada segundo há uma frase estranha ao nosso pensamento consciente, pedindo para ser exteriorizada. É bastante difícil decidir sobre a frase seguinte: ela participa, sem dúvida, a um só tempo, de nossa atividade consciente e da outra, admitindo-se que o fato de haver escrito a primeira supõe um mínimo de percepção. Isso não lhe importa, aliás; é aí que reside, em maior parte, o interesse do jogo surrealista. A verdade é que a pontuação se opõe, sem dúvida, à continuidade absoluta do vazamento que nos interessa, se bem que ela pareça tão necessária quanto a distribuição dos nós em uma corda vibrante. Continue enquanto lhe apraz. Confie no caráter inesgotável do murmúrio. Se o silêncio ameaça cair, por uma falta da intenção, digamos, que o leve a cometer um pequeno erro, não hesite em cortar uma linha muito clara. Após uma palavra cuja origem lhe pareça suspeita, ponha uma letra qualquer, a letra, por exemplo, sempre a letra, restabeleça o arbitrário, impondo esta letra como inicial à palavra que vem a seguir.

(BRETON, André. Segredos da arte mágica surrealista. In: *Manifestos do surrealismo*. São Paulo: Brasiliense, 1985, p. 62-63).

2. [Psicologia ou religião?]

Muitas pessoas me perguntaram, e sem dúvida lhes perguntaram também, se a psicologia analítica não é realmente uma religião. Por outro lado, [...] tive que dedicar muita atenção, nesses últimos tempos, à relação da psicologia com a religião. Por isso, agora, no final do Seminário, gostaria de lhes falar sobre essa questão.

A ativação do inconsciente é um fenômeno peculiar dos nossos dias. Durante toda a Idade Média, a psicologia das pessoas era inteiramente diferente do que é hoje; elas não tinham a percepção de qualquer coisa fora da consciência. A própria ciência psicológica do século XVIII identificava completamente a psique com a consciência.

Se dispuséssemos de uma espécie de raio X por meio do qual pudéssemos observar o estado do inconsciente em um homem há duzentos ou trezentos anos e o comparássemos com o de um homem moderno, veríamos uma enorme diferença. No primeiro homem estaria inativo, em repouso; no homem de hoje, tremendamente ativo e excitado. Antigamente, os homens nem mesmo sentiam que tivessem uma psicologia, como nós agora. O inconsciente era contido e mantinha-se dormente na teologia cristã. A *Weltanschauung* [visão de mundo] resultante era universal, absolutamente uniforme – sem espaço para a dúvida. O homem tinha começado em um ponto definido com a Criação; todos sabiam tudo a respeito disso. Mas, hoje, os conteúdos arquetípicos, de que antigamente as explicações da Igreja cuidavam de um modo mais ou menos satisfatório, soltaram-se de suas projeções e estão perturbando as pessoas modernas. Perguntas sobre para onde vamos e por quê são feitas de todos os lados. A energia psíquica associada a esses conteúdos está sendo mais estimulada do que nunca; não podemos permanecer alheados disso. Camadas inteiras da psique estão vindo à luz pela primeira vez. Por isso é que temos uma tão grande exuberância de "ismos". Grande parte dessa energia é canalizada para a ciência, por certo; mas a ciência é nova, sua tradição é recente e não satisfaz às necessidades arquetípicas. A atual situação psicológica não tem precedentes; do ponto de vista de toda a experiência prévia, ela é anormal.

Por conseguinte, o homem começou a conscientizar-se de que possui uma psicologia. Um homem do passado não entenderia o que desejamos significar quando dizemos que algo está acontecendo em nossas cabeças. Nada que se pareça com isso lhe aconteceu. Se tivesse sentido tal coisa, pensaria que estava ficando doido. Os homens costumavam dizer: "Sinto algo mexendo em minha cabeça" – ou, antes disso, sentiam-no mais abaixo, no estômago. Só se percebiam cheios de pensamentos que movimentavam o diafragma ou as tripas. A palavra grega *phren*, que significa "espírito", é a raiz da palavra "diafragma". Quando as pessoas começaram sentindo coisas mexendo em suas cabeças, ficaram com medo e foram consultar médicos, pois sabiam que algo estava errado. Foi dos médicos que proveio essa nova espécie de psicologia, de modo que era uma psicologia patológica.

A latência é, provavelmente, a melhor condição para o inconsciente. Mas a vida saiu das igrejas e nunca mais voltará a elas. Os deuses não se reinstalarão em domicílios que abandonaram uma vez. [...] Somente o homem permanece vivo. Depois, o Deus Uno transformou-se em homem, e esse foi o Cristo; um homem para todos os homens. Mas agora também esse partiu, agora cada homem tem que conter Deus em si. A descida do espírito na matéria está completa. [...]

Cristo viu que toda a sua vida, dedicada à verdade segundo a sua mais profunda convicção, tinha sido uma terrível ilusão. Tinha-a vivido até o fim de modo absolutamente sincero, realizara seu experimento honesto, mas houve, não obstante, uma compensação. Na cruz, sua missão abandonou-o. Mas porque tinha vivido tão plena e devotadamente, ganhou o corpo através da Ressurreição.

Todos devemos fazer o que Cristo fez. Devemos realizar o nosso experimento. Devemos cometer erros. Devemos viver até o fim a nossa própria visão da vida; em um certo sentido, pode até ser dito que toda a vida é um equívoco, pois ninguém descobriu a verdade. Quando vivemos assim, descobrimos Cristo como um irmão e, de fato, Deus torna-se homem. Isto soa como uma terrível blasfêmia, mas não é. Pois somente podemos entender Cristo como ele queria ser entendido, como um semelhante nosso; só então Deus se torna homem em nós mesmos.

Isso parece religião, mas não é. Estou falando como um filósofo. As pessoas, por vezes, chamam-me de líder religioso. Não sou. Não tenho mensagem nem missão; procuro apenas compreender. Somos filósofos na antiga acepção da palavra, amantes do saber. Isso evita a companhia por vezes discutível daqueles que oferecem uma religião.

E assim, a última coisa que direi a cada um de vocês, meus amigos, é o seguinte: levem adiante sua vida tão bem quanto puderem, mesmo que se baseie em um erro, porque a vida tem que ser desfeita e, com frequência, chega-se à verdade com o erro. Então, como Cristo, vocês terão realizado o seu experimento. Assim, sejam humanos, busquem o entendimento, a visão intuitiva das coisas, e formulem suas hipóteses, sua filosofia de vida. Poderemos então reconhecer o Espírito vivo no inconsciente de cada indivíduo. E seremos, então, irmãos de Cristo.

(MCGUIRE, William; HULL, R. F. C. A psicologia analítica é uma religião? In: *Carl Gustav Jung – entrevistas e encontros*. São Paulo: Cultrix, 1982, p. 100-103).

Atividades

1. Escolha um sonho marcante, rico em detalhes. Caso você não se lembre de nenhum, aproveite algum dos sonhos citados. Escreva-o numa folha de papel e, em seguida, procure seguir estas instruções:

    - Marque as passagens mais significativas, subdividindo o sonho em partes.

    - Em cada parte, escolha uma palavra ou imagem que represente aquilo que mais chamou sua atenção. São os elementos do sonho que apresentam mais brilho, que marcam mais. Faça uma lista desses conteúdos.

    - Para cada conteúdo que você selecionou, procure fazer associações: o que você relaciona com aquele determinado aspecto do sonho? Caso seja algum conteúdo muito desconhecido, procure fazer uma pesquisa. Por exemplo, se você sonhou com a imagem de uma esfinge ou algum animal esquisito, procure em livros de história, arte ou ciências algum material para amplificar seu símbolo. Anote suas amplificações.

    - Após esse trabalho, releia sonho e veja se você é capaz de compreender o sentido e encontrar a mensagem do sonho, relacionando-o com o contexto atual de sua vida.

    - Crie um título para o sonho, como se fosse um filme, que expresse e resuma em três ou quatro palavras seu significado.

    - Se sentir vontade, desenhe ou pinte a imagem de seu sonho. Você poderá também esculpir e modelar suas imagens ou fazer uma dança sob sua inspiração.

    - Se possível, procure compartilhar sua experiência com os colegas.

2. Este é um exercício de imaginação dirigida e tem por objetivo evocar um pouco do poder provocativo e emocional dos símbolos. A passagem a seguir refere-se a uma experiência onírica real, reescrita de forma bastante resumida. Para experimentá-la mais completamente, peça a alguém que leia devagar e com expressividade a passagem para você.

Em primeiro lugar, relaxe e feche os olhos. (O sinal / significa pausa; // significa pausa maior.)

Em seu sonho, disseram-lhe para entrar em uma gruta e procurar algo precioso. Você está entrando na gruta úmida, as pedras são úmidas e / há lugares molhados à medida que caminha. Você se sente inquieto conforme avança; procura algo, mas não sabe o quê. /

No fim de um longo corredor, vê uma pedra preciosa – uma joia tão grande quanto a sua mão. Está colada em algo que reflete luz ao seu redor. Você sabe que é isso que lhe falaram para procurar. /

Quando você se dirige à pedra preciosa, vê que, bloqueando toda a passagem, há uma grossa teia de aranha. / Você para, horrorizado. Você sempre teve medo de aranhas, mas nunca tinha visto uma teia tão grande e tão apavorante quanto esta. Você não sabe o que fazer. //

Você anda de quatro e finalmente rasteja. Você se move muito lentamente em direção à teia. Há um pequeno espaço próximo ao chão por onde pode escorregar, sem destruir a teia. Suando de medo e com certo esforço, você se move devagar, / muito devagar por essa brecha. //

Após ter passado pela teia, você se deita por um momento, respirando aliviado. Então, fica de pé e caminha em direção à pedra preciosa. Você a pega, impressionado com seu peso e beleza. O fato de possuir a pedra preciosa parece enchê-lo de energia. /

Você se volta para a teia. Segurando essa pedra preciosa, sabe que não poderá deslizar de volta sob ela. A aranha está parada no meio da teia, suas pernas arqueando-se e retraindo-se. Uma onda dos velhos medos corre por você. / Você avança em direção à aranha e, tomando a pedra preciosa nas duas mãos como uma espada curta, golpeia a aranha, matando-a. Então, usa a pedra preciosa para cortar a teia. / Depois você retorna à entrada da gruta.

Do lado de fora da gruta, há um vasto campo deserto. Você caminha por ele segurando a pedra preciosa – sem saber ao certo qual a sua utilidade agora que já está livre da aranha. Assim que a superfície do sol incide sobre a superfície da pedra, ela começa a mudar de forma. Ela se torna mais macia e parece transformar-se em um tipo de pão ou bolo. /

Sem compreender muito bem, você toma a pedra preciosa e começa a comê-la. É deliciosa e cada dentada parece enchê-lo de energia e bem-estar. // Quando está acabando, você vê que à sua volta, no campo, pessoas estão aparecendo e começando a dançar. // Todas elas vêm em sua direção e você entra na dança. Todos estão dançando quando o sonho termina.

(Adaptado de: FADIMAN, James; FRAGER, Robert. *Teorias da personalidade*. São Paulo: Harbra, 1979).

3. Procure repetir as instruções dadas na atividade 1, atentando para seus sentimentos e emoções. Procure observar suas reações corporais enquanto vivência o "sonho".

4. Tente relacionar esse relato com o mito do herói, de acordo com o esquema descrito no capítulo anterior.

5. Com que arquétipos você relaciona as imagens de gruta, pedra preciosa, teia de aranha, aranha, espada, campo deserto, sol, comida e grupo de pessoas dançando?

Questões

1. Como se dá a comunicação entre o ego e o Si-Mesmo? Qual é sua função no desenvolvimento da personalidade?

2. Quais são, segundo Jung, os quatro estágios da vida? Como é denominada a passagem da primeira metade para a segunda metade da vida? Qual a sua importância?

3. Explique, em poucas palavras, aquilo que você entendeu por individuação.

4. Quais são os quatro estágios ou fases de uma psicoterapia junguiana? Descreva-os sucintamente.

Para saber mais

- *A criança*, Erich Neumann. São Paulo: Cultrix, 1991.

- *Desenvolvimento da personalidade*, Carl G. Jung. Petrópolis: Vozes, 1981.

- *Estudos sobre psicologia analítica*, Carl G. Jung. Petrópolis: Vozes, 1978.

- *Dimensões simbólicas da personalidade*, Carlos Byington. São Paulo: Ática, 1988.

- *Desenvolvimento da personalidade*, Carlos Byington. São Paulo: Ática, 1987.

- *Estrutura da personalidade*, Carlos Byington. São Paulo: Ática, 1988.

8. Um homem criativo

> *Não há um só homem nem uma só ação que não tenha a sua importância; em todos e através de tudo, se desenvolve mais ou menos a ideia da humanidade.*
>
> Schopenhauer

Chegando ao inconsciente

Jung estava de tal maneira à frente de seu tempo, que se pode dizer que a influência de suas ideias em nossa vida cultural ainda está engatinhando. Era uma pessoa extremamente sensível e, talvez por isso mesmo, bastante vulnerável.

> *Poucos homens sofreram tanto quanto ele; sua grande obra criadora foi arrancada, não apenas ao quente abismo das paixões, mas também ao sofrimento. As feridas pessoais, embora pudessem atingi-lo de maneira profunda, não o afetavam tanto quanto o sofrimento do mundo contemporâneo, a devastação da natureza, o problema da superpopulação, a guerra, a violência imposta às culturas não cristãs que floresciam com a brutalidade da moderna tecnologia. Para Jung, esses problemas eram uma*

> *agonia que o mantinha, de modo constante e incansável, à espreita de quaisquer possibilidades de uma transformação benéfica que porventura emergisse das profundezas da psique.* (VON FRANZ, 1992a, p. 121).

Buscando uma saída para a alienação do homem moderno, Jung considerava a imaginação a principal função da psique e, de maneira heroica e inovadora, acompanhou a espontaneidade criadora do inconsciente.

Apesar de relutar em escrever para o público leigo, fora dos meios científicos, suas ideias alcançaram diversos campos da cultura. John Freeman nos relata um fato curioso: na primavera de 1959, entrevistou-o para a Rede Britânica de Radiodifusão (BBC), em sua casa à beira do lago de Zurique. Solicitado a colocar seus conceitos básicos em uma linguagem acessível ao leitor não especializado, Jung recusou-se. Não o agradava a ideia de ver popularizada a sua obra. Porém, dois fatos significativos ocorreram após a entrevista que deu. Recebeu uma quantidade enorme de cartas de todo tipo de pessoas, de fora dos meios acadêmicos, que se entusiasmaram com seu carisma, presença de espírito e humor despretensioso. E teve um sonho que, finalmente, o convenceu a escrever um livro destinado ao público comum.

> *Em vez de me sentar no escritório para discursar a ilustres médicos e psiquiatras do mundo inteiro que costumavam me procurar, vi-me de pé em um local público, dirigindo-me a uma multidão de pessoas que me ouviam com extasiada atenção e que compreendiam o que eu dizia.* (JUNG, 1992, p. 10).

Assim, com a colaboração de sua secretária particular, Aniela Jaffé, e de alguns de seus seguidores e amigos íntimos (Marie-Louise von Franz, Joseph L. Henderson e Jolande Jacobi), nasceu O homem e seus símbolos, cujo primeiro capítulo, "Chegando ao inconsciente", Jung concluiu em 1961, dez dias antes de adoecer.

Um efeito multiplicador

Ao fazer a opção existencial de viver o seu mito pessoal, acolhendo e realizando o seu Si-Mesmo e ouvindo seriamente o que a psique tinha a comunicar a respeito de si própria, com sua originalidade e criatividade, Jung influenciou diversas áreas do conhecimento, como psiquiatria, psicoterapia, física nuclear, história, literatura, antropologia, educação, etnologia, teologia, parapsicologia e, até mesmo, a economia e as ciências políticas e sociais.

Henri Ellenberger, em seu livro *The Discovery of the Unconscious*, (*A descoberta do inconsciente*), descreve vários pensadores que, de um modo ou de outro, utilizaram os conceitos de Jung. A seguir, citamos alguns desses pensadores:

- O historiador Arnold J. Toynbee traçou um paralelo entre as grandes religiões e os tipos psicológicos.

- O físico Wolfgang Pauli aproximou bastante a conexão entre a psicologia do inconsciente de Jung e a física moderna. Como Jung, Pauli também percebeu a ligação entre os mundos subjetivo e objetivo e acreditava ser necessário "conduzir as pesquisas científicas de objetos exteriores paralelamente a uma investigação psicológica da origem interior dos conceitos científicos" (JUNG, 1992, p. 306).

- F. M. Cornford confirmou as hipóteses de Jung de que a filosofia, a ciência e a mitologia seriam manifestações da criatividade do inconsciente coletivo, afirmando que o desenvolvimento da filosofia e da ciência consistiria na diferenciação das imagens primordiais que também deram luz às representações religiosas.

- Herbert Read, crítico e historiador de arte, utilizou o conceito de arquétipo em seus trabalhos sobre a pintura moderna.

Curvando-se sem preconceito ao que o inconsciente tinha para expressar, Jung resgatou muitos aspectos inferiorizados e até marginalizados em nossa cultura. Entre eles estão a criança, a individualidade, o feminino, o mito, a fantasia, a criatividade, a introversão, a meditação e outras formas de conhecimento, como a magia, o misticismo e a paranormalidade, além de outras ciências, como a alquimia e a astrologia.

Apontou também os efeitos esmagadores que as influências coletivas podem ter sobre o indivíduo, sejam elas provenientes da educação, do Estado ou da religião.

No campo da educação

Jung mostrou o quanto a psique da criança encontra-se fusionada e em identificação com o meio ao seu redor, principalmente com os pais e outros adultos que desempenham funções materno-paternas em sua vida. A criança chega a sonhar com os problemas secretos dos pais, devido a essa ligação e comunicação entre seus inconscientes. Por essa razão, os pais devem esforçar-se para não fugir às suas dificuldades psicológicas por meio de falsificações ou de tratamentos superficiais e artificiais, mas aceitá-las como tarefas, sendo honestos consigo mesmos, pois "quanto menos os pais aceitam seus próprios problemas, mais os filhos sofrerão por sua vida não vivida e mais serão forçados a realizar inconscientemente aquilo que os pais reprimiram" (Apud SILVEIRA, 1983, p. 173).

Nesse sentido, professores também devem estar atentos a seu próprio estado psicológico, tentando observar de onde provêm as dificuldades existentes em uma sala de aula. Se levarmos em conta a noção de individuação, que passa a ocorrer em cada pessoa a partir do nascimento, as regras e métodos de educação deveriam se subordinar ao objetivo de permitir a manifestação da individualidade única da criança, levando em conta, por exemplo, sua tipologia, dons e limitações. Fazer o contrário seria como obrigar um canhoto a escrever com a mão direita. Todos nós sabemos o mal que pode advir disso.

Mantendo-se permanentemente aberto a uma atitude simbólica, levando uma vida rica em significados, Jung reconheceu que a psique não é idêntica à mente nem à razão e deixou-se guiar com consciência por seu inconsciente. Mas foi além, descobrindo que a psique é objetiva e, como um órgão vivo, possui raízes profundas na natureza e na história da humanidade.

De que rizoma eu brotei

No prefácio de *Símbolos da transformação*, livro que marcou seu rompimento com Freud e a psicanálise, significando também sua ruptura com o determinismo da ciência do início do século XX, Jung diz: "A psique não é de hoje [...], sua ancestralidade existe há milhões de anos, [...] a consciência individual é apenas a flor e o fruto de uma estação, que brotaram do rizoma sob a terra. O mito é a raiz, mãe de todas as coisas. Eu sou obrigado, como terapeuta, a saber qual mito inconsciente ou pré-consciente me formou, de que rizoma eu brotei".

Analogamente à natureza, o inconsciente produz espontaneamente suas formas, oriundas da função criativa: a religião, os rituais, as organizações sociais, a arte e, finalmente, a consciência. Em última instância, toda criação do espírito humano tem suas raízes no inconsciente coletivo, com suas incontáveis estruturas psíquicas sem forma – os arquétipos –, que se tornam visíveis com os meios apropriados.

A expressão artística vista pelo prisma arquetípico é um desses meios: nesse sentido, conforme Jung, os artistas seriam os mensageiros do inconsciente coletivo. De maneira consciente ou inconsciente, o artista dá forma à natureza e ao espírito de sua época.

Imagens arquetípicas povoam a fantasia e os sonhos de todos nós, mas a autêntica obra de arte é uma produção impessoal, como diz Nise da Silveira, referindo-se a Jung:

> *No mistério do ato criador, o artista mergulha até as funduras imensas do inconsciente, dando forma e traduzindo na linguagem própria de seu tempo as instituições primordiais em formas com qualidades artísticas e, assim, tornando acessíveis a todos as fontes profundas da vida. [...] O processo criador consiste em uma ativação do arquétipo, em seu desenvolvimento e sua tomada de forma até a realização da obra perfeita.* (SILVEIRA, 1983, p. 161-166).

Desse modo, a contribuição de Jung no campo da arte diz respeito principalmente à interpretação dos símbolos e imagens que se transmutaram em obras artísticas, lançando alguma luz para a compreensão de seu mistério e de seu significado na época em que foram criadas.

Uma autêntica vida simbólica

Criticando a unilateralidade do mundo moderno, com sua excessiva valorização da extroversão, do coletivo e do universal, em detrimento do mundo espiritual interior, único, do indivíduo, e colocando a responsabilidade da existência principalmente no homem, e não nos deuses ou nas instituições, Jung nos obriga a buscar caminhos autênticos e novos sentidos para a existência.

Ao pensamento moderno, muito mais que um modelo acadêmico, uma teoria ou uma técnica para lidar com o inconsciente e os mistérios da psique humana, o que Jung ofereceu foi um mito para o homem do século XX. Cada um tem a responsabilidade ética e moral consigo e com a sociedade de encontrar e dar sentido à própria vida; ou seja, construir e viver seu próprio mito.

Entenda-se mito não no sentido preconceituoso de irreal, mas, pelo contrário, como "narrativa de uma criação, uma história verdadeira que nos conta como algo que não era, passou a existir" (BRANDÃO, 1986, p. 36). É o mito da formação da consciência, em virtude da qual o homem foi alçado do mundo animal, tornando a existência real apenas quando ela é consciente. Assim, o único objetivo da existência humana seria o de "acender uma luz na escuridão do mero Ser" (JUNG, 1975, p. 358).

O silêncio do eterno começo

Em uma de suas viagens à África, no outono de 1925, visitando uma reserva de caça, tornou-se claro para Jung o significado profundo da consciência. Vale a pena conhecer a maneira poética como ele a descreve:

> *Sobre uma colina pouco elevada, na vasta savana, nos aguardava um espetáculo inigualável. Até o mais distante horizonte percebíamos manadas imensas de gazelas, antílopes, gnus, zebras, javalis. Pastando e sacudindo as cabeças, moviam-se lentamente – ouvia-se apenas o grito melancólico de uma ave de rapina.*
>
> *Havia o silêncio do eterno começo, do mundo como sempre fora, na condição do não ser; pois há até bem pouco tempo, não havia ninguém lá fora para saber que havia este mundo. Afastei-me de meus companheiros até perdê-los de vista. Tinha a impressão de estar completamente só. Era o primeiro homem que sabia ser esse o mundo e que, através de seu conhecimento, acabara de criá-lo naquele instante.*
>
> *Tornou-se, então, extraordinariamente claro para mim o valor cósmico da consciência: o que a natureza deixa imperfeito, é aperfeiçoado pela arte, diz o dito alquímico. Eu, homem, em um ato invisível de criação, levo o mundo ao seu cumprimento, conferindo-lhe existência objetiva.*
>
> *Agora apreendia que o homem é indispensável à perfeição da criação, sendo o segundo criador do mundo; é o homem que dá ao mundo, pela primeira vez, a capacidade de ser objetivo – sem poder ser ouvido, devorando silenciosamente, gerando, morrendo, abanando a cabeça através de centenas de milhões de anos, o mundo se desenrolaria na noite mais profunda do não-ser, para atingir um fim indeterminado. [...]*
>
> *A consciência humana foi a primeira criadora da existência objetiva e do significado: foi assim que o homem encontrou seu lugar indispensável no grande processo de ser.* (JUNG, 1975, p. 225-256).

A prova de que os mistérios da psique não se esgotam em um conjunto de conceitos e regras nos foi dada pelo testemunho não só de seu trabalho com pessoas, mas também de sua vida:

> *A base e a substância de toda a vida e de toda a obra de Jung não residem nas tradições e religiões que se tornaram conteúdos da consciência coletiva mas, antes, na experiência primordial que constitui a fonte última desses conteúdos: o encontro do indivíduo isolado com seu próprio deus ou demônio, a batalha das emoções, afetos, fantasias, inspirações criadoras e obstáculos poderosíssimos que vêm à luz a partir de dentro.* (VON FRANZ, 1992a, p. 17).

Curvar-se às próprias raízes

Com o mito da individuação, o homem alcança as suas raízes mais profundas, resgatando a experiência religiosa em seu significado etimológico, do latim *re-ligare*, ou "ligar-se novamente", unindo-se às raízes inconscientes da própria individualidade. Essa experiência seria um encontro com Deus dentro de si.

No final de suas *Memórias*, Jung cita a lenda de um aluno que vai visitar um rabino e lhe pergunta por que os homens não eram mais capazes de enxergar Deus face a face, como antigamente. E o rabino lhe responde: "Porque hoje em dia ninguém mais é capaz de se curvar suficientemente" (JUNG, 1975, p. 307). Ele certamente se referia à capacidade de curvar-se às próprias raízes, que contêm em seu interior as sementes do desenvolvimento futuro da identidade profunda, sempre em transformação, tanto do indivíduo quanto da sociedade e da cultura.

E qual seria esse futuro? Segundo Marie-Louise von Franz, a imagem de homem que se está formando atualmente no inconsciente coletivo é o homem da era de Aquário.

> *[Ele] representa a personalidade interior que habita a psique coletiva. [...] Ele derrama a água de um cântaro na boca de um peixe, que representa alguma coisa ainda inconsciente. Isso poderia significar que a tarefa do homem no próximo milênio será tornar-se consciente dessa presença interior mais ampla, o Anthropos, e ter*

maior cuidado com o inconsciente e com a natureza, em vez de explorá-la como hoje em dia. (VON FRANZ, 1992a, p. 110).

Em uma entrevista a Georges Duplain, em setembro de 1959, ao comentar sobre o significado das grandes eras astrológicas, Jung mostra ao jornalista suíço os símbolos ligados ao signo de Peixes, existentes e incorporados no cristianismo (na Era Cristã entramos no signo de Peixes). E pergunta:

> *O que vem a seguir? Aquário, o Aguadeiro, a queda de água de um lado para outro. E o pequeno peixe recebendo a água do cântaro do Aguadeiro. [...] Em nossa era, o peixe é o conteúdo; com o Aguadeiro, ele converte-se em recipiente. É um símbolo muito estranho. Não me atrevo a interpretá-lo. Até onde me é possível conjeturar, trata-se da imagem da aproximação do Grande Homem. Aliás, encontramos muitas coisas a esse respeito na própria Bíblia: existem mais coisas na Bíblia do que podemos admitir.* (MCGUIRE; HULL, 1982, p. 363).

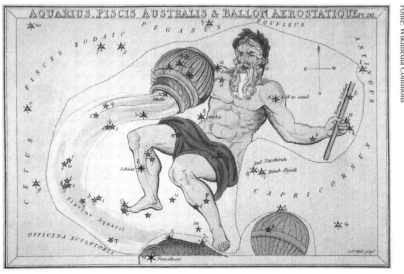

Figura 8.1 *Aquário, símbolo do que está por vir.*

Leitura complementar

1. [A arte de viver]

O que é que estou programando para meu aniversário? Ora, manter-me distante dos visitantes, é claro. Especialmente os pretensos intelectuais. A maioria deles não tem a mais remota ideia do que estou falando. O problema com eles é que não se dão ao trabalho de ler os meus livros, porque são uns insuportáveis esnobes. Eu não me deixo burlar por intelectuais. No fim de contas, eu também sou [...].

Você quer saber quem lê os meus livros? Não é o pessoal acadêmico, nada disso, eles pensam já saber tudo. É a gente comum, frequentemente pessoas muito pobres. E por que os leem? Porque existe hoje no mundo uma necessidade profunda de orientação espiritual... qualquer espécie de orientação espiritual. Veja a popularidade de que desfruta hoje a astrologia. [...]

Tudo o que acontece hoje no mundo é o resultado do que está acontecendo na mente dos homens. Entretanto, quantas pessoas se dão ao trabalho de examinar a mente de, digamos, Kruchev ou Eisenhower, ou as razões psicológicas básicas para movimentos como o nazismo, o comunismo ou as tendências antijudaicas? O que nos aconteceria se um dos atuais líderes do mundo enlouquecesse de repente? E, no entanto, quantas pessoas estão considerando seriamente problemas como esses? Mas não devo aprofundar demais esses assuntos, se não quiser ser acusado de tentar meter-me em política. [...]

É quando se avizinha da ameaçadora região dos quarenta anos que o homem olha para o passado que se acumulou atrás dele e, furtiva ou abertamente, surgem as interrogações silenciosas: onde é que me encontro hoje? Realizei os meus sonhos? Concretizei as minhas expectativas de uma vida feliz e bem-sucedida, tal como imaginava há vinte anos? Fui forte, coerente, ativo, inteligente, idôneo e suficientemente obstinado para aproveitar as oportunidades que me surgiram ou para fazer a escolha certa nas encruzilhadas, e produzir respostas adequadas para os problemas que o destino colocou diante de mim? E vem então a pergunta final: o que pode haver de mais ridículo ou tolo do que pessoas idosas fingindo ser jovens – perdendo, inclusive, a sua dignidade, que é uma prerrogativa da velhice? Olhar para a frente tem que se converter em olhar para dentro de si mesmo. Descobrir-se provê o indivíduo com tudo o que ele é, tudo o que pretendeu ser, tudo aquilo de que e para que viveu. A totalidade do indivíduo é certamente uma entidade irracional, mas esse é precisamente o seu eu, destinado a viver uma experiência única e irrepetível. Assim, seja o que for que ele descobre em sua disposição dada, isso será um fator vital que deve ser levado em cuidadosa consideração. [...]

A única coisa importante é descobrir qual o ponto de vista que melhor se harmoniza com a nossa disposição geral. Existem ideias saudáveis e doentias, úteis e nocivas. Ninguém na posse de seus sentidos comerá alimentos indigestos e, correspondentemente, uma pessoa sensível evitará pensamentos e opiniões inconvenientes. Em caso de dúvida, tente-se aprender com a sabedoria tradicional de todos os tempos e povos. Isso fornecerá ampla informação sobre as chamadas ideias e valores eternos, os quais vêm sendo compartilhados por toda a humanidade desde as mais remotas eras. Ninguém deve ser dissuadido pela objeção bastante idiota de que ninguém sabe se essas antigas ideias universais – Deus, imortalidade, livre-arbítrio etc. –, são "verdadeiras" ou não. A verdade é, nesse caso, o critério errado. Pode-se apenas perguntar se tais ideias são úteis ou não, se o homem se sente melhor e sente sua vida mais completa, mais significativa e mais satisfatória com ou sem elas. [...]

A geração mais velha de hoje vê com olhos de perplexidade seus filhos e seu comportamento mais ou menos curioso. Mas os jovens preferem viver as vidas inconscientes não vividas por seus pais, aquilo que seus pais ignoraram, não se atreveram a viver e negaram que existisse, por vezes contra o que o próprio conhecimento lhes apontava.

Mesmo hoje, a educação em geral não descobriu que, para fins pedagógicos, seria muito mais importante conhecer a psicologia dos pais do que a psicologia infantil. Só existe uma coisa com que os pais devem espantar-se: é com a sua própria ingenuidade e ignorância de sua própria psicologia, a qual, por sua vez, é a colheita semeada pelos avós – ignorância e ingenuidade que levam a maldição da inconsciência para um futuro indefinido. A minha resposta a esses problemas é: educação do educador – ou escolas para adultos, que nunca foram ensinados sobre os requisitos da vida humana depois dos quarenta. [...]

O que [o senhor] considera serem os fatores mais ou menos básicos, propícios à felicidade na mente humana?

1. Boa saúde física e mental.

2. Boas relações íntimas e pessoais, como as do casamento, da família, das amizades.

3. A faculdade de perceber beleza na arte e na natureza.

4. Razoáveis padrões de vida e trabalho satisfatório.

5. Um ponto de vista filosófico ou religioso capaz de enfrentar com êxito as vicissitudes da vida.

Os padrões de vida e de trabalho dependem largamente, é claro, do grau em que as expectativas e a responsabilidade do indivíduo são mais ou menos razoáveis. As extravagâncias tanto podem causar felicidade quanto infelicidade. E a uma perspectiva filosófica ou religiosa deve corresponder uma moralidade prática, pois sem ela filosofia e religião são mero "faz de conta", sem efeitos concretos.

Uma lista dos fatores que determinam a infelicidade seria muito extensa! Aquilo que nos desagrada e que tememos parece estar esperando por nós, e aquilo que procuramos e desejamos parece esquivar-se de nós... e quando finalmente o encontramos é bem possível que não seja exatamente perfeito e sem falhas. Ninguém pode alcançar a felicidade através de ideias preconcebidas; deveríamos chamar-lhe, antes, um dom dos deuses. Vem e vai, e aquilo que nos fez hoje felizes não nos faz necessariamente felizes em uma outra ocasião.

(Entrevista com Jung. In: McGUIRE, William (Org.). *A correspondência completa de Freud e Jung*. Rio de Janeiro: Imago, 1982, p. 388-393).

2. [Psicologia e política]

Do ponto de vista do analista junguiano que focaliza a relação indivíduo-sociedade por meio do prisma arquetípico, gostaria de assinalar que não existe individuação sem participação política. Acho mesmo fundamental percebermos que para não estruturarmos, em psicologia, um edifício teórico dissociado e, em decorrência, dissociador da integridade psíquica humana, qualquer teoria de desenvolvimento psicológico da personalidade deve incluir obrigatoriamente a interação política no processo.

Quando isso não é inicialmente feito pelo psicólogo, qualquer discurso posterior sobre psicologia e política já é alienante, pois partirá de um alicerce psicológico que não inclui o político.

Dentro de uma teoria arquetípica de desenvolvimento da personalidade e da cultura, o funcionamento repressivo do tabu de incesto, como Freud descreveu em sua obra por meio da teoria do superego, só é característico de culturas que apresentam uma predominância intensa do Arquétipo do Pai durante sua evolução, como aconteceu com a nossa cultura. A função predominante da repressão no desenvolvimento da cultura, vista arquetipicamente, é, pois, relativa à forma e ao estágio de desenvolvimento dessa cultura.

Podemos perceber isso na cultura ocidental, na qual, após milênios de dominância do padrão repressivo patriarcal, que expressou uma longa fase arquetípica de dominância do Arquétipo do Pai, começa a emergir outro padrão arquetípico caracterizado pelo relacionamento dialético criativo e não repressivo.

Esse novo padrão está aparecendo em todos os setores de nossa cultura há séculos e vem ultimamente se expressando na educação (criatividade), na sociologia (busca do sistema social-democrático), nas artes (criatividade como maneira de viver e não só como ocupação de profissionais marginalizados), na economia (dialética de classes e distribuição de renda), no casamento (relação dialética e não machista), na pedagogia (relação dialética e não repressiva dos pais com os filhos), na psicologia (relação dialética do ego com o inconsciente por meio dos símbolos), na política internacional (relação cooperativa e não imperialista entre nações) e assim por diante.

Denominei essa fase arquetípica, que segue a fase patriarcal, Fase da Alteridade, pois ela é caracterizada pela relação dialética com o outro. Enquanto o Arquétipo do Pai foi o arquétipo dominante na fase patriarcal, o

Arquétipo da *Anima* (homem) e do *Animus* (mulher) são os arquétipos dominantes na fase cultural de alteridade em que estamos começando a entrar.

Os arquétipos da *Anima* e do *Animus* juntos são uma das expressões do Arquétipo da **Conjunção** (ver glossário), que rege a criatividade humana e que vem se implantando cada vez mais nessa nova fase cultural. É isso que nos permite dizer que, arquetipicamente, a repressão tem função relativa no desenvolvimento e historicamente está sendo substituída pela relação dialética criativa em nossa cultura. Infelizmente, porém, a história, vista arquetipicamente, é milenar e se implanta com movimentos ondulatórios que avançam e recuam, o que explica a regressão e o recrudescimento patriarcal repressivo frequente na evolução em direção à alteridade.

Acredito, então, que o primeiro grande passo para qualquer abordagem política pela psicologia seja a construção de um edifício teórico não alienante socialmente. O mesmo acontece entre psicologia e o corpo e entre psicologia e a natureza à nossa volta. Os redutivismos, que são o câncer do saber ocidental, ocorrem em psicologia basicamente pela identificação dos símbolos da psique com "ideias e emoções" em detrimento do corpo, da sociedade e da natureza.

> (BYINGTON, Carlos. *Psicologia Simbólica Junguiana.*
> A viagem de humanização do cosmos em busca da iluminação.
> São Paulo: Edição do Autor, 2015, p. 57).

3. [O Museu do Inconsciente]

Próxima dos 90 anos, a psiquiatra Nise da Silveira é movida pelos mesmos impulsos que a guiavam em 1952, quando fundou o Museu das Imagens do Inconsciente. De um lado, "a profunda curiosidade científica pelo processo psicótico". De outro, oposição à rigidez e frieza das instituições médicas. Agindo em conjunto, essas posturas fizeram de Nise da Silveira uma "vanguardista" dos tratamentos psiquiátricos no país. Ainda lhe garantem um lugar de revolucionária na área.

Das mais de 300 mil imagens que compõem o acervo do museu, muitas têm uma surpreendente qualidade artística. Obras de pacientes como Fernando

Diniz, Raphael Domingues ou Carlos Pertuis [...] já foram comparadas à arte de mestres modernos como [Paul] Klee ou Matisse. Mas, para Nise da Silveira [...] "essa qualidade continua sendo um enorme mistério".

Não é o prazer estético que interessa à psiquiatra no trabalho dos doentes que cuidou – definidos clinicamente, na maioria dos casos, como esquizofrênicos. E rotular de "arteterapia" aquilo que é feito no Centro Psiquiátrico Pedro II e na Casa das Palmeiras – os locais onde, no Rio de Janeiro, desenvolvem-se as pesquisas de Nise e seus colaboradores – só desperta sua irritação [...] "A linguagem plástica mostrou ser um rico acesso científico à psique dos esquizofrênicos", diz ela. "Com eles, a linguagem verbal tende a fracassar."

Nise aprendeu a tirar proveito analítico dos quadros e esculturas feitos por seus pacientes lendo sobretudo as obras de Carl Jung. Em meados da década de 1950, quando ela começava a aprofundar suas pesquisas, uma questão a intrigava no trabalho dos esquizofrênicos: as formas imperfeitas, irregulares, pareciam ter uma explicação na perturbação psíquica dos doentes, mas não as formas harmoniosas que também eram muito frequentes. Uma carta com fotos das obras foi enviada diretamente a Jung. A primeira linha da resposta era: O professor Jung agradece muito as imagens das belas mandalas [sic]. Nise conta que "a simples menção da mandala, a associação dos trabalhos dos doentes com as imagens primitivas referentes a mitos e rituais descortinou um enorme campo para a interpretação". O novo instrumento foi utilizado sistematicamente a partir de então, por exemplo, no estudo de dezesseis anos do caso de Adelina Gomes, que Nise interpretou de forma bem-sucedida apoiada no mito grego da ninfa Dafne.

Em 1957, Nise e Jung se encontraram durante um Congresso Internacional em Zurique, Suíça. Parte do acervo do Museu do Inconsciente estava exposto na cidade. No encontro Jung disse que há dois dias pensava muito sobre a mostra brasileira: a atmosfera "clara", tranquila de alguns trabalhos lhe parecia atípica e ele perguntava se Nise tinha alguma explicação para aquilo. "No momento, consegui pensar no ambiente em que os quadros eram realizados", diz Nise da Silveira. Na criação de um ambiente humanizado para o tratamento psiquiátrico está o outro polo da carreira de Nise da Silveira. Quando ela começou a trabalhar no Centro Psiquiátrico Nacional do Rio de

Janeiro, em 1944, [ela criou] o ateliê de modelagem. A partir daí começaram as polêmicas, crescentes a cada inovação – como a promoção de encontros sociais para os doentes, pela qual Nise foi chamada de "dona de gafieira" por um colega, ou o uso de animais na terapia. A virulência dos opositores, em todo caso, sempre teve contraponto na crítica convicta de Nise às instituições médicas, em momentos mais retóricos ("deveriam ser todas queimadas", diz ela, "pelo abandono em que deixam os doentes") ou teóricos, em que pode ser citado, por exemplo, o nome de Michel Foucault.

A melhor tradução prática dessas convicções está na Casa das Palmeiras, espaço para a produção plástica dos doentes onde portas e janelas permanecem abertas durante todo o dia. Retomando a conversa de 1957 com Jung, Nise diz que esse seria o ambiente diferenciado do trabalho clínico – "onde os doentes não têm medo de enfrentar seu próprio inconsciente".

(SILVEIRA, Nise da. *O mundo das imagens*. São Paulo: Ática, 1992, p. 5)

Atividades

1. Os três textos complementares anteriores ampliam algumas das principais ideias de Jung e mostram sua aplicação em alguns campos da nossa cultura, como a política ou a medicina. Assinale as passagens que traduzem ou ampliam tais ideias.

2. Leia o poema "O dia surge da água", de Carlos Drummond de Andrade. Depois faça uma relação das imagens que você poderia associar a ele e interprete-o.

> *O chafariz da Aurora*
> *faz nascer o sol.*
> *A água é toda ouro*
> *desse nome louro.*
> *O chafariz da Aurora,*
> *na iridescência trêmula,*

bem mais que um tesouro
é prisma sonoro,
campainha abafada
em tliz cliz de espuma,
aérea pancada
súbita
na pedra lisa,
frígida espadana,
tece musicalmente
 a áurea nívea rósea
vestimenta do dia líquido.
Deixa fluir a aurora
sendo um tão pobre
chafariz do povo.

(ANDRADE, Carlos Drummond de. *Boitempo II*.
Rio de Janeiro: Record, 1987, p. 60).

Para saber mais

- *Pedagogia simbólica*, Carlos Byington. Rio de Janeiro: Rosa dos Tempos, 1996.

- *O mundo das imagens*, Nise da Silveira. São Paulo: Ática, 1992.

- *O homem e seus símbolos*, Carl G. Jung. Rio de Janeiro: Nova Fronteira, 1992.

Glossário

Afeto Emoção capaz de provocar um estado de excitação psíquica, podendo também expressar-se corporalmente (somatizações); quando há uma "explosão" do afeto diz-se que o indivíduo foi momentaneamente invadido e tomado por uma emoção que o faz revelar seu ponto fraco e, muitas vezes, sua ferida (complexo).

Alma Para Jung, sinônimo de psique.

Amplificação Método de abordagem junguiana dos sonhos que busca alargar e aprofundar o significado de uma imagem onírica por meio de associações com símbolos universais, encontrados na mitologia, na história, nas ciências e nos diversos campos da cultura, com o objetivo de esclarecer e incrementar seu significado metafórico. Com a amplificação, tanto o sonhador quanto o terapeuta podem abrir mão do enfoque exclusivamente pessoal da imagem. Possibilita uma interpretação da imagem segundo padrões coletivos.

Análise De acordo com Jung, relação dialética estabelecida entre duas pessoas – paciente e terapeuta (analista) – com objetivo de investigar o inconsciente do paciente. Costuma-se fazer uma distinção entre

Ilustração: Claudio Tucci

análise e psicoterapia, de acordo com o nível de aprofundamento, a intensidade, frequência das sessões e duração do processo. Reserva-se o termo *análise* para a "psicoterapia profunda". Neste livro, os dois termos são utilizados indistintamente.

Anima/Animus Arquétipos que personificam, respectivamente, a figura feminina no interior do inconsciente do homem e a figura masculina no interior do inconsciente da mulher. Sua função é estabelecer uma ponte entre a consciência individual e o inconsciente coletivo. Como todo arquétipo, ao serem projetados, atraem e fascinam a consciência. Personalidades públicas, artistas, esportistas, políticos e intelectuais, além dos amigos, cônjuges e amantes, são pessoas sobre as quais fazemos nossas projeções de *Anima* e *Animus*. Tais arquétipos podem surgir nos sonhos como o companheiro ou a companheira. Um homem "possuído" por sua *Anima* fica radicalmente tomado por sua emocionalidade ou se torna muito inspirado. Do mesmo modo, uma mulher "possuída" por seu *Animus* pode tornar-se obstinadamente controladora, e cheia de opiniões próprias ou muito inspirada.

Ilustração: Claudio Tucci

Arquétipo Conceito criado a partir da observação de temas típicos bem definidos, presentes nos mitos e na literatura universal, que se repetem nos sonhos, imagens, fantasias, delírios e alucinações de todos os indivíduos. Teoricamente não se pode conhecer completamente o arquétipo nem esgotá-lo. É uma das manifestações da energia psíquica que se torna visível por meio de uma imagem arquetípica ou se evidencia nos comportamentos externos, principalmente os que expressam as experiências mais básicas e universais da humanidade (nascimento e morte, casamento e separação, maternidade, paternidade, criatividade). Por ter forte carga energética (*númen*), a imagem proveniente do arquétipo impressiona e fascina, podendo possuir o ego. Isso se torna evidente, por exemplo, durante uma crise psicológica ou em um momento de êxtase ou inspiração.

Associação Encadeamento espontâneo entre imagens, percepções, sentimentos, pensamentos, fantasias e certos temas ou motivos psíquicos aparentemente sem nenhuma interconexão, mas que, na verdade, mantêm alguma relação psicologicamente significativa. Jung utilizava a técnica da associação para chegar ao complexo (contexto emocional e afetivo das imagens oníricas individuais), que é o pano de fundo psicológico no qual se insere o sonho.

Catarse ou **ab-reação** Reedição emocional de uma vivência traumatizante que, por meio da confissão, despotencializa o afeto relativo à experiência traumática. Sua ação mais fundamental não é a simples liberação da carga afetiva ligada ao trauma, mas, sim, possibilitar a integração dessa carga energética ao ego, permitindo-lhe exercer controle sobre o afeto.

Compensação ou **Função compensatória** Ação do inconsciente que visa restabelecer o equilíbrio sempre que houver unilateralidade da consciência. Seu principal objetivo é formar uma ponte, por meio de um símbolo, entre a consciência e aquilo que foi reprimido e que passou a constituir a Sombra.

Ilustração: Claudio Tucci

Complexo Conjunto carregado de energia e, portanto, com forte coloração afetiva, formado por associações, ou seja, imagens, percepções, ideias e fantasias encadeadas e agrupadas ao redor de um núcleo (arquétipo). Tendo atividade autônoma, independente da vontade e do ego, o complexo, de acordo com Jung, funciona como a via régia para o inconsciente e age como o arquiteto dos sonhos. Existem na personalidade vários complexos que se inter-relacionam. Na prática, a pessoa pode conhecer, mapear e nomear essas várias "entidades" ou "almas parciais" presentes na própria personalidade e aprender como elas aparecem e interferem na vida consciente. Se o complexo dominar o ego a ponto de este perder o controle, fala-se em psicose; se houver uma identificação do ego com o complexo, fala-se em possessão.

Conjunção ou ***Coniunctio*** Inspirado na fase do processo alquímico (*coniunctio*) na qual um casamento entre duas substâncias químicas (*hierogamos*) propicia o nascimento de uma terceira, Jung utilizava o termo *conjunção* para representar a integração, com ajuda da consciência, de aspectos inconscientes da personalidade. Essa união leva a uma transformação e renovação da atitude do próprio ego e da consciência.

Consciência Atributo do ser humano que mantém a relação entre os conteúdos psíquicos e o ego, desde que este, percebendo a relação, possa ter certo controle sobre os instintos, o que lhe possibilita a adaptação.

Diferenciação Ação de separar conscientemente as partes de um todo. A função adaptativa mais diferenciada em uma personalidade está mais integrada à mente consciente; a mais indiferenciada está mais inconsciente, funcionando autonomamente.

Dissociação Perda de um conteúdo da consciência que vai para o inconsciente, independentemente da vontade do ego, sem o seu conhecimento. Significa uma desunião da pessoa consigo mesma. Trata-se de um aspecto das neuroses e psicoses.

Ego Corresponde ao centro da consciência. Sua função é responder e intermediar as solicitações do mundo exterior e do Si-Mesmo, sendo responsável pela adaptação. Em relação às partes da personalidade que ficaram na Sombra, a tarefa do ego é reconhecê-las e integrá-las à consciência.

Eixo ego–Si-Mesmo Conceito cunhado por Erich Neumann (analista junguiano alemão, autor de *A criança*) para designar a maneira como o ego e o Si-Mesmo se relacionam por intermédio dos símbolos. Assim como o ego depende do Si- Mesmo para realizar-se na vida, como uma planta enraizada que aproveita a seiva natural que nela circula, o Si-Mesmo necessita do ego para

atualizar-se no mundo e nas relações com outras pessoas. Um eixo ego-
-Si-Mesmo firme e estruturado advém de uma relação primária (mãe-
-bebê) saudável e adequada, na qual houve equilíbrio entre as funções
e as necessidades tanto do bebê quanto da mãe.

Energia psíquica Para Freud, sinônimo de energia sexual (libido); para Jung, um tipo de energia vital neutra que assume a forma da estrutura preexistente (arquétipo) por onde ela flui.

Extroversão Tendência de a energia psíquica fluir do sujeito para o mundo externo. O indivíduo extrovertido liga-se mais natural e facilmente aos objetos exteriores. Extroversão não significa, necessariamente, maior possibilidade de adaptação (ver *introversão*).

Fantasia Principal atividade da psique inconsciente. Jung relaciona-a ao pensamento associativo, um tipo de pensamento metafórico que utiliza imagens e analogias. Deve-se distinguir fantasia passiva, que ocorre quando o ego não faz nenhum esforço para tornar conscientes as imagens e associações, de fantasia ativa, quando há empenho do ego no sentido de propiciar a penetração de imagens na consciência (imaginação ativa).

Função psicológica Explica os diversos modos de funcionamento da consciência nas pessoas. Para Jung, são quatro as funções psicológicas básicas: o *pensamento*, que identifica aquilo que uma coisa é, denominando-a e ligando-a a outras coisas; o *sentimento*, que é uma consideração a respeito do valor ou da perspectiva de algo; a *sensação*, que reúne todos os fatos disponíveis aos sentidos, dizendo-nos o que algo é sensorialmente, mas sem defini-lo; e a *intuição*, percepção que leva a apreender alguma coisa sem a prova ou o conhecimento consciente.

Função inferior Função psicológica menos desenvolvida, o ponto cego de nossa personalidade; pode causar problemas por apresentar um funcionamento mais arcaico e impulsivo (instintivo). Ao mesmo tempo, tem um enorme potencial de transformação, por conter elementos reprimidos que estão deixando de enriquecer a personalidade. Trazer para a consciência os aspectos "inferiores" da Sombra é fundamental para o processo de individuação.

Função transcendente Função da psique que espontaneamente produz a união dos opostos. O que propicia essa união de maneira equilibrada é o símbolo, elemento comum aos sistemas consciente e inconsciente. A união dos opostos permite a transição de uma atitude psicológica para outra sem que haja perda do material inconsciente. Sua intencionalidade diz respeito à possibilidade de ir além (transcender) de um conflito sem cair na parcialidade.

Grande Mãe Arquétipo correspondente à imagem primordial que condensa todas as experiências relacionadas à maternidade acumuladas pela humanidade ao longo dos séculos. Em sua polaridade positiva, a Grande Mãe apresenta as qualidades de amor, carinho, proteção, nutrição e aceitação, estando ligada a todo impulso ou instinto benignos, a tudo que acaricia, sustenta e propicia o crescimento e a fertilidade. Negativamente, manifesta-se como a Mãe Terrível, devoradora, que seduz, asfixia, abandona e aprisiona; está ligada à escuridão e ao mundo dos mortos. Assim, o bebê pode relacionar-se com sua mãe como se ela fosse uma Grande Mãe amorosa ou uma terrível Rainha da Noite.

Ilustração: Claudio Tucci

Herói Arquétipo que incorpora as mais poderosas aspirações e revela a maneira pela qual elas são idealmente compreendidas e realizadas. Representa a vontade e a capacidade de procurar e suportar repetidas transformações em busca da totalidade ou de significado. Implica não só a capacidade de resistir, mas também a de sustentar conscientemente a tremenda tensão entre os opostos.

Ilustração: Claudio Tucci

Identificação Ação de projetar, inconscientemente, algum aspecto de nossa personalidade sobre uma pessoa, instituição ou causa, que nos fornece um modo ou um jeito de ser ou, então, uma razão para existir.

Imagem simbólica Expressão condensada da situação psíquica como um todo; portanto, inclui elementos tanto da consciência quanto do inconsciente, mostrando que existe uma relação entre os dois sistemas. Por exemplo, a imagem da mãe com que sonhamos é, ao mesmo tempo, subjetiva e objetiva. Relaciona-se tanto à imagem internalizada da mãe (*imago*) quanto à figura exterior da mãe pessoal. A função da imagem simbólica é incitar, impelir o ego até este ser capaz de compreender e conscientizar aquilo que percebe.

Imaginação ativa Técnica desenvolvida por Jung e empregada nos estágios mais avançados da análise profunda com vistas ao estabelecimento de uma comunicação ativa entre o ego e conteúdos do inconsciente. Pode ser desenvolvida pelo diálogo verbal ou escrito ou por formas não verbais de expressão, como dança, movimentos corporais, pintura ou escultura. Sua utilização visa estabelecer uma relação dialética entre consciência e inconsciente, permitindo que o ego possa interagir de forma mais ativa e criativa com conteúdos anteriormente isolados. Esses conteúdos do inconsciente ganham vida própria ao se expressarem para o ego. É importante o registro de tais comunicações para posterior elaboração.

Imago Imagem psíquica de algo ou de alguém criada subjetivamente, produzida pela percepção sensorial associada a emoções, impressões interiores ou fantasias inconscientes advindas do arquétipo.

Incesto Jung não enfocava a fantasia de incesto (desejo de se relacionar sexualmente com a mãe ou com o pai) em sentido literal, mas considerava-a uma metáfora, uma representação da necessidade de o ego transformar-se voltando ao próprio inconsciente para buscar, por meio do contato íntimo com a mãe ou pai internos (*imagos* parentais), os ingredientes e a energia psíquica necessários à continuidade de seu crescimento. Portanto, regredir ao inconsciente (útero materno ou abraço paterno) pode ser uma tentativa do ego de recarregar suas baterias para, mais bem equipado, restaurado, iniciar nova fase.

Inconsciente Refere-se a tudo o que está fora do campo da consciência e que, portanto, se tornou inacessível ao ego. "É tudo aquilo que eu conheço mas não penso em um determinado momento; tudo aquilo de que já tive consciência mas esqueci; tudo o que foi percebido por meus sentidos e meu espírito consciente não registrou; tudo o que involuntariamente e sem prestar atenção, ou seja, inconscientemente, sinto, penso, relembro, desejo e faço; todo o futuro que se prepara para mim e que só mais tarde se tornará consciente – tudo isso é conteúdo inconsciente" (JUNG, 1975, p. 354). Para Jung, o inconsciente é formado por várias camadas concêntricas. Caminhando da superfície em direção ao centro, encontramos níveis cada vez mais profundos e impessoais ou coletivos.

Inconsciente coletivo Camada mais profunda do inconsciente, constituída de padrões não individuais, mas universais: os instintos e os arquétipos.

Individuação Processo de tornar-se Si-Mesmo, *in-divíduo*, ou aquele que não se divide nem se mistura na massa ou no coletivo. Nesse processo, a personalidade desenvolve-se e unifica-se, e o indivíduo torna-se consciente de sua identidade profunda como ser único e autêntico no mundo.

Inflação da personalidade Ultrapassagem dos próprios limites. Ocorre quando o ego, tendo se identificado com algum conteúdo arquetípico, enche-se de uma quantidade de energia transbordante, que lhe causa uma falsa impressão de poder e um exagero da autoimportância. Nesse estado, pode-se chegar à euforia (inflação positiva) ou a um sentimento exagerado de desvalia, que pode transformar-se em depressão (inflação negativa). "A inflação tem por imagem a rã que pretende tornar-se um boi" (JUNG, 1975, p. 356).

Ilustração: Claudio Tucci

Iniciação Cerimônias que, existentes desde tempos primevos, propiciam, por meio de rituais, a transição de um estado de desenvolvimento psicológico a outro e implicam uma espécie de morte (sacrifício), necessária para se passar a novo estágio de adaptação, vivido como um renascimento. Psicologicamente, ter passado por uma iniciação significa que o ego foi capaz de suportar o sofrimento trazido pela perda e pela própria transformação, conseguindo abrir mão de uma condição emocional ou de um hábito profundamente enraizado para renascer com uma nova atitude.

Introversão Tendência da energia psíquica de fluir do mundo externo para o sujeito. O indivíduo introvertido liga-se mais natural e facilmente ao mundo interior dos acontecimentos psíquicos. Introversão não significa, necessariamente, timidez. Uma pessoa pode ser introvertida e extremamente adaptada, afetiva e sociável (ver *extroversão*).

Instinto Toda e qualquer impulsão a um ato cuja decisão não advém da vontade e não está sob o controle da mente consciente.

Ilustração: Claudio Tucci

Mandala Diagrama composto, geralmente, por círculos e quadrados concêntricos, utilizado para a prática da meditação. Jung interpreta o mandala, que, em sânscrito, significa *círculo mágico*, como expressão e símbolo do centro, da totalidade da psique ou do Si-Mesmo. Imagens quaternárias e o próprio círculo podem surgir nos sonhos e fantasias de qualquer pessoa em momentos de indecisão ou situações de crise psicológica.

Mito Relato de uma história verdadeira ocorrida no início dos tempos que explica pela atuação de entes sobrenaturais o começo da existência de uma realidade.

Ilustração: Claudio Tucci

Neurose Estado de desunião interior provocado pelo conflito entre as necessidades instintivas e espirituais do indivíduo e as exigências culturais coletivas, ou entre os caprichos infantis e a necessidade de adaptar-se. Jung  a definia como um desenvolvimento unilateral e não equilibrado na relação entre o ego e um ou mais complexos, ou seja, uma falha (provisória) da capacidade natural da psique de exercer sua função autorreguladora. Os próprios sintomas neuróticos podem ser vistos como um indicativo (uma espécie de alarme) de que o indivíduo está fora de seu caminho autêntico e como uma tentativa, apesar de inadequada, de restabelecimento do equilíbrio.

Numinoso Confronto com uma força que encerra um significado ainda não revelado, misterioso, atrativo, profético ou fatídico e que possibilita uma experiência imediata da transcendência.

Opostos Para Jung, a existência dos pares de opostos (bem–mal, luz–sombra, feminino–masculino etc.) é pré-condição de toda a vida psíquica. Em seu estado natural (de inconsciência), os opostos coexistem de forma indiferenciada. Um aumento da tensão entre eles é inerente ao surgimento da consciência e ao desenvolvimento. Quando a tensão se torna insuportável, a psique cria um símbolo, uma terceira posição capaz de solucionar o conflito e tentar uma reconciliação (ver *função transcendente*).

Persona Arquétipo que se refere à máscara que utilizamos para nos apresentar ao mundo e aos outros. Ao longo de nossas vidas empregamos vários tipos de máscaras, de acordo com o momento existencial e o nosso desenvolvimento. A Persona também varia conforme a cultura.

É um canal de expressão de nossa individualidade, sendo extremamente útil à adaptação coletiva e no relacionamento com outras pessoas. Torna-se inadequada quando, para esconder nossa Sombra, a empregamos de forma unilateral e rígida.

Possessão Termo utilizado para descrever uma situação na qual o ego foi tomado por um complexo, ficando privado de sua vontade e liberdade de escolha.

Psicologia analítica Termo empregado por Jung a partir de 1913, após sua ruptura com Freud e com o movimento psicanalítico, para identificar sua própria abordagem psicológica do inconsciente.

Psicose Estado no qual o inconsciente invade a consciência e assume o controle das funções do ego. Ocorre, então, uma intensa perturbação na relação do ego com a realidade tanto subjetiva (o indivíduo perde a noção de quem ele é) quanto objetiva (como em uma espécie de sonho acordado, o indivíduo mistura conteúdos e aspectos de sua própria personalidade com os de outras pessoas e situações).

Psicoterapia Termo genérico utilizado para descrever um tratamento psicológico.

Psique "Totalidade de todos os processos psíquicos conscientes e inconscientes" (JUNG, *Tipos psicológicos*, p. 797).

Regressão Movimento natural da energia psíquica na direção do inconsciente quando o interesse do ego se volta para trás, em uma tentativa de estabelecer contato com suas raízes no Si-Mesmo. Tais raízes são representadas pelas figuras da Mãe ou do Pai *(imagos* parentais). Constitui uma fase normal na vida de todo aquele que estiver fazendo o caminho do Herói, buscando a transformação. Torna-se doentia se o indivíduo ficar nela aprisionado, não conseguindo renovar-se.

Resistência Incapacidade do ego, em certo momento, de confrontar-se com um determinado símbolo novo e transformar-se, isto é, mudar de atitude.

Self **ou Si-Mesmo** Arquétipo que representa a unidade dos sistemas consciente e inconsciente, funcionando, ao mesmo tempo, como centro regulador da totalidade da personalidade.

Símbolo "Um símbolo sempre pressupõe que a expressão escolhida é a melhor descrição ou formulação possível, naquele momento, de um fato relativamente desconhecido [...] que, por isso mesmo – por ser algo vivo e prenhe de significado –, não pode ser melhor representado" (JUNG, *Tipos psicológicos*, p. 814-816).

Sincronicidade Ocorrência de modo coincidente, no tempo e no espaço, de eventos que, embora nem sempre obedeçam às leis da causalidade, estabelecem conexões significativas do ponto de vista psicológico.

Sombra Arquétipo que representa o lado escuro, inferior e primitivo em todos nós, ainda não desenvolvido. Inclui nossas características desagradáveis, o lado negativo, nossos defeitos e tudo aquilo que desejamos esconder. Dela fazem parte também as qualidades da personalidade que, por alguma razão, não puderam desenvolver-se.

Totalidade Expressão mais plena de todos os aspectos da personalidade, tanto em si mesma como na relação com outras pessoas e com o meio ambiente.

Unus Mundus Conceito extraído da filosofia medieval, utilizado por Jung para descrever a conexão íntima de significados que se estabelece entre cada plano de existência e todos os demais.

Referências

Além das obras que utilizei na minha pesquisa para escrever este livro, o leitor encontrará as fontes bibliográficas das citações inseridas ao longo do livro. Na maioria delas, procurei fazer uma adaptação a fim de manter a fluência do texto e focalizar a ideia principal apresentada. As citações de C. G. Jung foram extraídas da versão inglesa das *Obras completas*, coordenada por R. F. C. Hull, das quais fiz, na maioria das vezes, uma tradução livre, com o mesmo intuito. Todas elas, caso você se interesse, poderão ser encontradas na tradução em português das *Obras completas*, que a editora Vozes vem publicando.

Obras de Jung

JUNG, C. G. *The development of personality*. London: Routledge, 1954. (The collected works of C. G. Jung, v. 17).

_____. *Psychogenesis of mental disease*. London: Routledge, 1960. (The collected works of C. G. Jung, v. 3).

_____. *Freud and psychoanalysis*. London: Routledge, 1961. (The collected works of C. G. Jung, v. 4).

_____. *The practice of psychotherapy.* London: Routledge, 1966a. (The collected works of C. G. Jung, v. 16).

_____. *The spirit in man, art and literature.* London: Routledge, 1966b. (The collected works of C. G. Jung, v. 15).

_____. *Symbols of transformation.* London: Routledge, 1967a. (The collected works of C. G. Jung, v. 5).

_____. *Two essays on analytical psychology.* London: Routledge, 1967b. (The collected works of C. G. Jung, v. 7).

_____. *Alchemical studies.* London: Routledge, 1968a. (The collected works of C. G. Jung, v. 13).

_____. *Psychology and alchemy.* London: Routledge, 1968b. (The collected works of C. G. Jung, v. 12).

_____. *Aion.* London: Routledge, 1969a. (The collected works of C. G. Jung, v. 9II).

_____. *The archetypes and the collective unconscious.* London: Routledge, 1969b. (The collected works of C. G. Jung, v. 9I).

_____. *The structure and dynamics of the psyche.* London: Routledge, 1969c. (The collected works of C. G. Jung, v. 8).

_____. *Civilization in transition.* London: Routledge, 1970a. (The collected works of C. G. Jung, v. 10).

_____. *Mysterium coniunctionis.* London: Routledge, 1970b. (The collected works of C. G. Jung, v. 14).

_____. *Psychiatric studies.* London: Routledge, 1970c. (The collected works of C. G. Jung, v. 1).

_____. *Psychology and religion: west and east.* London: Routledge, 1970d. (The collected works of C. G. Jung, v. 11).

_____. *Psychological types.* London: Routledge, 1971. (The collected works of C. G. Jung, v. 6).

_____. *Experimental researches*. London: Routledge, 1973. (The collected works of C. G. Jung, v. 2).

_____. *The symbolic life*. London: Routledge, 1977. (The collected works of C. G. Jung, v. 18).

_____. *General index*. London: Routledge, 1979. (The collected works of C. G. Jung, v. 20).

_____. *Miscellaneous works bibliography*. London: Routledge, 1990. (The collected works of C. G. Jung, v. 19).

Outros livros

JUNG, C. G. Dream analysis. New Jersey: Princeton University Press, 1984.

_____. *O homem e seus símbolos*. Rio de Janeiro: Nova Fronteira, 1992.

_____. *Memórias, sonhos, reflexões*. Rio de Janeiro: Nova Fronteira, 1978.

JUNG, C. G.; WILHELM, R. *O segredo da flor de ouro*: um livro de vida chinês. Petrópolis: Vozes, 1988.

Obras de outros autores

ANDRADE, C. D. *Boitempo II*. Rio de Janeiro: Record, 1987.

ARANHA, M. L.; MARTINS, M. H. P. *Filosofando:* introdução à filosofia. São Paulo: Moderna, 1993.

BORGES, J. L. *Livro dos sonhos*. São Paulo: Difel, 1979.

BRADBURY, M.; MCFARLANE, J. *Modernismo*: guia geral. São Paulo: Companhia das Letras, 1989.

BRANDÃO, J. de S. *Mitologia grega*. Petrópolis: Vozes, 1986. v. 1.

BYINGTON, C. *Dimensões simbólicas da personalidade.* São Paulo: Ática, 1988. (Série Princípios, v. 134).

_____. O arquétipo da vida e da morte. *Junguiana*, São Paulo, n. 14, p. 100, 1996.

_____. *Psicologia Simbólica Junguiana.* A viagem de humanização do cosmos em busca da iluminação. São Paulo: Edição do Autor, 2015.

CAPRA, F. *O tao da física.* São Paulo: Cultrix, 1986.

CLARKE, J. J. *Em busca de Jung*: indagações históricas e filosóficas. Rio de Janeiro: Ediouro, 1992.

EDINGER, E. F. *Anatomia da psique.* São Paulo: Cultrix,1990.

ELLENBERGER, H. *The discovery of the unconscious.* New York: Harper Collins Publishers, 1970.

FORDHAM, F. *Introdução à psicologia de Jung.* São Paulo: Edusp, 1978.

FREUD, S. Três ensaios sobre a teoria da sexualidade. In: _____. *Obras psicológicas completas.* Rio de Janeiro: Imago, 1972.

GARAUDY, R. *Dançar a vida.* São Paulo: Nova Fronteira,1980.

GOLDBRUNNER, J. *Introdução à psicologia profunda de C. G. Jung.* São Paulo: Herder, 1961.

HALL, C. S.; NORDBY, V. J. *Introdução à psicologia junguiana.* São Paulo: Cultrix, 1980.

HUMBERT, E. *Jung.* São Paulo: Summus, 1985.

JACOBY, M. *O encontro analítico*: transferência e relacionamento humano. São Paulo: Cultrix, 1987.

LAPLANCHE, J.; PONTALIS, J. B. *Vocabulário da psicanálise.* São Paulo: Martins Fontes, 1991.

McGUIRE, W. (Org.). *A correspondência completa de Freud e Jung*. Rio de Janeiro: Imago, 1982.

McGUIRE, W.; HULL, R. F. C. *Carl G. Jung*: entrevistas e encontros. São Paulo: Cultrix, 1982.

MUSZKAT, M. *Consciência e identidade*. São Paulo: Ática, 1986.

NEUMANN, E. *Amor e psique*. São Paulo: Cultrix, 1990a.

_____. *As origens e a história da consciência*. São Paulo: Cultrix, 1990b.

_____. *A criança*. São Paulo: Cultrix, 1991.

ROLA, S. K. *Alchemy*: the secret art. London: Thames & Hudson, 1985.

ROUDINESCO, E.; PLON, M. *Dicionário de psicanálise*. Rio de Janeiro: Jorge Zahar, 1998.

SAMUELS, A. et al. *Dicionário crítico de análise junguiana*. Rio de Janeiro: Imago, 1988.

SILVEIRA, N. da. *Jung*: vida e obra. Rio de Janeiro: Paz e Terra, 1983.

_____. *O mundo das imagens*. São Paulo: Ática, 1992.

SIMÕES Jr., J. G. *O pensamento vivo de Jung*. Rio de Janeiro: Ediouro, 1986.

STEVENS, A. *Jung*: vida e pensamento. Petrópolis: Vozes, 1993.

STORR, A. *As ideias de Jung*. São Paulo: Cultrix, 1978.

VON FRANZ, M-L. *Adivinhação e sincronicidade*. São Paulo: Cultrix, 1992a.

_____. *A alquimia e a imaginação ativa*. São Paulo: Cultrix, 1992b.

_____. *Carl Gustav Jung*: seu mito em nossa época. São Paulo: Cultrix, 1992c.

VON FRANZ, M-L.; HILLMAN, J. *A tipologia de Jung*. São Paulo: Cultrix, 1985.

WILMER, H. *Practical Jung*. Chicago: Chiron Publications, 1987.

Jung e seu tempo

Todo pensador cumpre uma função específica de discernimento, de desvelamento do espírito de sua época. Faz a história a partir das circunstâncias dadas pelo presente e herdadas do passado. A representação gráfica de algumas dessas circunstâncias pode ajudar a entender o caminho percorrido por Jung em seu tempo e lançar algumas luzes para a compreensão da *alma* humana. Nesse sentido, o leitor pode utilizar este *quadro cronológico* como material de pesquisa interdisciplinar.

	1875 a 1896

POLÍTICA/ CIÊNCIA	**1875** Graham Bell: telefone
	1878-1880 Thomas Edison: lâmpada incandescente
	1882 Robert Koch: descoberta do bacilo da tuberculose
	1889 Proclamação da República no Brasil
	1895 Japão conquista a Manchúria
	    Irmãos Lumière: cinema
	    Röntgen: raios X
	    Marconi: telégrafo

ARTES	**1890** Van Gogh: *Campo de trigo com corvos* **1893** Munch: *O grito* **1896** Puccini: *La Bohème*
LETRAS	**1890** Émile Zola: *A besta humana* **1891** Oscar Wilde: *O retrato de Dorian Gray* **1896** Tolstói: *A força das trevas*
JUNG	**1875** Nascimento em Kreswill (Suíça) **1879** A família mora em Klein Hüningen, perto de Basileia **1884** Nascimento de sua irmã Gertrude **1894** Lê os clássicos alemães e trava contato com Goethe e com os sistemas filosóficos de Platão, Kant e Schopenhauer **1895-1900** Medicina na Universidade de Basileia

	1897 a 1907
POLÍTICA/ CIÊNCIA	**1899-1902** Guerra dos Bôeres (África do Sul)
	1904-1905 Guerra russo-japonesa abala o sistema czarista
	1905 Albert Einstein: *Teoria da relatividade*
	1906 Santos Dumont: voo do 14-Bis
	F. G. Hopkins: vitamina
ARTES	**1897** Gauguin: *De onde viemos? Quem somos? Para onde vamos?*
	1902-1906 Cézanne: *A montanha Santa Vitória*
	1904 Puccini compõe *Madame Butterfly*
	1905-1910 Gaudí, arquiteto espanhol: *Casa Milà*
	1906 Matisse: *A arte de viver*
	1907 Modigliani: *Mulher usando um chapéu*
	Picasso: *Les demoiselles d'Avignon*
	Gustav Mahler compõe *Sinfonia rf. 8*
LETRAS	**1897** Rostand: *Cyrano de Bergerac*
	1899 Machado de Assis: *Dom Casmurro*
	1900 Sigmund Freud: *A interpretação dos sonhos*
	Nietzsche: *Ecce homo*
	1902 Euclides da Cunha: *Os sertões*
	1906 Maksim Górki: *A mãe*
JUNG	**1900** Assistente de Bleuler na Clínica Burghölzli (Zurique)
	1902 Tese de doutoramento: *Sobre a psicologia e a patologia dos fenômenos ditos ocultos*
	1902-1903 Semestre de inverno em Salpétrière
	1903 Casamento com Emma Rauschenbach, com quem tem cinco filhos
	1905-1909 Chefe da clínica Burghölzli
	1907 Primeiro encontro com Freud

	1908 a 1918
POLÍTICA/ CIÊNCIA	**1909** Henry Ford: linha de montagem de automóveis **1910** Início da Revolução Mexicana com Porfírio Díaz **1913** Guérin e Calmette: vacina BCG George Hale: campo magnético do Sol **1914** Canal do Panamá **1914-1918** Primeira Guerra Mundial **1917** Lênin e a Revolução Russa
ARTES	**1908** Klimt pinta *O beijo* **1910-1913** Kandinsky: *Composições, improvisações e impressões* **1911** Richard Strauss compõe a ópera *O cavaleiro da rosa* **1912** Debussy: *Jogos* **1913** Boccioni pinta *Forma única na continuidade do espaço* Stravinsky compõe *A sagração da primavera* **1917** Chagall: *A sinagoga* Manuel de Fallia, compositor espanhol: *O amor bruxo*
LETRAS	**1910-1913** Bertrand Russell: *Princípios matemáticos* George Bernard Shaw: *Pigmalião* T. Mann: *Morte em Veneza* **1913-1927** Marcel Proust: *Em busca do tempo perdido* **1914** André Gide: *Os subterrâneos do Vaticano* **1916-1917** Sigmund Freud: *Introdução à psicanálise* **1918** Maiakóvski: *Mistério-Bufo*
JUNG	**1909** Conferências na Universidade Clark com Freud **1909-1913** Redator-chefe do *Jahrbuch für psychoanalytische Forschungen* **1910** Presidente da International Psychoanalytical Association **1912** Rompimento com Freud **1913** Demissão de seu posto de ensino em Zurique **1918-1926** Interesse acentuado pelo gnosticismo

	1919 a 1929
POLÍTICA/ CIÊNCIA	**1919** Tratado de Versalhes e a Liga das Nações **1922-1943** Mussolini e o fascismo na Itália **1924-1953** Fase stalinista na URSS **1927** Alexander Fleming: penicilina **1929** Quebra da Bolsa de Nova York Tratado de Latrão: criação do Estado do Vaticano
ARTES	**1925** Serguei Eisenstein, cineasta russo: *O encouraçado Potemkin* Lasar Segall: *Paisagem brasileira* Miró: *Isto é a cor dos meus olhos* Buñuel, cineasta espanhol: *Um cão andaluz* Ravel compõe *Bolero* Tarsila do Amaral: *Abaporu* Klee pinta *Estrada principal e estrada lateral*
LETRAS	**1922** James Joyce: *Ulisses* T. S. Eliot: *A terra devastada* **1923** György Lukács: *História e consciência de classe* **1924** André Breton: *Manifesto do surrealismo* **1925** Franz Kafka: *O processo* **1927** Martin Heidegger: *O ser e o tempo* **1928** Mário de Andrade: *Macunaíma* Bertolt Brecht: *Ópera de três vinténs* Virginia Woolf: *Orlando* **1929** Ernest Hemingway: *Adeus às armas*
JUNG	**1920** Viagem à Argélia e à Tunísia **1921** Publica *Tipos psicológicos* **1923** Expedição a Uganda, Quênia e Egito. Inicia a construção da torre de Böllingen **1924-1925** Visita aos índios Pueblo do Novo México (EUA) **1925-1926** Vai para a África Oriental Inglesa (Monte Elgon) **1929** Escreve *O segredo da flor de ouro* (com Richard Wilhelm). Inicia um intenso trabalho de decodificação de antigos manuscritos sobre alquimia

	1930 a 1940
POLÍTICA/ CIÊNCIA	**1930** Getúlio Vargas e a Revolução de 1930 **1933** Hitler, chanceler do III Reich Salazar, ditador de Portugal **1935** Watson-Watt: radar **1936-1939** Guerra Civil Espanhola **1937** Guerra entre Japão e China Carothers: nylon **1938** John L. Baird: televisão em cores **1939-1945** Segunda Guerra Mundial **1939** Alemanha: avião a jato **1940** Japão ocupa a Indochina Perón na Argentina
ARTES	**1931** Salvador Dalí: *A persistência da memória* **1933** Magritte pinta *A condição humana* **1934** Rachmaninoff compõe *Rapsódia sobre um tema de Paganini* **1935** Gershwin premiado com a ópera *Porgy and Bess* Prokofiev compõe o bailado *Romeu e Meta* **1936** Chaplin filma *Tempos modernos* **1937** Picasso retrata guerra no mural *Guernica* Carl Orff compõe *Carmina Burana* **1939** Jean Renoir filma *A regra do jogo*
LETRAS	**1932** Aldous Huxley: *Admirável mundo novo* **1933** Federico García Lorca: *Bodas de sangue* Gilberto Freyre: *Casa grande & senzala* **1934** Fernando Pessoa: *Mensagem* **1936** Wilhelm Reich: *A revolução sexual* **1937** Graciliano Ramos: *Vidas secas* **1939** Steinbeck: *As vinhas da ira*
JUNG	**1930** Vice-presidente da Sociedade Médica Geral para Psicoterapia **1932** Prêmio de Literatura de Zurique **1934** Torna-se presidente da Sociedade Médica Geral **1935** Professor da Escola Politécnica (Zurique) **1938** Presidente do Congresso Internacional de Psicoterapia (Oxford) **1939** Demissão da Sociedade Médica **1940** Publica *Psicologia e religião*

	1941 a 1951
POLÍTICA/ CIÊNCIA	**1941** Landsteiner e Wiener: fator Rhesus
	Enrico Fermi: reator nuclear
	1945 EUA: bomba atômica
	1947-1951 Plano Marshall
	1948 URSS: satélite artificial Sputnik
	Criação do Estado de Israel
	1949 Mao Tsé-Tung e o socialismo na China
	1950-1953 Guerra da Coreia
ARTES	**1941** Orson Welles filma *Cidadão Kane*
	John Ford filma *Como era verde meu vale*
	1945 Villa-Lobos compõe *Bachianas brasileiras*
	1947-1952 Le Corbusier: *Novo conceito habitacional em Marselha*
	1949 De Sica filma *Ladrões de bicicleta*
	Oskar Kokoschka pinta *Prometeu*
LETRAS	**1943** Saint-Exupéry: *O pequeno príncipe*
	J.-P. Sartre: *O ser e o nada*
	1944 Jorge Luis Borges: *Ficções*
	1945 Carlos Drummond: *A rosa do povo*
	1947 Albert Camus: *A peste*
	T. Mann: *Doutor Fausto*
	Tennessee Williams: *Um bonde chamado desejo*
	1948 Lévi-Strauss: *As estruturas elementares do parentesco*
	1949 Simone de Beauvoir: *O segundo sexo*
	George Orwell: *1984*
	1950 Pablo Neruda: *Canto geral*
	Jean Piaget: *Introdução à epistemologia genética*
JUNG	**1943** Membro da Academia Suíça de Ciências
	1944 Escreve *Psicologia e alquimia*
	1945 Estudos conjuntos com o físico Wolfgang Pauli
	1946 Escreve *Psicologia da transferência*
	1948 Inauguração do Instituto C. G. Jung em Zurique
	1951 Problema de Cristo discutido em Aion

	1952 a 1962
POLÍTICA/ CIÊNCIA	**1953** Watson e Crick: descoberta da estrutura do DNA **1955** Albert Sabin: vacina contra a poliomielite **1956-1960** Juscelino Kubitschek e a construção de Brasília **1957** Mercado Comum Europeu **1959** Fidel Castro sobe ao poder em Cuba **1961** Construção do muro de Berlim Yuri Gagarin: primeiro cosmonauta **1962** Kennedy e a crise dos mísseis (Cuba)
ARTES	**1954** Portinari pinta mural *Guerra e paz* **1956** Alexander Calder, escultor: *Mobile* **1957** Jacob Epstein, escultor: *Cristo em majestade* **1959** Jean-Luc Godard filma *Acossado* **1960** Fellini mostra corrupção moral no filme *A doce vida* Visconti filma *Rocco e seus irmãos*
LETRAS	**1952** Agatha Christie: *A ratoeira* **1953** Samuel Beckett: *Esperando Godot* Marguerite Duras: *Hiroshima, meu amor* **1954** Françoise Sagan: *Bom dia, tristeza* **1955** João Cabral de Melo Neto: *Morte e vida severina* **1956** João Guimarães Rosa: *Grande sertão: veredas* **1959** Eugène Ionesco: *O rinoceronte* **1961** Michel Foucault: *História da loucura*
JUNG	**1953** Primeiro volume das *Obras completas* **1955** Morre sua mulher em 27 de novembro **1955-1956** Escreve *Mysterium coniunctionis* **1957** Com Aniela Jaffé, começa *Memórias, sonhos e reflexões* **1960** Cidadão honorário de Küsnacht **1961** Termina seu capítulo em *O homem e seus símbolos* Morre em 6 de junho